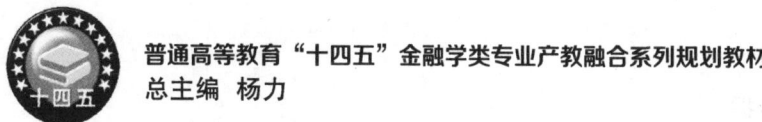

普通高等教育"十四五"金融学类专业产教融合系列规划教材
总主编 杨力

外汇交易实务

主 编／贺 刚
副主编／徐笑丁 左 娜 陈修兰

图书在版编目(CIP)数据

外汇交易实务 / 贺刚主编. —上海：立信会计出版社，2023.2
普通高等教育"十四五"金融学类专业产教融合系列规划教材
ISBN 978-7-5429-7264-4

Ⅰ.①外… Ⅱ.①贺… Ⅲ.①外汇交易－高等学校－教材 Ⅳ.①F830.92

中国国家版本馆 CIP 数据核字(2023)第 001116 号

策划编辑　窦瀚修　张善涛
责任编辑　张善涛

外汇交易实务
WAIHUI JIAOYI SHIWU

出版发行	立信会计出版社
地　　址	上海市中山西路 2230 号　　邮政编码　200235
电　　话	(021)64411389　　传　真　(021)64411325
网　　址	www.lixinaph.com　　电子邮箱　lixinaph2019@126.com
网上书店	http://lixin.jd.com　　http://lxkjcbs.tmall.com
经　　销	各地新华书店
印　　刷	上海华业装璜印刷有限公司
开　　本	787 毫米×1092 毫米　　1/16
印　　张	13.25
字　　数	309 千字
版　　次	2023 年 2 月第 1 版
印　　次	2023 年 2 月第 1 次
书　　号	ISBN 978-7-5429-7264-4/F
定　　价	45.00 元

如有印订差错,请与本社联系调换

普通高等教育"十四五"金融学类专业
产教融合系列规划教材

编委会

总 主 编：杨 力

副总主编：张 云

编委会成员（按姓氏笔画排序）：

王 蓓　刘全宝　杨 宜　吴力权　吴卫星

郑海伟　孟 昊　胡金焱　徐永林　黄 巍

总　序

"高等教育发展水平是一个国家发展水平和发展潜力的重要标志。"（习近平，2016）党的二十大报告亦指出："我们要坚持教育优先发展、科技自立自强、人才引领驱动，加快建设教育强国、科技强国、人才强国，坚持为党育人、为国育才，全面提高人才自主培养质量，着力造就拔尖创新人才，聚天下英才而用之。"由此可见，提速高等教育发展，刻不容缓。2020年11月，全国有关高校和专家齐聚中华文化重要发祥地山东，共商新时代文科教育发展大计，发布了《新文科建设宣言》，这对于推动文科教育创新发展、提升国家文化软实力具有重要意义。金融学类专业作为新文科的重要组成部分，需要主动肩负新的时代使命，应对时代挑战，革新金融学科教育体系、培养特色金融人才，成为新文科建设的重要支撑力量。

上海立信会计金融学院地处上海国际金融中心腹地，具有近百年的办学历史，被业界誉为"未来金融家摇篮"，是上海高水平地方应用型高校建设试点高校。学校坚持以立德树人为根本任务，贯彻落实"三全育人"，不断深化产教融合人才培养模式，"金融学"和"金融工程"专业先后入选国家一流本科专业建设点。当前，学校积极对标国家"双万计划"建设目标，持续深化本科教育教学改革，不断加强学科专业建设，彰显"诚信为本、学验并重"办学特色，主动对接上海国际金融中心建设，为国家新时代金融事业发展培养高水平应用型金融人才，通过精心策划和深入论证，特推出"十四五"金融学类专业产教融合系列规划教材。本系列教材突出校企合作、产教融合的人才培养特点，主题涵盖现代商业银行经营、国际结算、外汇交易实务、互联网金融、金融科技发展、绿色金融、金融理财规划、金融投资实战、金融专业实验与金融发展史等领域，由高校专业教师与行业专家共同编写，较全面反映了金融行业发展现状，体现了金融学科发展趋势。本系列教材具有以下特点：

第一，突出校企协同，紧贴金融市场发展前沿。本系列教材采取校企合作开发模式，编委会成员和编写团队由高校专业教师、金融行业专家共同组成，体现了学校与企业相协同、理论与实践相结合的特点。本系列教材以金融理论为基础，以金融行业岗位专业知识与能力要求为编写准则,依托企业资源,充分发挥行业专家丰富实践经验、掌握一手前沿信息的优势。本系列教材内容反映了国内外金融市场发展的最新趋势、热点领域和重大理论的前沿发展,可帮助在校学生、社会金融从业人员提高对现代金融运行机制、规律的认识,加深对金融领域前沿发展的了解。

第二,秉承"学验并重"办学特色,对标应用型人才培养目标。"学验并重"是理论教学与实验教学并举、理论学习与实验实践互补的教学模式,是立信多年凝练而成的鲜明办学特色。加强金融实验教学建设符合应用型本科院校人才培养定位,满足金融市场和金融机构人才需求,契合金融专业课程特色和教学目标。本系列教材包含多本金融实验教材,从具体软件工具与金融的结合运用,到金融专业综合模拟实验,全面融入了金融实务和操作模块,为学生系统掌握金融学分析方法,提升实践运用能力提供了有效指导。

第三,彰显学科融合发展趋势,探寻金融行业创新路径。本系列教材不断突破既有的学科边界,围绕互联网金融、金融科技、人工智能、绿色金融等新兴技术和先进理念展开,积极响应新文科建设对跨学科融合的现实要求,突出科技创新与金融创新的有机融合,充分阐述金融业新业务模式与服务内涵,为金融业的现状和未来提供有价值的学术引领和知识规范,引导读者积极探索金融市场创新路径,培养学生的创新意识和创新能力。

本系列教材凝结了编委会全体专家的辛勤汗水,吸收了学校金融学院和兄弟院校同仁们的教学研究成果以及行业专家的宝贵从业经验。其顺利出版正得益于各位专家的共同努力。在此对各位编委会成员、业界专家学者和主编参编作者们的辛勤工作,致以最诚挚的谢意!同时,还要感谢立信会计出版社的领导和编辑老师们的大力支持和辛劳付出。最后必须要说明的是本系列教材具有一定开拓探索性质,受各种因素制约,仍不可避免存在着不足,诚恳期望得到大家的批评指正,在今后的教学与研究过程中使教材不断得到完善,共同推进金融学科教育事业的发展。

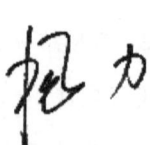

前　言

党的十八大以来，随着我国资本市场高水平对外开放的稳步推进，外汇市场也进一步加大了对内、对外开放，实现了高速发展：交易的产品逐步从即期、远期增加到外汇掉期、货币掉期和期权，国际市场上基础的产品体系都已经具备；交易的主体从银行扩充到非银行金融机构、非金融企业，以及日益增多的境外机构。伴随外汇市场深度和广度的不断拓展，金融机构、企业等组织迫切需要精通外汇交易原理、合理运用外汇交易操作技术、熟悉外汇风险管理等知识的金融人才。在此背景下，编者希望本教材能够为培养外汇管理人才尽一份绵薄之力。

本教材的编写特色体现如下。

结构安排清晰。本教材共分3篇11章，分别为：基本原理篇，包括外汇与外汇市场、即期外汇交易、远期外汇交易、外汇掉期交易、外汇期货交易、外汇期权交易、外汇风险管理，共7章；模拟交易篇，包括外汇交易原理、个人外汇交易模拟，共2章；交易分析篇，包括外汇交易基本面分析、外汇交易技术分析，共2章。在结构设计上，本教材还专门在每章提供知识概括、课程思政案例、本章小结、关键概念以及本章习题。

理论与实践并重。本教材在总结吸收国内外丰富研究成果的基础上，对外汇交易的理论做了全面的介绍和梳理，并融入最新理论、最新观点，同时融入国内外外汇市场近几年发生的典型案例、最新相关外汇政策与最新数据。这样做既可以使教材内容与时俱进，又可以使读者更好地理解、掌握外汇交易的基本原理和操作技巧。

专业知识与思政融合。习近平总书记在2016年的全国高校思想政治工作会议上强调，要"提升思想政治教育亲和力和针对性，满足学生成长发展需求和期待，其他各门课都要守好一段渠、种好责任田，使各类课程与思想政治理论课同向同行，形成协同效应"。专业课程是课程思政建设的基本载体，本教材在每一章最后都引入课程思政案例，由此将课程思政和专业知识进行更好的融合，引导学生关注现实，培养学生诚信为本、操守为重、经世济民的职业素养。

本教材是集体智慧的结晶，由上海立信会计金融学院、中国人民银行具有丰富教学和实战经验的人员编写完成：由贺刚担任主编，由徐笑丁、左娜、陈修兰担任副主编，参编人员有稽惠娟、付奇。具体分章编写分工为：贺刚负责第二、第八、第九、第十章，左娜负责第一、第七章，徐笑丁负责第十一章，陈修兰负责第五、第六章，付奇负责第三章，稽惠娟负责第四章。其中，左娜为校外人员，其他编者皆是上海立信会计金融学院专业老师。本教材为个人编写，不代表所属单位意见。

在编写的过程中，本教材参考借鉴了许多前辈的经验成果，在此一并致谢。同时，编者的学识水平有限，若教材存在不足之处，也恳请各位专家、同行读者等批评指正，以便我们进一步完善教材。

编　者
2022 年 12 月

目 录

基本原理篇

第一章 外汇与外汇市场 ········· 3
  知识概括 ········· 3
  第一节 外汇 ········· 3
  第二节 汇率 ········· 7
  第三节 外汇市场 ········· 10
  第四节 中国外汇市场 ········· 14
  课程思政案例 ········· 18
  本章小结 ········· 22
  关键概念 ········· 22
  本章习题 ········· 22

第二章 即期外汇交易 ········· 24
  知识概括 ········· 24
  第一节 即期外汇交易概述 ········· 24
  第二节 交叉汇率的计算 ········· 25
  第三节 即期外汇交易的应用 ········· 27
  课程思政案例 ········· 32
  本章小结 ········· 33
  关键概念 ········· 33
  本章习题 ········· 34

第三章 远期外汇交易 ········· 35
  知识概括 ········· 35
  第一节 远期外汇交易概述 ········· 35

第二节　远期汇率的确定与计算 ······································· 36
　　第三节　远期外汇交易的应用 ······································· 39
　　课程思政案例 ··· 42
　　本章小结 ··· 43
　　关键概念 ··· 43
　　本章习题 ··· 43

第四章　外汇掉期交易 ·· 45
　　知识概括 ··· 45
　　第一节　外汇掉期交易概述 ·· 45
　　第二节　掉期汇率的报价与计算 ···································· 48
　　第三节　外汇掉期交易的应用 ······································· 52
　　课程思政案例 ··· 54
　　本章小结 ··· 55
　　关键概念 ··· 55
　　本章习题 ··· 56

第五章　外汇期货交易 ·· 57
　　知识概括 ··· 57
　　第一节　外汇期货交易概述 ·· 57
　　第二节　外汇期货交易的基本规则 ································ 58
　　第三节　外汇期货交易与远期外汇交易的区别 ················ 60
　　第四节　外汇期货交易的应用 ······································· 61
　　课程思政案例 ··· 66
　　本章小结 ··· 67
　　关键概念 ··· 67
　　本章习题 ··· 67

第六章　外汇期权交易 ·· 69
　　知识概括 ··· 69
　　第一节　外汇期权交易概述 ·· 69
　　第二节　外汇期权的种类 ··· 71
　　第三节　影响外汇期权价格的因素 ································ 73

第四节　外汇期权交易的应用 ································· 74
　　课程思政案例 ··· 77
　　本章小结 ··· 81
　　关键概念 ··· 81
　　本章习题 ··· 81

第七章　外汇风险管理 ··· 83
　　知识概括 ··· 83
　　第一节　外汇风险概述 ··· 83
　　第二节　外汇风险管理概述 ·· 86
　　第三节　外汇风险管理方法 ·· 87
　　第四节　人民币国际化与外汇风险管理 ························ 94
　　课程思政案例 ··· 97
　　本章小结 ··· 99
　　关键概念 ··· 99
　　本章习题 ·· 100

模拟交易篇

第八章　外汇交易原理 ··· 103
　　知识概括 ·· 103
　　第一节　外汇交易概述 ·· 103
　　第二节　外汇交易程序 ·· 107
　　第三节　外汇实盘交易 ·· 111
　　第四节　外汇保证金交易 ·· 113
　　课程思政案例 ·· 117
　　本章小结 ·· 120
　　关键概念 ·· 121
　　本章习题 ·· 121

第九章　个人外汇交易模拟 ·· 122
　　知识概括 ·· 122
　　第一节　国内银行个人外汇买卖业务 ·························· 122
　　第二节　MT5 外汇交易平台 ······································· 131

3

课程思政案例	138
本章小结	140
关键概念	140
本章习题	140

交易分析篇

第十章 外汇交易基本面分析 143

知识概括	143
第一节 外汇交易基本面分析概述	143
第二节 影响汇率变动的中长期因素	144
第三节 影响汇率变动的短期因素	146
第四节 主要经济数据分析	148
课程思政案例	156
本章小结	158
关键概念	158
本章习题	159

第十一章 外汇交易技术分析 160

知识概括	160
第一节 外汇交易技术分析概述	160
第二节 走势图分析	164
第三节 价格形态分析	173
第四节 技术指标分析	180
课程思政案例	193
本章小结	195
关键概念	196
本章习题	196

参考文献 197

基本原理篇
JIBEN YUANLI PIAN

第一章 外汇与外汇市场

知识概括

- 外汇的概念及分类；主要货币简介
- 汇率的概念、标价法及汇率的分类
- 外汇市场的概念、参与者及分类；全球主要外汇市场
- 中国外汇市场

第一节 外　汇

一、外汇的概念

外汇是指以外币表示的能用于国际结算的支付凭证。外汇的概念具有动态和静态之分。

外汇的动态概念是指把一种货币兑换成另一种货币，借以清偿国际债权、债务关系的一种专门性的经营活动。

外汇的静态概念是指以外币表示的可用于国际结算的支付凭证。这种支付手段包括以外币表示的信用工具和有价证券，如银行存款、商业汇票、银行汇票、银行支票、长短期政府证券等。

外汇的静态概念又分为广义的外汇概念和狭义的外汇概念。

广义的外汇指的是一国拥有的一切以外币表示的资产。国际货币基金组织（International Monetary Fund，IMF）对此的定义是：外汇是货币行政当局（中央银行、货币管理机构、外汇平准基金及财政部）以银行存款、财政部库券、长短期政府证券等形式保有的在国际收支逆差时可以使用的债权。我国于2008年修正颁布的《中华人民共和国外汇管理条例》第三条规定："本条例所称外汇，是指下列以外币表示的可以用作国际清偿的支付手段和资产：（一）外币现钞，包括纸币、铸币等；（二）外币支付凭证或者支付工具，包括票据、银行存款凭证、银行卡等；（三）外币有价证券，包括债券、股票等；（四）特别提款

权;(五)其他外汇资产。"

狭义的外汇即通常我们所说的外汇,指的是以外国货币表示的为各国普遍接受的,可用于国际债权债务结算的各种支付凭证,具有三个特点:①可支付性,外汇必须是以外币表示的国外资产,以本币表示的信用工具和有价证券不是外汇;②可偿性,外汇必须是能得到偿付的货币债权,而空头支票和拒付的汇票则不能视为外汇;③可兑换性,外汇必须是能够兑换为其他支付凭证的外币资产,不可兑换货币的不能视为外汇。

二、外汇的分类

1. 根据进行兑换时受限制程度的不同划分

根据进行兑换时受限制程度的不同,外汇可分为自由兑换外汇、有限自由兑换外汇和记账外汇。

自由兑换外汇是指在国际结算中用得最多,在国际金融市场上可以自由买卖,在国际金融中可以用于偿清债权债务,并可以自由兑换其他货币的外汇,如美元、港币、加拿大元等。

有限自由兑换外汇是指未经货币发行方批准,不能自由兑换成其他货币或随意对第三方进行支付的外汇。国际货币基金组织规定,凡对国际性经常往来的付款和资金转移有一定限制的货币,均属于有限自由兑换货币。

记账外汇又称清算外汇或双边外汇,是指记账在双方指定银行账户上的外汇,不能兑换成其他货币,也不能随意对第三方进行支付。

2. 根据不同来源与用途划分

根据不同来源与用途,外汇可以分为贸易外汇和非贸易外汇。

贸易外汇也称实物贸易外汇,是指来源于或用于进出口贸易的外汇,即由国际商品流通形成的一种国际支付手段。

非贸易外汇是指贸易外汇以外的一切外汇,即一切非来源于或用于进出口贸易的外汇,如劳务外汇、侨汇和捐赠外汇等。

3. 根据外汇汇率的不同市场走势划分

根据外汇汇率的不同市场走势,外汇可以分为硬外汇和软外汇。

硬外汇又称强势货币,是指在国际金融市场上汇价坚挺并能自由兑换,币值稳定,可以作为国际支付手段或流通手段的货币,主要有美元、英镑、日元等。

软外汇又称软势货币,是指汇价比较疲软且趋势下浮的货币,即"软币"或者"弱币"。

4. 根据不同交割期限划分

根据不同交割期限,外汇可以分为即期外汇和远期外汇。

即期外汇是指外汇买卖成交后,在当日或在两个营业日内办理交割的外汇。

远期外汇是指买卖双方无须即时交割,而仅签订买卖合同,预定在某一时间(在两个营业日以后)进行交割的外汇。

三、主要货币简介

(一)美元

在全球众多的货币中,美元无疑是最为特殊的一种货币,国际货币基金组织2022年

3月31日发布的"官方外汇储备的货币构成(COFER)"数据显示,美元仍是世界各国主要外汇储备,2021年第四季度其总量达到了7.087万亿美元,在全球央行外汇储备中占据的份额为58.81%,稳居第一。表1-1介绍了美元的基本信息。

表1-1 美元的基本信息

货币名称	美元(U. S. Dollar)
字母代码/符号	USD/$
发行机构	美国联邦储备银行
单位	美元、美分
主币	1美元、2美元、5美元、10美元、20美元、50美元、100美元
辅币	1美分、5美分、10美分、25美分、50美分
兑换公式	1美元=100美分

(二) 欧元

欧元自1999年1月1日被正式启用以来就对美元的地位产生了很大的冲击,在全球贸易和国际储备货币中,保持第二大货币的地位。国际货币基金组织2022年3月31日发布的"官方外汇储备的货币构成(COFER)"数据显示,2021年第四季度,欧元总量达到了2.487万亿美元,在全球央行外汇储备中占据的份额为20.64%。表1-2介绍了欧元的基本信息。

表1-2 欧元的基本信息

货币名称	欧元(Euro)
字母代码/符号	EUR/€
发行机构	欧洲中央银行
单位	欧元、欧分
主币	5欧元、10欧元、20欧元、50欧元、100欧元、200欧元、500欧元
辅币	1欧分、5欧分、10欧分、25欧分、50欧分、1欧元、2欧元
兑换公式	1欧元=100欧分

(三) 英镑

英国是世界上最早实行工业化的国家,曾在国际金融业中占统治地位,英镑曾是被最广泛应用于国际结算业务中的计价结算的货币。第一次世界大战和第二次世界大战以后,英国经济地位不断下降,但出于历史的原因,英国金融业还很发达,英镑在外汇交易结算中还占有较高的地位。国际货币基金组织2022年3月31日发布的"官方外汇储备的货币构成(COFER)"数据显示,2021年第四季度,英镑总量达到了0.576万亿美元,在全球央行外汇储备中占据的份额为4.78%。表1-3介绍了英镑的基本信息。

表1-3　英镑的基本信息

货币名称	英镑(Pound Sterling)
字母代码/符号	GBP/£
发行机构	英格兰银行
单位	英镑、便士
主币	5英镑、10英镑、20英镑、50英镑
辅币	1便士、2便士、5便士、10便士、20便士、50便士、1英镑、2英镑
兑换公式	1英镑＝100便士

(四) 日元

外汇交易中第三大交易量货币当数日元,国际货币基金组织2022年3月31日发布的"官方外汇储备的货币构成(COFER)"数据显示,2021年第四季度,日元总量达到了0.672万亿美元,在全球央行外汇储备中占据的份额为5.57%。表1-4介绍了日元的基本信息。

表1-4　日元的基本信息

货币名称	日元(Japanese Yen)
字母代码/符号	JPY/¥
发行机构	日本银行
单位	日元
主币	1 000日元、2 000日元、5 000日元、10 000日元
硬币	1日元、5日元、10日元、50日元、100日元、500日元
兑换公式	无

注:日元货币没有辅币,只有以"分"为单位的标价方式。有时,为加以区分,"日元"符号用"JPY¥"表示,"人民币元"符号用"CNY¥"表示。

(五) 人民币

人民币是我国的法定货币,由中国人民银行于1948年12月1日首次发行,至今已发行五套。2015年11月30日,国际货币基金组织执董会决定将人民币纳入特别提款权(special drawing rights,SDR)货币篮子,权重为10.92%,决议已于2016年10月1日生效。国际货币基金组织2022年3月31日发布的"官方外汇储备的货币构成(COFER)"数据显示,2021年第四季度,人民币总量达到了0.336万亿美元,在全球央行外汇储备中占据的份额为2.79%。据不完全统计,截至2021年9月,全球已有70多个央行或货币当局将人民币纳入外汇储备。表1-5介绍了人民币的基本信息。

表1-5　人民币的基本信息

货币名称	人民币元(Renminbi Yuan)
字母代码/符号	CNY/¥
发行机构	中国人民银行

(续表)

单位	元、角、分
主币	1元、5元、10元、20元、50元、100元
辅币	1角、5角
兑换公式	1元=10角=100分

（六）其他货币

除以上货币外，还有很多货币，如瑞士法郎、加拿大元等。表1-6介绍了其他常见货币。

表1-6　其他常见货币介绍

国家(地区)名称	货币名称	字母代码	国家(地区)名称	货币名称	字母代码
德国	欧元	EUR	瑞典	瑞典克朗	SEK
瑞士	瑞士法郎	CHF	荷兰	荷兰盾	NLG
法国	法国法郎	FRF	葡萄牙	葡萄牙埃斯库多	PTE
加拿大	加拿大元	CAD	西班牙	西班牙比塞塔	ESP
菲律宾	菲律宾比索	PHP	印度尼西亚	卢比	IDR
俄罗斯	俄罗斯卢布	RUR	马来西亚	马来西亚林吉特	MYR
新加坡	新加坡元	SGD	澳大利亚	澳大利亚元	AUD
韩国	韩元	KRW	香港	港币	HKD
泰国	泰铢	THB	奥地利	欧元	EUR
爱尔兰	爱尔兰镑	IEP	芬兰	欧元	EUR
意大利	意大利里拉	ITL	比利时	欧元	EUR
卢森堡	卢森堡法郎	LUF	新西兰	新西兰元	NZD

第二节　汇　　率

一、汇率的概念

汇率是指将一种货币兑换成另一种货币的比率，即在两种货币之间，用一种货币来表示另一种货币的价格。因此，汇率又称汇价，即两种不同货币之间的交换比价。

汇率变动对一国进出口贸易有着直接的调节作用。在一定条件下，本币对外贬值，即汇率下降，会起到促进出口、限制进口的作用；反之，本币对外升值，即汇率上升，则起到限制出口、促进进口的作用。

二、汇率的标价法

由于汇率是两种货币价值的对比，在计算两种货币的比价时，首先需要确定用哪一种货币作为基准,即是以本币作为折算基准,还是以外币作为折算基准。这就产生了两种标价方法:直接标价法和间接标价法。

1. 直接标价法

直接标价法(direct quotation)是指以一定单位的外币为基准,折算出一定数量的本币的标价方式。在直接标价法下,外币为基准货币,本币为报价货币。外币的量保持不变,所折算出的本币量的增减变化反映汇率的变化情况。折算出的本币量上升,则表示外币升值,本币贬值;反之,折算出的本币量下降,则表示外币贬值,本币升值。

目前世界上大部分国家(包括我国)都采用直接标价法。

2. 间接标价法

间接标价法(indirect quotation)是指以一定单位的本币为基准,折算成一定数量的外币的标价方式。在间接标价法下,本币为基准货币,外币为报价货币。本币的量保持不变,所折算出的外币量的增减变化反映汇率的变化情况。折算出的外币量上升,则表示本币升值,外币贬值;反之,折算出的外币量下降,则表示本币贬值,外币升值。

目前,世界上只有少数国家采用间接标价法,如英国、美国、澳大利亚、新西兰和欧元区国家等。其中,当美元遇到英镑、欧元、澳大利亚元和新西兰元时,采用的是直接标价法,除以上国家货币外,美元对其他货币均采用间接标价法。

三、汇率的分类

从不同的角度出发,汇率可以进行不同的分类。

1. 从汇率制度的角度分类

根据汇率制度的不同,可以将汇率分为固定汇率和浮动汇率。

固定汇率(fixed exchange rate)是指两种货币间的汇率保持基本不变,波动幅度局限在一定的范围内。历史上存在两种固定汇率:一种是金本位制下的固定汇率,另一种是布雷顿森林体系下的固定汇率。

浮动汇率(floating exchange rate)是指一国货币当局不规定本币与他国货币的汇率,由外汇市场的供求关系来决定其汇率水平,汇率可以自由浮动。

2. 从汇率决定方式的角度分类

根据汇率决定方式的不同,可以将汇率分为官方汇率和市场汇率。

官方汇率(official rate)是指由国家行政机构(如财政部、中央银行或外汇管理局)公布的汇率,一切外汇交易都以这个汇率为准。

市场汇率(market rate)是指由市场的供求关系决定的外汇汇率,它是外汇市场上进行外汇买卖的实际汇率。

3. 从银行买卖外汇的角度分类

从银行买卖外汇的角度,可以将汇率分为买入汇率和卖出汇率。

买入汇率(buying rate)是指外汇交易中的报价方(一般指银行)向同业或客户买入外汇时所使用的汇率,也称买入价或买价。

卖出汇率(selling rate)是指外汇交易中的报价方(一般指银行)向同业或客户卖出外汇时所使用的汇率,也称卖出价或卖价。

判断买卖价的关键在于区分谁为报价行、谁为询价行。报价行的买入价为买入价,报价行的卖出价为卖出价。在价格上报价行是主动的,而询价行在买卖行为上是自主的。

通常我们所说的买入汇率和卖出汇率都是指的现汇汇率,而银行在买卖外币现钞时候所使用的汇率为现钞汇率。一般而言,外汇现钞的卖出价和现汇卖出价相同,而外汇现钞的买入价要低于现汇买入价。这是因为银行在收兑外币现钞时,必须将运输、保险等费用考虑在内,所以会给出一个较低的现钞买入价。表1-7为中国银行2021年10月26日发布的即期外汇牌价。

表1-7 2021年10月26日中国银行即期外汇牌价

单位:人民币/100外币

货币名称	现汇买入价	现钞买入价	现汇卖出价	现钞卖出价	发布日期	发布时间
加拿大元	513.57	497.35	517.36	519.64	2021-10-26	14:21:47
瑞士法郎	691.01	669.69	695.87	698.85	2021-10-26	14:21:47
丹麦克朗	99.15	96.09	99.95	100.43	2021-10-26	14:21:47
欧元	738.15	715.22	743.59	745.99	2021-10-26	14:21:47
英镑	875.53	848.32	881.98	885.88	2021-10-26	14:21:47
港币	81.91	81.26	82.23	82.23	2021-10-26	14:21:47
瑞典克朗	73.86	71.58	74.46	74.81	2021-10-26	14:21:47
新加坡元	472.09	457.52	475.41	477.78	2021-10-26	14:21:47
泰铢	19.17	18.58	19.33	19.94	2021-10-26	14:21:47
美元	636.9	631.72	639.6	639.6	2021-10-26	14:21:47

注:数据来源于中国银行官方网站。

4. 从外汇买卖交割时间的角度分类

根据外汇买卖交割时间的不同,可以将汇率分为即期汇率和远期汇率。

即期汇率(spot rate)又称现汇汇率,是指在现汇交易中使用的汇率,即外汇买卖成交当日或成交后两个营业日内办理交割外汇时所使用的汇率。它在外汇市场上被应用得最多。

远期汇率(forward rate)又称期汇汇率,是在期汇买卖中使用的汇率,即外汇买卖双方事先约定的未来交割外汇时所使用的汇率。

远期汇率在一定程度上代表着即期汇率的变动趋势。远期汇率和即期汇率之间的差额叫作远期差价,外汇市场用升水、贴水和平价来表示这种差价。升水表示远期汇率比即期汇率高;贴水表示远期汇率比即期汇率低;平价表示远期汇率等于即期汇率。

5. 从汇率表现形式的角度分类

根据汇率表现形式的不同,可以将汇率分为基本汇率和交叉汇率。

基本汇率(basic rate)是指一国货币对某一关键货币的汇率。用于制定基本汇率的关键货币通常为在本国国际收支中使用最多,在外汇储备中所占比重最大,并且是国际普遍接受的可自由兑换外币。在国际市场上进行外汇交易时,银行之间的报价一般都以美元为标准,只报出美元对各国货币的汇价,称作美元标价法,也就等于各国均以美元为关键货币,报出本国货币与美元的汇率,即基本汇率。

交叉汇率(cross rate)又称套算汇率,与基本汇率相对,是指根据基本汇率和国际外汇市场行市套算出来的一种货币对其他种货币的汇率。例如,2021年某日,人民币对美元基本汇率确定为1美元＝6.492 7元人民币,同时伦敦外汇市场行情为1英镑＝1.385 8美元,则人民币对英镑的汇率可根据基本汇率和外汇行市套算为1英镑＝8.997 6元人民币(6.492 7×1.385 8),该汇率即为交叉汇率。

第三节 外汇市场

一、外汇市场的概念和作用

目前,国际金融市场有很多种,具体可以分为股票市场、债券市场、黄金市场、期货市场、期权市场和外汇市场等。外汇市场是指从事外汇买卖、调剂外汇供求的交易场所,或者说是各种不同货币相互之间进行交换的场所。

外汇市场的作用主要有以下几点。

(1) 实现国际贸易和投资的支付结算。进出口商在进口时支付一种货币,在出口时收取另一种货币。由于收付货币的不同,需要将收到的部分货币兑换成可以用于购买商品的货币。同样,投资外国资产必须使用当事国的货币进行交易,因此需要将本国货币兑换成为当事国货币。

(2) 为套期保值者提供外汇风险管理的工具和场所。在外汇市场上,机构和个人可以通过买卖远期外汇、外汇期权等方式来降低当前交易的风险,最小化损失,这也是交易者常用的一种规避风险的方法。

(3) 投机。外汇投机是指以赚取利润为目的的外汇交易,投机者利用汇率差异,贱买贵卖,从中赚取差价。一方面,外汇投机对阻止汇率过分波动与维护市场活力起积极作用;另一方面,过度投机又容易扰乱金融秩序。

(4) 有助于货币当局稳定货币汇率。在极端情况下,资本的流动或者其他的政治经济原因会造成汇价较大程度的波动,甚至可能带来系统性风险。此时,货币当局可以通过货币政策来干预外汇市场,达到稳定汇率的目的。

二、外汇市场的参与者

外汇市场的参与者可以分为以下四个层次。

(一) 中央银行

中央银行是国家中居主导地位的金融中心机构,不以营利为目的,是"管理金融活动的银行",主要职能为制定、执行货币政策,对金融机构活动进行领导、管理和监督。中央银行参与外汇市场的主要目的是实现其金融政策,维护本国经济的持续稳定增长。例如,中央银行会在汇率波动幅度过大的情况下对外汇市场进行干预。

(二) 外汇银行

外汇银行起着组织和创造外汇市场的作用。外汇银行通常是商业银行,可以是专门经营外汇的本国银行,也可以是兼营外汇业务的本国银行或者设立在本国的外国银行分行。外汇银行是外汇市场上最重要的参与者,其外汇交易构成外汇市场活动的主要部分。

(三) 外汇经纪人

外汇经纪人是指外汇市场上经中央银行或有关外汇经营机构批准、经营代客买卖外汇业务的中介人。他们受商业银行、其他金融机构或一国政府的委托,作为中介人在外汇市场上买卖外汇,有些也兼做外汇交易。

外汇经纪人分两类:①单纯的外汇买者和卖者之间的中介人,其对外汇买卖的风险不负任何责任,只以收取佣金为目的;②一般外汇经纪人,除代客买卖外汇外,其本身也兼做外汇交易并承担经营盈亏。

(四) 外汇市场客户

外汇市场客户主要包括企业客户和个人客户。企业客户包括进出口商、跨国集团等,大多数企业并不能直接进入外汇市场参与外汇交易,其因国际贸易以及投融资活动而产生的对外汇交易的需求,往往需要通过银行和其他金融机构的代客业务来实现。个人客户包括居民和非居民,他们以私人身份参与外汇交易,是外汇市场中的散户,个人客户的外汇交易需求主要来自国外旅游、留学、工作以及投资保值等。

上述四类外汇市场的参与者构成了外汇市场全部交易的五大形式或关系:①外汇银行与外汇经纪人或客户之间的外汇交易;②同一外汇市场的各外汇银行之间的外汇交易;③不同外汇市场的各外汇银行之间的外汇交易;④中央银行与各外汇银行之间的外汇交易;⑤各中央银行之间的外汇交易。

三、外汇市场的分类

1. 按外汇市场的外部形态分类

按外汇市场的外部形态进行分类,可以将外汇市场分为有形外汇市场和无形外汇市场。

有形外汇市场是指有固定的营业场所和规定的交易时间的外汇交易场所,也是早期的外汇市场。无形外汇市场既没有固定交易场所,也没有营业时间的概念,主要通过通信设施来达成外汇交易,如电话、电报、计算机等。这种形式没有地点限制,大大提高了外汇市场的运作效率,逐渐成为主流的交易形式。

两者的主要区别为:有形外汇市场有固定场所(一般指外汇交易所),且要在规定时间内进行交易;而无形外汇市场没有确定的开盘与收盘时间,且无需进行面对面的交易。

2. 按外汇所受管制程度分类

按外汇所受管制程度进行分类,可以将外汇市场分为自由外汇市场、外汇黑市和官方外汇市场。

自由外汇市场是指任何外汇交易都不受所在国主管当局控制的外汇市场,即每笔外汇交易从金额、汇率、币种到资金出入境都没有任何限制,完全由市场供求关系决定。在许多国家取消管制之后,自由外汇市场已由过去的居次要地位成为占主导地位的外汇市场。目前,伦敦、纽约、苏黎世、法兰克福和东京等地外汇市场已成为世界上主要的自由外汇市场。外汇黑市是进行非法外汇交易的场所,是在政府限制或法律禁止外汇交易的条件下产生的,其交易过程具有非公开性。官方外汇市场是指按照政府的外汇管制法令买卖外汇的市场。这种外汇市场对参与主体、汇价和交易过程都有具体的规定。在发展中国家,官方外汇市场较为普遍。

3. 按外汇买卖的范围分类

按外汇买卖的范围进行分类,可以将外汇市场分为外汇批发市场和外汇零售市场。外汇批发市场是指银行同业之间的外汇买卖行为及其场所,其主要特点是交易规模大。外汇零售市场又称客户市场,是指银行与个人及公司客户之间进行的外汇买卖行为及场所。

4. 按交易种类分类

按交易种类进行分类,可以将外汇市场分为即期外汇市场、远期外汇市场、外汇期货和外汇期权市场。

即期外汇市场又称现汇交易市场,是指从事即期外汇买卖的外汇市场,即期外汇市场交易通常在成交当日或者两个营业日内交割。远期外汇市场又称期汇外汇市场,是指成交日交易双方以约定的外汇币种、金额、汇率,在约定的未来某一日期交割结算的交易市场。外汇期货和外汇期权市场是从事外汇期货和期权交易的场所。

5. 根据交易范围分类

根据交易范围进行分类,可以将外汇市场分为国内外汇市场和国际外汇市场。

国内外汇市场受制于本国当局的外汇管制,交易的币种仅限于本币和少数几种外币。国际外汇市场基本不受政府的外汇管制,交易的类型、币种、数量等几乎不受限制。

四、全球主要外汇市场

世界外汇市场是由各国际金融中心的外汇市场构成的,是一个庞大的体系。目前世界上约有30多个主要的外汇市场,分布在全世界各大洲的不同国家和地区。其中最重要的外汇市场有伦敦外汇市场、纽约外汇市场、法兰克福外汇市场、东京外汇市场、香港外汇市场等。

(一)伦敦外汇市场

伦敦外汇市场是欧洲最主要的外汇市场,它的外汇交易额占全世界的近三分之一,是世界上最大的外汇市场。伦敦外汇市场是一个典型的无形市场,没有固定的交易场所,通过现代化的全球通信网络完成外汇交易。伦敦外汇市场上,参与外汇交易的外汇银行机构约有600家,包括本国的清算银行、商人银行、其他商业银行、贴现公司和外国银行。这些外汇银行组成伦敦外汇银行公会,负责制定参加外汇市场交易的规则和收费标准。伦敦外汇市场交易30多种货币,其中英镑兑美元的交易规模最大,其次是英镑兑欧元、瑞士法郎和日元等。

(二)纽约外汇市场

纽约外汇市场是北美洲最主要的外汇市场,它既是美国规模最大的无形外汇市场,也是世界第二大外汇市场,交易量仅次于伦敦外汇市场。纽约外汇市场参与者主要包括美国大型商业银行、外国银行分行以及一些专业的外汇经纪商。纽约银行间清算系统承担着全球90%以上的美元交易结算,是美元的国际结算中心。除美元外,欧元、日元、英镑、加拿大元等也是主要交易货币。

(三)法兰克福外汇市场

法兰克福外汇市场是德国最大的外汇市场,在欧洲仅次于伦敦外汇市场,是世界第三大外汇交易市场。该市场的主要参与者是联邦银行、外汇经纪商和商业银行。法兰克福外汇市场遵循欧洲大陆的传统方式,每天午后由各银行和外汇经纪商派出的代表在专门设立的交易所内从事交易活动,交易量约占全国交易量的50%,交易的货币以美元为主,次之为英镑、瑞士法郎、法国法郎、荷兰盾等。

(四)东京外汇市场

东京外汇市场是亚洲主要的外汇市场之一,交易者主要包括外汇银行、外汇经纪商、非银行客户和日本银行。东京外汇市场的交易品种主要是美元兑日元、欧元兑日元,90%以上的外汇交易都是以美元和日元成交。其他货币不仅交易量小,在交易时还受到一定的限制。

(五)香港外汇市场

香港外汇市场也是亚洲主要的国际性外汇市场,并且是一个无形外汇市场,其参与者主要包括商业银行和财务公司。20世纪70年代以前,香港外汇市场的交易以港币和英镑的兑换为主;70年代以后,随着该市场的国际化及港币与英镑脱钩、与美元挂钩,美元成了该市场上交易的主要外币。香港外汇市场上的交易可以划分为两大类:一类是港币和外币的兑换,其中以与美元进行兑换为主;另一类是美元和其他外币的兑换。

国际清算银行(Bank for International Settlements, BIS)2019年发布的调研显示,全球前七大外汇交易货币自2004年以来未发生变化,仅在排名先后上于不同年度有些许调整。2019年,全球外汇市场十大交易货币分别为美元、欧元、日元、英镑、澳大利亚元、加拿大元、瑞士法郎、人民币、港币和新西兰元(表1-8)。其中,人民币外汇交易在全球市场的排名上升较快,人民币全球外汇交易排名从2010年的第17名提升至2019年的第8名,外汇交易份额从2010年的0.9%提升至2019年的4.3%。究其原因,2009年跨境贸易人民币结算试点启动,这标志着人民币国际化进程正式开始,大大推动了人民币外汇交易在全球市场的排名。

表1-8 全球外汇市场十大交易货币

货币	2019年 份额	2019年 排名	2016年 份额	2016年 排名	2013年 份额	2013年 排名	2010年 份额	2010年 排名	2007年 份额	2007年 排名	2004年 份额	2004年 排名
美元	88.3%	1	87.6%	1	87%	1	84.9%	1	85.6%	1	88%	1
欧元	32.3%	2	31.4%	2	33.4%	2	39%	2	37%	2	37.4%	2
日元	16.8%	3	21.6%	3	23%	3	19%	3	17.2%	3	20.8%	3
英镑	12.8%	4	12.8%	4	11.8%	4	12.9%	4	14.9%	4	16.5%	4
澳大利亚元	6.8%	5	6.9%	5	8.6%	5	7.6%	5	6.6%	6	6%	6
加拿大元	5%	6	5.1%	6	4.6%	7	5.3%	7	4.3%	7	4.2%	7
瑞士法郎	5%	7	4.8%	7	5.2%	6	6.3%	6	6.8%	5	6%	5
人民币	4.3%	8	4%	8	2.2%	9	0.9%	17	0.5%	20	0.1%	29
港币	3.5%	9	1.7%	13	1.4%	13	2.4%	8	2.7%	8	1.8%	9
新西兰元	2.1%	10	2.1%	10	2%	10	1.6%	10	1.9%	11	1.1%	13

数据来源:2019年BIS调查报告。

第四节 中国外汇市场

一、人民币汇率制度改革与形成机制

自1994年开始,人民币汇率形成机制越来越向着市场化的方向进行改革。

1994年,我国改革了外汇管理体制,将人民币汇率官方价格与外汇调剂价并轨,实行以市场供求为基础的、单一的、有管理的浮动汇率制度,形成银行结售汇市场与银行间外汇市场双层结构。中国人民银行根据前一日银行间外汇市场形成的价格,每日公布人民币对美元交易的中间价。现行人民币汇率形成机制的基本框架自此建立。1993年12月31日人民币官方汇率为1美元=5.7元人民币,外汇市场调剂价格为1美元=8.7元人民币;此次汇率并轨后,人民币的汇率稳定在1美元=8.7元人民币。

2005年7月21日,《中国人民银行关于完善人民币汇率形成机制改革的公告》发布,宣布"开始实行以市场供求为基础、参考一篮子货币进行调节、有管理的浮动汇率制度"。自此,人民币汇率不再盯住单一美元,开始形成更富弹性的人民币汇率机制。中国人民银行于每个工作日闭市后公布当日银行间外汇市场美元等交易货币对人民币汇率的收盘价,作为下一个工作日该货币对人民币交易的中间价格。

自2006年1月4日起,中国人民银行授权中国外汇交易中心于每个工作日上午9时15分公布当日人民币对美元、欧元、日元和港币汇率中间价,作为当日银行间即期外汇市场以及银行柜台交易汇率的中间价。人民币兑美元汇率中间价的形成方式改进为:由中国外汇交易中心于每日银行间外汇市场开盘前向所有银行间外汇市场做市商询价,并将全部做市商报价作为人民币兑美元汇率中间价的计算样本,去掉最高和最低报价后,对剩余做市商报价进行加权平均后得到当日人民币兑美元汇率中间价,权重由中国外汇交易中心根据报价方在银行间外汇市场的交易量及报价情况等指标综合确定。

自2007年5月21日起,银行间即期外汇市场人民币兑美元交易价浮动幅度由0.3%扩大至0.5%。2012年4月16日,银行间即期外汇市场人民币兑美元交易价浮动幅度由0.5%扩大至1%。2014年3月17日起,银行间即期外汇市场人民币兑美元交易价浮动幅度由1%扩大至2%。

为增强人民币兑美元汇率中间价的市场化程度和基准性,中国人民银行决定完善人民币兑美元汇率中间价报价。自2015年8月11日起,做市商在每日银行间外汇市场开盘前,参考上一日银行间外汇市场收盘汇率,综合考虑外汇供求情况以及国际主要货币汇率变化向中国外汇交易中心提供中间价报价。

2015年12月11日,中国外汇交易中心正式发布CFETS人民币汇率指数,一并发布的还有参考BIS货币篮子和参考SDR货币篮子计算的人民币汇率指数,旨在加大参考一篮子货币的力度,以更好保持人民币对一篮子货币汇率的基本稳定。

2016年2月,"收盘汇率+一篮子货币汇率变化"的人民币对美元汇率中间价形成机制初步形成。

二、人民币汇率形成机制的特点

(1) 中国人民银行退出常态化干预，人民币汇率主要由市场决定。2016 年以前，由于人民币持续存在单边调整压力，中国人民银行需要通过干预来引导人民币汇率的有序调整。而后，中国人民银行通过加大市场决定汇率的力度，大幅减少外汇干预，在发挥汇率价格信号作用的同时，提高了资源配置效率。目前，中国人民银行已退出常态化干预，外汇市场自主平衡，人民币汇率由市场供需决定。外汇储备规模自 2017 年以来始终保持在 3 万亿美元左右。

(2) 人民币汇率双向浮动，保持基本稳定。2019 年初，国民经济开局平稳，中美贸易形势有所缓和，人民币对美元汇率升值至 6.70 元；随着贸易形势变化，8 月人民币对美元汇率贬值至 7.10 元附近。2020 年初，中美签署第一阶段贸易协定，市场乐观情绪一度推动人民币对美元汇率升值至 6.90 元附近，5 月国际形势变化又推动人民币汇率小幅贬值。随着中国率先有效控制新冠肺炎疫情，中国的经济增长表现出强劲韧性，人民币对美元汇率又升至 6.95 元附近。总体上，自 2019 年至 2020 年上半年，人民币对美元汇率中间价在 361 个交易日中，173 个交易日升值，187 个交易日贬值。2020 年 1 月至 7 月，人民币对美元汇率中间价小幅贬值 0.1%，衡量人民币对一篮子货币的 CFETS 人民币汇率指数与上一年年末基本持平。人民币在实现双向浮动的同时，保持了基本稳定。

(3) 人民币汇率形成机制经受住了多轮冲击考验，汇率弹性增强，较好发挥了宏观经济和国际收支自动稳定器的作用。在中美经贸摩擦、新冠肺炎疫情暴发并在全球蔓延、世界经济衰退、国际金融市场动荡等多轮重大冲击考验中，人民币汇率均能迅速调整，并在较短时间内恢复均衡，有效发挥了对冲冲击的作用。2020 年以来，人民币对美元汇率年化波动率约为 4.5%，与国际主要货币基本相当，汇率作为宏观经济和国际收支自动稳定器的作用进一步增强。

(4) 社会预期平稳，外汇市场运行有序。近年来，尽管外部形势趋于复杂，但中国人民银行加强预期管理和引导，外汇市场预期保持平稳，中间价、在岸价、离岸价实现"三价合一"，避免了汇率超调对宏观经济的冲击。外汇市场深度逐步提高，市场承受冲击能力明显增强，银行间外汇市场银行结售汇基本平衡，供求保持稳定。

(5) 市场化的人民币汇率促进了内部均衡和外部均衡的平衡。随着人民币汇率弹性增强，货币政策自主性提高，中国人民银行主要根据国内经济金融形势实施稳健的货币政策，避免了内部均衡和外部均衡的目标冲突。在此基础上，人民币汇率有序调整，平衡了国际收支，促进了内外部均衡。受新冠肺炎疫情影响，发达经济体普遍实行宽松货币政策，我国坚持实施正常的货币政策，利率水平与我国发展阶段和经济形势动态适配，本外币利差有所扩大，人民币资产吸引力增强。同时，人民币汇率合理反映了外汇市场供求变化，我国国际收支继续自主平衡，2020 年上半年经常项目顺差与 GDP 之比约为 1.3%。

三、做市商制度

2006 年 1 月 4 日，银行间外汇市场正式引入做市商制度，做市商制度为外汇市场提供了流动性，提高了交易效率。

银行间外汇市场做市商是指在我国银行间外汇市场进行人民币与外币交易时，承担向会员持续提供买卖价格义务的银行间外汇市场会员。银行间外汇市场做市商可根据自身做市能力在即期、远期、掉期、期权等外汇市场开展做市。

做市商应履行的义务包括：

（1）在规定的交易时间内，在银行间外汇市场连续提供人民币对主要交易货币的买卖双向价格，所报价格应是有效的可成交价格。

（2）银行间外汇市场报价不得超过中国人民银行规定的银行间外汇市场交易汇价的浮动幅度。

（3）遵守外汇市场自律机制相关自律规范，在外汇市场规范交易方面发挥市场引领作用，诚实交易，不利用非法或其他不正当手段从事虚假交易或操纵市场价格。

（4）遵守结售汇综合头寸管理规定和要求。

（5）积极引导客户树立汇率风险中性意识，不得在市场营销中误导或诱导客户预期。

（6）按照国家外汇管理局要求及时报告外汇市场运行和做市情况，并报送中国人民银行。

四、人民币外汇市场构成

境内的人民币外汇市场构成包含银行结售汇市场和银行间外汇市场两个层面。

（一）银行结售汇市场

银行结售汇市场即零售市场，是银行与客户之间进行交易的外汇交易市场，即通常所说的代客交易，交易双方进行柜台式的外汇买卖。银行结售汇市场分布广泛而且分散，企业和个人客户在零售市场办理结售汇业务。

银行结售汇市场的价格形成机制为各银行在银行间外汇市场实时价格的基础上对客户进行报价。银行结售汇市场的主要功能为满足客户货币兑换及汇率避险的需求。

（二）银行间外汇市场

银行间外汇市场是我国的外汇批发市场，各家银行通过中国外汇交易中心的交易平台进行外汇交易，形成一个相对集中的外汇市场，银行在此平衡外汇资金头寸。其当前交易时间为9:30～23:30。根据国家外汇管理局公布的数据，2020年银行间外汇市场的交易量达到25.4万亿美元，占整个外汇市场交易量的85%左右。

目前，银行间外汇市场交易支持28个币种的交易（表1-9）。从交易品种来看，银行间外汇市场交易产品包括即期、远期、掉期、货币掉期以及期权等。

截至2021年3月，银行间外汇市场有人民币外汇即期会员738家、远期会员266家、掉期会员259家、货币掉期会员214家、期权会员165家。

银行间外汇市场已向境外央行类机构开放。中国人民银行2015年9月30日发布公告，批准境外央行（货币当局）和其他官方储备管理机构、国际金融组织、主权财富基金进入中国银行间外汇市场。境外投资者可以作为客户和境内金融机构直接交易，或者申请成为中国外汇交易中心会员直接进入银行间外汇市场交易，又或者通过主经纪业务进入银行间外汇市场交易，参与境内人民币对外汇即期和衍生产品，按照套期保值原则管理投资银行间债券市场产生的外汇风险敞口。

表 1-9 中国银行间外汇市场主要交易币种

	货币	即期	远期、掉期	货币掉期	期权	交易时间
美洲	美元	√	√	√	√	9:30~23:30
	加拿大元	√	√			9:30~23:30
	墨西哥比索	√	√			9:30~23:30
欧洲	欧元	√	√	√	√	9:30~23:30
	英镑	√	√	√	√	9:30~23:30
	瑞士法郎	√	√			9:30~23:30
	俄罗斯卢布	√	√			9:30~23:30
	匈牙利福林	√	√			9:30~23:30
	波兰兹罗提	√	√			9:30~23:30
	丹麦克朗	√	√			9:30~23:30
	瑞典克朗	√	√			9:30~23:30
	挪威克朗	√	√			9:30~23:30
亚太	澳大利亚元	√	√	√		9:30~23:30
	新西兰元	√	√			9:30~23:30
	日元	√	√	√	√	9:30~23:30
	新加坡元	√	√			9:30~23:30
	港币	√	√	√	√	9:30~23:30
	马来西亚林吉特	√	√			9:30~23:30
	韩元	√	√			9:30~23:30
	泰铢	√	√			9:30~23:30
	坚戈	√				10:30~19:00
	图格里特	√				9:30~16:30
	瑞尔	√				9:30~16:30
	卢比	√	√	√		9:30~16:30
中东及非洲	南非兰特	√	√			9:30~23:30
	土耳其里拉	√	√			9:30~23:30
	阿联酋迪拉姆	√	√			9:30~23:30
	沙特里亚尔	√	√			9:30~23:30

数据来源：中国外汇交易中心官网。

课程思政案例

新发展格局下外汇领域的改革开放

党的十九届五中全会通过的《中共中央关于制定国民经济和社会发展第十四个五年规划和二〇三五年远景目标的建议》，全面总结中国特色社会主义发展实践经验，着眼于中华民族伟大复兴战略全局和世界百年未有之大变局，提出加快构建以国内大循环为主体、国内国际双循环相互促进的新发展格局，为做好金融外汇工作提供了根本遵循。外汇管理部门要坚持以习近平新时代中国特色社会主义思想为指导，认真学习、深刻领会新发展格局的内涵，坚持以人民为中心和系统观念，总结外汇领域改革开放的历史经验，有序推进高水平资本项目开放，提升跨境贸易投资自由化便利化水平，有效防范化解跨境资本流动风险，更好地服务于全面建设社会主义现代化国家新征程。

40年来我国外汇市场建设形成两条逻辑主线

习近平总书记在十九届五中全会上指出，改革开放以来，特别是加入世界贸易组织后，我国加入国际大循环，市场和资源"两头在外"，形成"世界工厂"发展模式。这是从我国国情出发，通过参与国际经济大循环，积极利用外汇资金和国际市场来弥补国内资本要素的短缺。作为对外开放的重要环节，外汇管理各项工作聚焦外汇市场主要矛盾，在政策取向、管理制度和管理理念上强调增加外汇有效供给、合理分配外汇需求，形成了发挥外汇资金和国际市场作用的两条逻辑主线，为我国经济快速发展保驾护航。

用好外汇资金要素，推动我国资源禀赋实现三个历史性转变

外汇市场经历了从引入到取消外汇券的历史转变。为解决改革开放初期的外汇短缺问题，1980年4月，国务院授权中国银行发行以人民币为面值的外汇券，凭外币兑换的外汇券可在指定场所购买人民币无法买到的紧缺商品，在当时汇率双轨制下还可按较低的官方汇率兑换外币。到1993年年末，我国外汇储备为212亿美元，相比1979年增长了24倍，外汇短缺局面有所改善。1994年年末，外汇券完成历史使命，退出历史舞台。

外汇市场经历了从强制结售汇到意愿结售汇的历史转变。1994年外汇管理体制改革，取消了外汇留成制，建立起银行结售汇制度。改革伊始，为维护外汇供求平衡，政策上要求中资企业把外汇收入卖给外汇指定银行，再由外汇指定银行将超限额的外汇头寸拿到银行间外汇市场平盘；同时，对外商投资企业提出自求平衡的要求，以在客观上保证外汇资金向国家集中。1994年外汇体制改革成效显著，到1995年年末，我国外汇储备增至736亿美元。1996年6月，将外商投资企业纳入银行结售汇体系，为1996年我国接受国际货币基金组织第八条款，实现经常项目可兑换打下基础。在经历了亚洲金融危机冲击后，按照对经常项目转移支付不予限制的要求，我国逐步放松对企业外汇账户的开立和额度限制，降低结售汇的强制性。2007年，取消账户限额管理，允许企业根据经营需要自主保留外汇；2008年，修订后的《中华人民共和国外汇管理条例》明确企业和个人可以按规定保留外汇或者将外汇卖给银行。

外汇市场经历了从"宽进严出"到均衡管理的历史转变。改革开放初期，为增加外汇有效供给，缓解外汇短缺，国家于政策层面提出了"奖出限入"的贸易政策，"填平补齐"的产业政策和"宽进严出"的外汇政策,鼓励企业出口创汇。上述管理理念一直延续到新世纪初。1996年经常项目实现可兑换后,我国资本项目开放遵循"先流入后流出"的思路,无论是早期开放的直接投资领域,还是稍后开放的证券投资领域,皆是如此。2001年,我国加入世界贸易组织后,我国外商直接投资汇兑管理大幅放宽,资本金结汇由国家外汇管理局审批改为由银行直接办理;2005年启动人民币汇率形成机制改革后,我国于2006年取消了对外直接投资购汇额度限制。2002年我国在证券投资领域推出了合格境外机构投资者制度,开放了境外非居民投资的流入渠道;2006年,择机推出了合格境内机构投资者制度,开放了境内居民投资的流出渠道。新世纪以来,我国资源禀赋格局和外汇市场供求关系发生了深刻转变。2006年,中央经济工作会议明确提出,影响我国国际收支平衡的主要矛盾已由过去的外汇短缺转为贸易顺差过大和外汇储备增加过快。外汇管理的理念也逐渐从"宽进严出"转向均衡管理,在2014至2017年陆续推出的"沪港通""深港通"和"债券通"等改革举措,都体现了流入和流出双向、均衡开放的特征。

有效利用国际市场,充分发挥国际大循环对国内大循环的促进作用

改革开放以来,我国利用国际市场经历了两个发展阶段。第一阶段是改革开放初期,利用国际金融市场的方式以境外贸易融资和银行贷款等间接融资方式为主。这一阶段,我国对外融资主要来自日本、中国香港,且在20世纪90年代中期之前以对外借款为主,1979年至1991年期间对外借款总额达525.6亿美元。第二阶段是新世纪以来,利用国际金融市场的方式以境外资本市场发行股票和债券等直接融资方式为主。入世以来,我国深度融入全球产业链,企业国际化水平大幅提高,对外融资重点转向欧美发达国际金融市场,先后出现了以中概股和中资美元债为代表的直接融资渠道。1992年,第一只中概股在美上市,2004年后境内企业赴美上市数量持续增长,到2020年年末,在美中概股总市值约2.1万亿美元。同期,中资机构海外发债存量也近1万亿美元,其中约90%属于以美元计价债券。

当前我国内外部环境已发生深刻变化。一是我国外汇市场告别外汇短缺的历史时期,进入高质量发展新阶段。"十三五"时期,境内金融市场的开放吸引境外投资者增持人民币资产,优化我国对外负债币种结构。2020年,净流入我国债券市场的境外资金达1.3万亿元人民币,人民币资产对全球资金的吸引力正在明显增强。二是我国金融要素流动逐步跨越依托国际金融市场弥补资金不足的历史时期,走向收支平衡和人民币跨境使用新阶段。2008年国际金融危机以来,经常项目年度顺差与同期国内生产总值(GDP)之比由9.9%降至2%以内的合理区间,进出口总额占同期GDP比重从61.8%大幅下降至31.8%。三是外汇储备逐步跨越快速积累的历史时期,走向规模相对稳定、结构不断优化的新阶段。近年来我国外汇储备规模始终保持在3万亿美元之上,稳居世界第一,有效应对国际金融市场的大幅波动,成为国家经济金融安全的稳定器和压舱石。四是我国外汇市场逐步跨越汇率单向变动历史时期,走向弹性扩大、韧性增强新阶段。自2017年以来,尽管存在中美经贸摩擦和新冠肺炎疫情等外部冲击,我国跨境资本流动和外汇供求仍保持总体平衡,人民币汇率双向波动、弹性明显增强。

新发展格局下要统筹国内国际两个大局

我国正在发展开放型大国经济。习近平总书记指出,大国经济的优势就是内部可循环,国内循环越顺畅,越有利于构建新发展格局。在新发展格局下,要坚持系统观念,在不断变化的世情国情中把握外汇领域主要矛盾和趋势变化,在发挥好外汇资金和国际市场积极作用的同时,更好地发挥我国超大规模经济体的内在优势,统筹本、外币和国内、国际市场,推动我国经济高质量发展。

统筹本币和外币是构建大国经济新发展格局的内在要求

大国经济条件下我国统筹本外币的重点在人民币。从历史上看,经济强,则货币强。伴随我国综合国力的提升,统筹本外币的核心是增强对人民币的信心,政策取向上对本外币一视同仁。这有利于市场主体减少货币错配,规避汇率风险,增强经济、金融发展的自主性。2008年国际金融危机以来,以人民币为主的国际大循环初具规模。1949年以来的较长时间内,统筹本外币的重点是增加外汇供给,平衡外汇收支。1968年,我国内地曾在对香港贸易中试行人民币计价结算,并在1970年向全国推行。其时,人民币替代的是外币计价功能而非跨境使用功能。2004年,港澳人民币业务的正式推出是人民币区域化的重要标志,人民币从单纯的跨境计价进入跨境使用的新阶段。但该政策的核心不是鼓励人民币跨境使用,而是建立人民币"有序回流"的机制。2008年国际金融危机后,市场需求牵引政策供给,人民币资产对全球吸引力上升,以人民币支付进口和对外合作、再通过出口收取人民币和境外主体投资境内金融市场等渠道回流境内的人民币循环逐步形成。2016年10月,人民币正式加入国际货币基金组织特别提款权(SDR)货币篮子。根据《2020年人民币国际化报告》,2019年人民币在国际货币基金组织成员国持有储备资产的币种构成中排名第五,在国际主要支付货币中排名第五,人民币跨境收付占同期本外币跨境收付总额近四成,创历史新高。

统筹国内和国际市场是推动我国实现高质量发展的重要保障

大国经济条件下统筹国内、国际两个金融市场的关键在国内市场。大国经济的重要特征是内需主导。当前,强大的国内市场是我国最大的竞争力,也是对外开放最大的吸引力,是统筹国内、国际两个金融市场的关键。通过国内金融市场全面与国际最佳实践对接,市场主体可以协调使用境内外金融市场获得所需的资金和金融服务,整合两个市场、两种资源,有利于优化资源配置效率,提高金融服务实体经济质量和效率;有利于降低实体经济融资成本,降低融资风险溢价;有利于增强我国金融国际竞争力,实现从金融大国走向金融强国。我国以国内金融市场为主的多层次在岸市场发展已取得长足进步。20世纪90年代,我国证券交易所刚刚建立不久,市场规模和活跃度受到限制。2005年股权分置等金融改革逐步到位,资本市场市场化、法治化、国际化水平不断提升,为我国企业提供了多元化的融资渠道。2019年,上交所和深交所股票首次公开的募股(IPO)筹资额分别排名全球第二和第五位,各类机构发行债券超45万亿元。国内金融市场的投资价值和国际属性显著增强。自2002年开始,证券市场的合格投资者制度和互联互通安排取代了1992年建立的B股市场,成为非居民投资国内金融市场的主渠道。2020年年末,境外机构和个人持有我国股票和债券资产总计6.74万亿元,在近五年内增长了约4倍,成为在新发展阶段促进国际收支平衡的重要因素。

"十四五"时期外汇领域改革开放服务于加快构建新发展格局

"十四五"时期是"两个一百年"奋斗目标的历史交汇期,必须要以习近平新时代中国特色社会主义思想为指导,深刻认识我国社会主要矛盾变化带来的新特征、新要求,把实施扩大内需战略同深化供给侧结构性改革有机结合起来,加快构建新发展格局。

外汇管理部门要贯彻落实党的十九届五中全会精神,把握新发展格局的内涵,聚焦高质量发展阶段外汇领域的主要矛盾:全面分析外汇市场供求关系的深刻变化,着力解决外汇政策尚无法完全满足我国构建更高水平开放型经济新体制和应对国际资本高强度流动两个维度需要的矛盾。为此,要以深化外汇领域供给侧结构性改革为主线,着力增加两个供给:一是增加金融开放的政策供给,稳步推进高水平开放;二是增加金融安全的政策供给,维护国家金融安全。在统筹国内、国际两个大局中要坚持系统观念,平衡好三对关系:一是统筹平衡好本币和外币的关系,既要稳慎推进人民币国际化,又要保持跨境资金流动总体稳定;二是统筹平衡好国内循环和国际循环的关系,以人民币和国内市场为基础的国内大循环不是封闭的国内循环,而是更加开放的双循环,要更好地发挥跨境资金流动和国际市场的外循环作用,实现国内国际双循环相互促进;三是统筹发展和安全的关系,既要推进外汇领域改革开放,又要积极防范外汇风险,维护国家经济金融安全。在"十四五"时期的各项工作中,必须坚持四项原则:一是坚持金融服务实体经济,促进贸易投资自由化便利化;二是坚持外汇领域改革开放不走回头路,"打开的窗户不会再关上";三是坚持宏观逆周期调节,保持微观政策跨周期的一致性、稳定性和可预期性,不以微观手段解决宏观问题;四是坚决守住不发生系统性金融风险的底线,构建与高水平资本项目开放相适应的风险防控体系。未来的主要工作任务包括以下四个方面:

强化市场在外汇资源配置中的决定性作用。一是实行高水平的贸易投资自由化便利化,在有效防范跨境资金大幅波动风险前提下,遵循服务实体和风险可控的原则,推动实现高效、安全、低成本的跨境贸易结算,放宽或取消对跨境投融资规模、资金使用等的限制。二是深化人民币汇率形成机制改革,循序渐进推进汇率市场化改革,发挥汇率调节国际收支平衡"自动稳定器"的作用。三是建设开放多元、功能健全的外汇市场,拓展外汇市场交易品种范围,扩大市场参与主体范围,增强境内市场的国际影响力和金融机构的全球参与度。

稳步推进高水平资本项目开放和贸易投资自由化便利化。一是以服务实体经济发展为根本,配合金融市场双向开放,实现较高水平的资本项目开放。形成适应"准入前国民待遇+负面清单"外资管理新模式的外商直接投资外汇管理法规体系。整合金融市场开放渠道,提高金融市场的国际化水平。二是稳慎推进人民币国际化,坚持市场驱动和企业自主选择,营造以人民币自由使用为基础的新型互利合作关系,通过跨境人民币使用降低跨境资本流动潜在风险。三是构建以人民币为中心的面向全球的跨境投融资体系,提高境内市场在金融要素供给中的作用。

提升资本项目开放条件下国家治理体系和治理能力现代化水平。一是完善跨境资本流动宏观审慎管理,维护外汇市场稳定和国家经济金融安全。二是完善跨境资本流动微观监管,维护外汇市场竞争秩序和消费者合法权益,以"零容忍"态度严厉打击外汇领域违法违规活动。三是健全对外金融资产负债及交易统计制度,提高国际收支统计透明度,构建依托人工智能和大数据技术的跨境资本流动监测体系。四是完善涉外经贸法律和规则体系,推动《中华人民共和国外汇管理条例》修订,为建设更高水平开放型经济新体制提供法律保障。

完善中国特色外汇储备经营管理。一是创新优化投资方式,稳妥审慎推进多元化运用,保障外汇储备资产的安全、流动、保值增值。二是坚持市场化原则,尊重国际市场规则和行业惯例,维护和促进国际金融市场稳定与发展。三是加强信息化建设,以安全、高效、可控为目标,提升运营管理现代化水平。四是强化底线思维,做好对重大风险的前瞻性分析、预警、评估和应对,切实防范各类风险。

资料来源:潘功胜.新发展格局下外汇领域的改革开放[J].中国外汇,2021(13):1-4.

本章小结

(1) 外汇是指以外币表示的能用于国际结算的支付凭证,外汇的概念具有动态和静态之分。根据进行兑换时的不同受限制程度、不同来源与用途、汇率的不同市场走势等,可以对外汇进行不同的分类。

(2) 汇率是指将一种货币兑换成另一种货币的比率,即在两种货币之间,用一种货币来表示另一种货币的价格。根据折算的方法不同,汇率的标价法主要有直接标价法和间接标价法两种。从汇率制度、汇率决定方式、银行买卖外汇等角度,可以对汇率进行不同的分类。

(3) 外汇市场是指从事外汇买卖、调剂外汇供求的交易场所,或者说是各种不同货币相互之间进行交换的场所。按外汇市场的外部形态、外汇所受管制程度、外汇买卖的范围等,可以对外汇市场进行不同的分类。外汇市场的参与者主要包括中央银行、外汇银行、外汇经纪人、外汇市场客户四个层次。全球主要外汇市场有伦敦外汇市场、纽约外汇市场、法兰克福外汇市场、东京外汇市场、香港外汇市场等。

(4) 自1994年开始,人民币汇率形成机制越来越向着市场化的方向进行改革,具有五大特点。2006年1月4日,银行间外汇市场正式引入做市商制度,做市商制度为外汇市场提供了流动性,提高了交易效率。境内的人民币外汇市场构成包含银行结售汇市场和银行间外汇市场两个层面。

关键概念

外汇　汇率　直接标价法　间接标价法　外汇市场　做市商制度　银行间外汇市场

本章习题

一、单项选择题

1. 根据狭义外汇的定义,(　　)可视为外汇。
   A. 以外币表示的有价证券　　　　　B. 以外币表示的汇票
   C. 以外币表示的空头支票　　　　　D. 外国钞票

2. 在采用直接标价法的前提下,如果需要以比原来更少的本币兑换一定数量的外国货币,这表明( )。

A. 本币币值上升,外币币值下降,通常称为外汇汇率上升
B. 本币币值下降,外币币值上升,通常称为外汇汇率上升
C. 本币币值上升,外币币值下降,通常称为外汇汇率下降
D. 本币币值下降,外币币值上升,通常称为外汇汇率下降

3. 下列主体中,不属于外汇市场主要参与者的是( )。

A. 外汇银行 B. 中央银行
C. 外汇经纪人 D. 金融监管机构

二、名词解释题

1. 汇率
2. 直接标价法
3. 做市商制度

三、简述题

1. 简述外汇汇率的分类。
2. 什么是外汇市场?它有哪些种类?
3. 简述人民币外汇市场的构成。

第二章 即期外汇交易

 知识概括

- 即期外汇交易的概念、交割日、交易层次
- 交叉汇率的计算
- 即期外汇交易的应用

第一节 即期外汇交易概述

一、即期外汇交易的概念

即期外汇交易又称现汇交易,是指交易双方以约定的外汇币种、金额、汇率,在成交日后的两个营业日内交割的外汇交易。

即期外汇交易概念涉及两个重要的行为:成交和交割。成交是指交易双方根据自己的需要和市场中的供需情况,确定交易价格和交易数量的行为。成交日是指外汇交易的买方和卖方达成交易协议的日期。交割是指买卖双方执行交易协议的行为,即他们相互支付对方所购买的货币的行为,交割日是指实际办理外汇收付的日期。

二、即期外汇交易的交割日

即期外汇交易的交割日根据不同的日期,分为标准交割日、隔日交割、当日交割三种情况。

标准交割日(value spot,VAL SP)是指即期外汇交易采用 T+2 的交割方式,即在成交后的第二个营业日进行交割。目前大部分的即期外汇交易都采用这种方式。营业日也称工作日,除非交易双方另有约定,否则都是指相关账户所在地商业银行正常营业的日期,不包含法定节假日在内。若遇节假日,交割日按节假日天数顺延,但是不能跨月。

隔日交割(value tomorrow,VAL TOM)是指即期外汇交易采用 T+1 的交割方式,即在成交后的第一个营业日进行交割。

当日交割(value today，VAL TOD)是指即期外汇交易采用T+0的交割方式,即在成交当日进行交割。

三、即期外汇交易的交易层次

在即期外汇市场中,市场参与者主要有中央银行、外汇银行和非银行类的其他客户。根据每笔交易参与者的不同,我们可以将这些交易分成三大层次。

(一) 中央银行与外汇银行之间的即期外汇交易

中央银行通常会通过公开市场操作来调节外汇市场,从而达到稳定本国货币汇率的目的。当认为本币的币值被高估时,中央银行往往会在外汇市场中卖出本国货币并买入外国货币,从而使外汇市场中的本币供给增加;当认为本币的币值被低估时,中央银行往往会在外汇市场中买入本国货币并卖出外国货币,从而使外汇市场中的本币供给减少。中央银行在进行公开市场操作时,通常交易量较大,其交易对手往往是外汇市场中的机构参与者,如外汇银行等。

(二) 外汇银行间的即期外汇交易

从交易量上看,外汇银行间的交易占据了即期市场的90%以上,构成了外汇即期交易的主体。根据市场上的外汇供求关系,这些大型银行制定出外汇买卖价格,人们将这些大型银行称为做市商,并将这些银行组成的市场统称为银行间外汇市场。由于大型银行每天为客户和自身提供大规模的外汇交易,这就产生大量的外汇风险敞口,为了平衡自身的外汇头寸,防止头寸过大带来的外汇风险,银行会在银行间市场买入短缺部分的外汇头寸,以补足空头,同时卖出多余部分的外汇头寸,以减少多头。

(三) 外汇银行与客户间的即期外汇交易

客户主要是指进出口商、投资者、投机者和套汇者等企业和个人。他们参与外汇市场交易主要是为了满足因贸易活动(如进出口贸易、投资或买卖劳务等)或非贸易活动(如捐赠、救援等)而产生的货币兑换需求。这些客户与外汇银行的交易额较小,因此外汇银行会在一段时间内累计这些零散交易产生的头寸,等这些头寸累计达到一定数额时,才会在银行间市场进行平仓。

第二节　交叉汇率的计算

交叉汇率是指制定出基本汇率后,本币对其他货币的汇率就可以通过基本汇率加以套算,这样得出的汇率就是交叉汇率,又叫作套算汇率。外汇交易中常常会涉及两种非美元货币的交易,而国际金融市场的报价多数是美元对另一种货币的报价,此时,则需要进行汇率的套算。计算交叉汇率的方法主要有两种:交叉相除法和同边相乘法。

一、交叉相除法

(1) 两组汇率中,若基准货币相同,报价货币不同,套算报价货币之间的汇率,要交叉相除。

【例2-1】 已知USD/CHF=1.323 0/40,USD/AUD=1.511 0/20,求CHF/AUD。

根据计算法则"交叉相除"进行分析：

第一步，求 CHF 对 AUD 的买入价，即顾客卖出 1 CHF 可得多少 AUD，银行买入 1 CHF 要花多少 AUD。

顾客卖出 1.324 0 CHF 可得 1 USD，银行得顾客 1.324 0 CHF 需支付 1 USD。

顾客可用 1 USD 兑换到 1.511 0 AUD，即银行买入 1.324 0 CHF 需支付 1.511 0 AUD，则银行买入 1 CHF 需支付 1.511 0/1.324 0 AUD。

第二步，求 CHF 对 AUD 的卖出价，即银行卖出 1 CHF 可得多少 AUD，也就是顾客买入 1 CHF 需花多少 AUD。

顾客向银行卖出 1.512 0 AUD，可得 1 USD，银行得 1.512 0 AUD 需向顾客支付 1 USD。

在国际外汇市场上，银行用要支付给顾客的 1 USD 可兑换到 1.323 0 CHF。也就是说，顾客用 1.512 0 AUD 可兑换到 1.323 0 CHF，则顾客兑换 1 CHF 需支付 1.512 0/1.323 0 AUD，即银行卖出 1 CHF 给顾客可得 1.512 0/1.323 0 AUD。

第三步，得出结果：

CHF/AUD=(1.511 0÷1.324 0)/(1.512 0÷1.323 0)=1.141 2/1.142 9

(2) 两组汇率中，若报价货币相同，基准货币不同，套算基准货币之间的汇率，要交叉相除。

【例 2-2】 已知 EUR/USD=1.736 8/1.737 0，AUD/USD=0.721 3/0.721 4，求 EUR/AUD。

分析原理同上，省略分析过程。根据计算法则"交叉相除"，即：

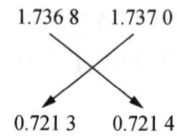

EUR/AUD=(1.736 8÷0.721 4)/(1.737 0÷0.721 3)=2.407 5/2.408 2

二、同边相乘法

两组汇率中，若某种货币分别为基准货币和报价货币，求另一基准货币和报价货币的套算汇率，则同边相乘。

【例 2-3】 已知 GBP/USD=1.371 6/1.371 7，USD/CNY=6.482 8/6.484 4，求 GBP/CNY。

根据"同边相乘"计算法则，即：

$$
\begin{array}{cc}
1.371\ 6 & 1.371\ 7 \\
\downarrow & \downarrow \\
6.482\ 8 & 6.484\ 4
\end{array}
$$

GBP/CNY=(1.371 6×6.482 8)/(1.371 7×6.484 4)=8.891 8/8.894 7

第三节 即期外汇交易的应用

一、货币兑换

通过即期外汇买卖业务,客户可以将手中的一种外币兑换成另一种货币,用于进出口贸易、投标、海外工程承包等的外汇结算或归还外汇借款。例如,某进出口公司持有美元,但要对外支付商务合同的货币是日元,可以通过即期外汇买卖,卖出美元,买入日元,满足对外支付日元的需要。

二、调整外汇头寸

外汇头寸是指外汇银行所持有的各种外币账户余额状况,即外汇银行的外汇买卖的余缺状况。在外汇业务中,银行一天内会和多个客户进行外汇交易,某种货币的累计买入额和累计卖出额很难相等,因此会形成外汇头寸。外汇银行买入的外汇大于其卖出的外汇时,外汇头寸出现多头(long position);外汇银行买入与卖出的外汇相等时,外汇头寸平衡,称为轧平(square position);外汇银行买入的外汇小于其卖出的外汇时,外汇头寸出现空头(short position)。无论多头头寸还是空头头寸,都会使银行暴露在汇率波动的风险之中。为了避免外汇风险,银行必须使自己持有外汇头寸的时间尽可能短,头寸尽可能小。通过即期外汇交易可以调整其外汇头寸,使即期外汇头寸尽可能小。

三、套汇交易

套汇交易是指外汇交易者利用不同外汇市场在同一时刻的汇率差异,在汇率低的市场上买进,同时在汇率高的市场上卖出,赚取汇差收益的行为。套汇交易包括直接套汇和间接套汇两种形式。

(一) 直接套汇

直接套汇是指交易者在同一时间利用两个不同外汇市场上存在的汇率差异,同时在一个市场上低价买入某种货币,在另一个市场上卖出该种货币,从而赚取差价的外汇交易行为。

【例2-4】 假设某日外汇市场行情如下:

纽约外汇市场:USD 1=JPY 109.40/50

东京外汇市场:USD 1=JPY 109.70/90

请回答:

(1) 此两地是否存在套汇机会,为什么?

(2) 若你手上有100万美元,如何套汇获利?

针对问题(1),通过对比两个外汇市场的行情可知,因为存在汇率差异,所以存在套汇机会。

针对问题(2),在纽约外汇市场,交易者购入1单位USD需要花费109.5单位的JPY;而在东京外汇市场,交易者卖出1单位USD可以获得109.7单位的JPY。因此可以在东京外汇市场卖出 100 万美元,获得 10 970 万日元,并立即在纽约外汇市场买入 100 万美元,支付 10 950 万日元,从而获利 20 万日元。

(二) 间接套汇

间接套汇,又称三地套汇或三角套汇,是指套汇者利用同一时间三个或三个以上不同外汇市场存在的汇率差异,在多个市场间调拨资金,低买高卖,从中赚取汇差收益的外汇交易。

间接套汇涉及多个外汇市场,情况比较复杂,因此交易前要先判断是否存在套汇机会,然后进行套汇操作。在外汇实务中,常用的判断是否存在套汇机会的方法主要有两种:一是套算比较法,二是汇价乘积判断法。

1. 套算比较法

套算比较法是指先把三个市场中其中两个市场的汇率进行套算,然后将套算出来的汇率与另外一个市场的汇率进行比较,如果两者不等,则存在套汇机会。

【例 2-5】 假设某日外汇市场行情如下:

香港外汇市场:USD/HKD=7.812 3/7.851 4 (1)

纽约外汇市场:GBP/USD=1.332 0/1.338 7 (2)

伦敦外汇市场:GBP/HKD=10.614 6/10.721 0 (3)

请回答:假如香港某一套汇者欲用 1 亿港币进行套汇,套汇是否有利?

将(1)和(2)进行套算,得出:

GBP/HKD=7.812 3×1.332 0/7.851 4×1.338 7=10.406 0/10.510 7 (4)

比较(3)和(4)可以发现,港币在伦敦外汇市场更便宜,所以先在香港外汇市场上卖出港币,换美元,得 1/7.851 4 亿美元;再到纽约外汇市场卖出美元,买入英镑,得到 1/7.851 4÷1.338 7 亿英镑;最后到伦敦外汇市场卖出英镑,买入港币,所得为:1/7.851 4÷1.338 7×10.614 6=1.049(亿港币),即用 1 亿港币进行套汇有利,可获利 0.045 9 亿港币。

2. 汇价乘积判断法

第一步,判断是否存在套汇机会。对不同市场的汇率采用统一标价法,如直接标价法或间接标价法,然后将银行的卖出价连乘,视连乘积是否等于 1。若等于 1,则不存在套汇机会;若不等于 1,则存在套汇机会。

第二步,确定套汇线路。若连乘积大于 1,则从手中的货币作为基础货币的那个市场开始套起;若连乘积小于 1,则从手中的货币作为计价货币的那个市场开始套起。

第三步,计算套汇收益。

【例 2-6】 假设某日外汇市场行情如下:

香港外汇市场:USD/HKD=7.790 0/7.792 0

纽约外汇市场:GBP/USD=1.342 0/1.343 0

伦敦外汇市场:GBP/HKD=10.650 0/10.720 0

请回答:假如香港某一套汇者欲用 1 亿港币进行套汇,套汇是否有利?

第一步,对不同市场的汇率采用统一标价法,如下:

香港外汇市场:USD/HKD=7.790 0/7.792 0

纽约外汇市场:GBP/USD=1.342 0/1.343 0

伦敦外汇市场:HKD/GBP=0.093 3/0.093 9

由 7.792 0×1.343 0×0.093 9＝0.982 6＜1 可知,存在套汇机会。

第二步,确定套汇路线。因为连乘积小于 1,所以从手中货币为计价货币套起,即套汇路线为:香港—纽约—伦敦。

第三步,计算套汇收益。

在香港外汇市场上卖出港币,买入美元,得 1/7.792 0 亿美元;再到纽约外汇市场卖出美元,买入英镑,得 1/7.792 0÷1.343 0 亿英镑;最后到伦敦外汇市场卖出英镑,买入港币,得到:1/7.792 0÷1.343 0×10.650 0＝1.017 7(亿港币),即用 1 亿港币进行套汇有利,可获利 0.017 7 亿港币。

套汇活动实际是市场不均衡的产物,它可以使套汇者得到几乎是毫无风险的利润,但是套汇活动最终又会将市场推向均衡,因为在低价市场的大量买进活动会促使该市场的汇率上升,而在高价市场上的大量抛售活动又会促使该市场的汇率下跌,最终使同一货币的汇率在世界范围内趋于一致。因此,不同外汇市场出现汇率差异的时间是很短暂的,尤其随着通信手段和计算机技术的日益现代化,出现汇率差异的机会稍纵即逝,所以在外汇市场上能获得套汇利润的机会已越来越少。

四、套利交易

套利交易又称利息套利,是指投资者利用不同国家(或地区)短期利率的差异,将资金由利率较低的国家(或地区)转移到利率较高的国家(或地区),从中赚取利息差额收益的行为。套利交易往往涉及货币的交易,因此被看作转移资金派生出来的一种外汇交易。

套利交易与套汇交易一样,都是外汇市场上重要的交易活动。套利交易是利用不同货币市场的利息差异赚取利差利润;套汇交易是利用不同外汇市场的汇率差异赚取汇差利润。汇率波动过小而利率差很大的情况下,套利的收益相对较高;反之,当汇率波动过大而利率差很小的情况下,套利的收益相对较低。

目前,各外汇市场联系十分密切,一有套利机会,大银行或大公司便会迅速投入大量资金到利率较高的国家(或地区)。套利交易将外汇市场与货币市场紧密联系在一起。

根据套利者是否对套利交易所涉及的汇率风险进行抵补,可将套利交易分为非抵补套利和抵补套利。

1. 非抵补套利

非抵补套利是指套利者单纯根据两种市场利率的差异,将资金从低利率国家(或地区)调往高利率国家(或地区),从中谋取利差收益,这种套利对所面临的汇率风险不加以抵补,投资者要承担高利率货币贬值的风险。

【例 2-7】 假设日本市场年利率为 4%,美国市场年利率为 6%,USD/JPY 的即期汇率为 109.50/00,为谋取利差收益,一日本投资者欲将 1.1 亿日元转到美国投资 1 年,如果 1 年后 USD/JPY 的市场汇率为 105.00/50,请比较该投资者进行非抵补套利和不进行套利的收益情况。

(1)假设该投资者不进行套利,将 1.1 亿日元投资于日本国内 1 年期存款,投资期满后,其获得的本利和为:

110 000 000×(1+4%)＝114 400 000(日元)

(2) 假设该投资者做非抵补套利,将1.1亿日元按照即期汇率换成美元投资于美国的1年期存款,投资期满后,其在即期市场上将收回的美元本息换回日元,1年后 USD/JPY 的市场汇率为105.00/50,则投资者将收回的数额合计为:

110 000 000÷110×(1+6%)×105.00=111 300 000(日元)

与直接投资于日本国内相比,投资于美国的收益较少,数额为:

114 400 000－111 300 000=3 100 000(日元)

这种非抵补套利方式建立在对未来的即期汇率的预测基础上,如果现在的即期汇率与借入未来的即期汇率没有变化,则投资者稳拿利息差额收入;假若汇率发生变化,投资者的收入就会变化,甚至发生亏损。

因此,非抵补套利行为面临着由汇率变动不确定性带来的风险,在大多数情况下,投资者对投资期内的汇率变动是没有把握的,为避免汇率在投资期内向不利方向变动,带来损失,投资者往往采取的是抵补套利方式。

2. 抵补套利

抵补套利是指投资者根据两种市场汇率的差异,将资金从低利率国家(或地区)调往高利率国家(或地区)的同时,在外汇市场卖出远期高利率货币,即在套利的同时做远期外汇交易,以避免套利中的汇率风险。

【例 2-8】 承例 2-7,假设 USD/JPY 的 1 年期的远期汇率为 108.00/30,若日本投资者将 1.1 亿日元按照即期汇率换成美元,并投资于美国的 1 年期存款,同时利用远期交易来抵补套利,在远期外汇市场上卖出 1 年后收到的美元本息并收回日元,请比较该投资者进行抵补套利与不进行套利的收益情况。

(1) 假设该投资者不进行套利,将 1.1 亿日元投资于日本国内 1 年期存款,投资期满后,其获得的本利和为:

110 000 000×(1+4%)=114 400 000(日元)

(2) 假设该投资者做抵补套利,将 1.1 亿日元按照即期汇率换成美元投资于美国的 1 年期存款,同时做远期外汇交易来抵补套利,在远期外汇市场上卖出 1 年后收到的美元本息并收回日元,因为 1 年期 USD/JPY 的远期汇率为 108.00/30,则 1 年期末该投资者将收到的数额为:

110 000 000÷110×(1+6%)×108.00=114 480 000(日元)

相比于投资于日本国内,该投资者通过抵补套利获得的额外收益为:

114 480 000－114 400 000=80 000(日元)

五、投机

外汇投机是指以赚取利润为目的的外汇交易,投机者根据对未来外汇市场汇率变动的预测,通过低买高卖即期外汇,从中赚取差价。现汇投机一般包括做多和做空。

(一) 做多

当投机者预期某种货币将升值,就于即期外汇市场上在该外币价格相对较低时,先买入该种货币,待该货币汇率上升时,将其卖出,从而可以赚取汇差收益。

【例 2-9】 假设美元兑日元的即期汇率是 USD/JPY=109.80/00,某投机者认为美元汇率将要上升,于是他就做多美元,花 110 万日元买进 10 000 美元。假设他的预期是正确的,2周后市场汇率变为 USD/JPY＝120.00/30,此时投资者将手中的美元卖出,可以获利多少?

投资者将手中的 10 000 美元卖出,可获得:

10 000×120＝1 200 000(日元)

在不考虑其他费用的情况下,通过即期做多美元,投机者赚得的数额为:

1 200 000－1 100 000＝100 000(日元)

(二) 做空

当投机者预期某种货币将贬值,就于即期外汇市场上在该外币价格相对较高时,先行卖出该货币,到该货币真正下跌时,再买入该货币,从而可以赚取汇差收益。

【例 2-10】 假设美元兑日元的即期汇率是 USD/JPY＝110.00/50,某投机者认为美元汇率将要下跌,于是他就做空美元,将手中的 1 万美元在即期外汇市场卖出,获得 110 万日元。假设他的预期是正确的,2 周后市场汇率变为 USD/JPY＝99.80/00,此时投资者将手中的日元卖出,可以获利多少?

投资者将手中的 110 万日元卖出,可获得:

1 100 000÷100＝11 000(美元)

在不考虑其他费用的情况下,通过即期做空美元,投机者赚得的数额为:

11 000－10 000＝1 000(美元)

【专栏 2-1】

2016 年 2 月 24 日 A 银行与 B 银行通过路透交易机进行一笔即期外汇交易如下:

交易过程	意义说明
A Bank:SP CHF 5 MIO PLS.	A 银行:请报瑞士法郎(交易货币)即期汇价,金额为 500 万美元。
B Bank:76/79.	B 银行:USD1＝CHF0.987 6/79。
A Bank:76.	A 银行:以 0.987 6 的价格卖出 500 万美元,买入对应金额的瑞士法郎。
B Bank:OK Done. At 0.987 6 I Buy USD 5 MIO AG CHF VAL Feb 26,2016. My USD to B Bank NY for A/C 1234567. TKS N BI.	B 银行:成交。在 0.987 6 我方买入 500 万美元,卖出瑞士法郎,交割日期为 2016 年 2 月 26 日。要求 A 银行将美元汇入 B 银行在纽约银行的账户 1234567。谢谢,再见!
A Bank:OK Agreed. My CHF to A Bank Zurich for A/C 7654321. TKS for the Deal N BI.	A 银行:成交。要求 B 银行将对应金额的瑞士法郎汇入 A 银行在苏黎世银行的账户 7654321。谢谢,再见!

课程思政案例

2021年上半年人民币外汇即期市场分析

一、2021年上半年人民币外汇即期市场回顾

2021年上半年,美元兑人民币汇率经历了"先升值,后贬值,再升值,然后再贬值"的过山车行情。截至2021年6月30日,相较2020年12月31日,美元兑人民币从年初的6.539 8涨至6.461 2,升值1.20%;美元兑人民币中间价从年初的6.540 8升值至6.460 1,升值了1.23%。人民币三大汇率指数(CEFTS、BIS和SDR指数)分别升值2.85%、2.95%和2.29%,上半年人民币汇率指数基本保持升值态势。

具体来看,2021年上半年美元兑人民币汇率走势大致可分为四个阶段。

第一阶段:年初至2月底。延续2020年年底的升值趋势,在一骑绝尘的贸易顺差和年初弱势的美元指数的推动下,人民币在进入2021年后继续大幅升值,人民币即期汇率在短短的两个工作日内,从年初的6.539 8大幅升值至6.429 2,升值接近1 100个点。而后市场稳定在6.43~6.49的小区间范围内窄幅波动。

第二阶段:3月初至3月底。随着疫苗接种速度的加快和美国经济数据的大幅走强,美元指数从3月初的91.01上升到3月末的93上方;而美元兑人民币走势追随美元指数上行。随着春节前客盘结汇的逐渐结束,市场开始跟随美元指数波动,到3月30日,美元人民币即期汇率一度跌至6.579 3,触及年内最低点。

第三阶段:4月初至5月底,随着海外,尤其是东南亚地区疫情重来,加之美联储主席鲍威尔继续安抚市场情绪,人民币兑美元汇率开始短期快速震荡升值,并且在5月31日达到了人民币年内的高位6.356 5。美元人民币即期汇率从4月初的6.57上方一路升值至6.356 5,两个月快速升值了超过2 100个点。

第四阶段:6月初至6月底,随着中国监管机构开始重新防止人民币快速升值,国家各部门开始频繁喊话,严控人民币升值预期,并上调了金融机构外汇存款准备金率,市场从前期的疯狂赌人民币升值的情绪中逐渐缓和。随着6月中旬FOMC会议上美联储开始逐渐转"鹰",美元人民币汇率随着美元指数的上行而重新开始上行。

从整体来看,上半年的美元人民币汇率在美元指数、市场供求和监管的引导下,基本呈现出双向宽幅波动的态势。

二、2021年上半年人民币外汇即期市场特征

1. 美元人民币即期与美元指数相关性增加

由于2018—2019年受到中美贸易摩擦的影响,美元兑人民币即期汇率与美元指数的相关性相对较低。具体来看,2019年,美元人民币即期汇率与美元指数的相关性仅为0.27。受新冠肺炎疫情的影响,2020年美元人民币即期汇率与美元指数的相关性略升至0.42;而进入2021年上半年,美元人民币即期汇率和美元指数的相关性达到了0.73。

2. 监管更加趋向于市场预期管理

2021年以来,面对市场非常强烈的人民币升值情绪,央行在短期内采取了多样化的措施来缓解人民币升值预期:1月7日,央行下调了企业跨境融资宏观审慎调参数,由

1.25调至1,收紧了境内企业跨境融资上限,降低跨境融资带来的人民币需求压力。而5月之后,人民币重新开始快速升值。为淡化人民币非理性升值预期,监管层不断通过多个渠道进行发声,表态未来双向波动将成为人民币汇率常态,并且央行在5月31日发布公告,自2021年6月15日起,对金融机构外汇存款准备金率上调2个百分点,以平抑人民币的单边升值预期。从效果来看,人民币汇率的升值速度的确有所减缓。

3. "风险中性"和"汇率弹性"并存

2021年以来,央行还在各个场合多次强调了"风险中性"和"汇率弹性"的概念。而从2021年上半年的人民币汇率走势来看,其基本形成了在增加汇率弹性的情况下的双向波动局面。

从"风险中性"的角度,2021年以来,在央行的大力引导下,客户加大了双边的套保力度。1月到5月的远期结售汇的签约总量为3 244亿美元,相比2019年和2020年同期增加了153%和121%。

总的来说,央行通过一系列调控政策消除了人民币单边"非理性的"升值预期,加强了对市场的管理,央行对人民币汇率灵活性的容忍度也有所提高。

……

资料来源:浙商银行 FICC.下半年人民币即期汇率展望——美元主导下的双向波动[EB/OL].(2021-07-06)[2022-08-27].https://mp.weixin.qq.com/s/JHzqmS50PQ3CXPqM0MfQsQ.

本章小结

(1)即期外汇交易又称现汇交易,是指交易双方以约定的外汇币种、全额、汇率,在成交日后第二个营业日及以内交割的外汇交易。根据不同的交割日期,即期外汇交易可以分为标准交割日、隔日交割、当日交割三种情况。在即期外汇市场中,市场参与者主要有中央银行、外汇银行和非银行类的其他客户。根据每笔交易参与者的不同,我们可以将这些交易分成三大层次:中央银行与外汇银行之间的即期外汇交易、外汇银行间的即期外汇交易、外汇银行与客户间的即期外汇交易。

(2)交叉汇率是指制定出基本汇率后,本币对其他货币的汇率就可以通过基本汇率加以套算,这样得出的汇率就是交叉汇率,又叫作套算汇率。计算交叉汇率的方法主要有两种:交叉相除法和同边相乘法。

(3)即期外汇交易的应用主要包括货币兑换、调整外汇头寸、套汇交易、套利交易、投机等。

关键概念

即期外汇交易　标准交割日　交叉汇率　直接套汇　间接套汇　非抵补套利　抵补套利　做多　做空

本章习题

一、单项选择题

1. 如果今天是6月22日,星期二,那么 VAL SP 是(　　)。
   A. 6月24日　　　　B. 6月25日　　　　C. 6月26日　　　　D. 6月27日
2. 如果今天是6月23日,星期五,那么 VAL SP 是(　　)。
   A. 6月24日　　　　B. 6月25日　　　　C. 6月26日　　　　D. 6月27日
3. 以下关于交叉汇率的计算,错误的是(　　)。
   A. 两种货币都是直接法,交叉相除
   B. 一种货币直接法,一种货币间接法,垂直相乘
   C. 两种货币都是间接法,交叉相除
   D. 一种货币直接法,一种货币间接法,交叉相除

二、名词解释题

1. 即期外汇交易
2. 交叉汇率
3. 套汇交易

三、计算题

1. 假设 USD 1=RMB 8.2910/8.2980,USD 1=JPY 110.35/110.65,要求:

   (1) 套算日元对人民币的汇率。

   (2) 我国某企业出口创汇1 000万日元,根据上述汇率,该企业通过银行结汇可获得多少人民币资金?

第三章 远期外汇交易

 知识概括

- 远期外汇交易的概念和分类
- 远期汇率的确定和计算
- 远期外汇交易的应用

第一节 远期外汇交易概述

一、远期外汇交易的概念

远期外汇交易是指外汇交易双方以约定汇率,将一种货币转换为另一种货币,按照签订的外汇交易合约在未来日期进行资金交割的交易。远期外汇交易所使用的汇率即为远期汇率。

远期外汇交易与即期外汇交易存在两点不同。首先,两种外汇交易使用的汇率不同。远期外汇交易采用的是远期汇率,而即期外汇交易采用的是外汇交易成交日的即期汇率。远期汇率与即期汇率的差异由两种交易货币的利率差异造成。其次,远期外汇交易与即期外汇交易的交割日不同。远期外汇交易是在确定的未来日期进行交割,而即期外汇交易则是在成交后的两个营业日内进行交割。

远期外汇交易为汇率风险的规避提供了有效的手段。例如,进出口商从签订贸易合同到实际收付汇,面对汇率变动的较大风险,可以运用远期外汇交易,提前固定汇率成本,制定用汇计划。远期外汇交易在即期外汇买卖期限之外,提供了更为灵活的汇率风险规避手段。

远期外汇交易需要签订远期合约。远期合约是一种非标准化协议,由远期交易中的买卖双方达成,协议中约定的内容包括远期的期限、交易的币种和金额,还有成交的汇率等。其中,远期的期限为交易合约的到期期限,合约期限有长有短,从一周、数月到数年,但在外汇交易实务中 1 年以上合约期限较为少见。

二、远期外汇交易的分类

远期外汇交易与即期外汇交易相对,远期中的未来交割日期是指交易日后的第三个工作日,或者第三个工作日之后。根据交易时是否确定交割日的具体日期,远期外汇交易可分为固定交割日的远期外汇交易和可选择交割日的远期外汇交易。

固定交割日的远期外汇交易要求外汇交易协议中将交割日固定为某一个确定的日期,除特殊情况外,交易双方均不能随意更改这一日期。

可选择交割日的远期外汇交易又称择期交易,其交割日在交易协议中未被固定为确定的具体日期,交易双方约定在未来一段时间范围内可随时进行交割,交割日可以是这段时间内的任意一个工作日。

其中,固定交割日的远期外汇交易根据交割期限的不同,又可分为规则日期的远期外汇交易和不规则日期的远期外汇交易。

规则日期的远期外汇交易即标准的远期外汇交易,是指远期期限为一个月的整数倍的交易,通常有成交后1个月、2个月、3个月、6个月办理交割的交易。标准的即期交割日是标准的远期交割日的参考基准。

不规则日期的远期外汇交易是指远期交割期限不是标准的整数月,如远期期限规定为45天或128天的交易。

第二节 远期汇率的确定与计算

一、远期汇率的确定

远期外汇交易的交割日不同于即期外汇交易,所以远期汇率与即期汇率也有所不同。远期汇率水平在即期汇率水平基础上,根据远期期限长短和两种交易货币的利率水平进行调整。简而言之,远期汇率由远期的期限、即期汇率、两种货币的利率决定,所以远期汇率的确定需要结合货币市场和外汇市场两个方面的因素。远期汇率与即期汇率的差异,在充分流动的货币市场和外汇市场环境中,能够有效反映两种交易货币的利率差异。

远期汇率与即期汇率的差额即远期差价,通常有贴水、升水和平价三种情况。贴水即远期汇率低于即期汇率,升水即远期汇率高于即期汇率,平价即远期汇率与即期汇率相等。远期差价的计算依据是抵补套利平价理论,即汇率货币对的基准货币与报价货币的利率之差造成远期汇率与即期汇率的差别。一般情况下,基准货币利率大于报价货币利率,远期汇率为贴水;基准货币利率小于报价货币利率,远期汇率为升水;汇率货币对中两种货币利率相等,远期汇率与即期汇率平价。

基于上述远期差价的定义和解释,可以对远期汇率报价法进行分类。远期汇率报价法通常有直接报价法和差价报价法。直接报价法由报价方直接报出远期汇率完整报价;差价报价法即报价方只报出远期差价,询价方参照即期汇率和远期差价获得远期汇率报价。其中,差价报价法应用较广,多为外汇银行所采用。我国主要采用差价报价法,以人民币外汇远期报价表形式表示,具体可参考表3-1。

表 3-1　2021 年 7 月 23 日人民币外汇远期报价

单位：BP

货币对	1周	1月	3月	6月
USD/CNY	41.60/42.00	141.00/141.00	436.00/436.00	846.00/846.00
EUR/CNY	59.35/59.42	212.24/212.24	655.40/655.49	1 310.53/1 310.91
100JPY/CNY	41.14/41.31	141.82/141.83	439.89/440.10	887.51/888.07
HKD/CNY	5.58/5.58	18.85/18.85	58.01/58.01	112.24/112.24
GBP/CNY	58.82/59.67	200.45/200.65	617.75/618.07	1 219.82/1 221.17
AUD/CNY	32.02/32.60	110.06/110.26	339.93/340.34	666.11/668.15
NZD/CNY	28.37/29.56	94.38/96.21	276.82/278.57	506.29/509.97
SGD/CNY	30.19/30.52	101.44/101.70	313.65/313.89	611.77/613.12
CHF/CNY	57.56/57.71	208.79/209.29	640.78/641.35	1 282.74/1 284.40

数据来源：中国外汇交易中心网站。

二、远期汇率的计算

差价报价法是较为常见的远期汇率报价法，可有不同类型的运用。

（一）规则日期交易的远期汇率计算

前文已述，外汇交易询价方根据差价报价，通过计算得到远期汇率。对规则日期交易的远期汇率，可以根据报价方所报汇率的标价方法和升贴水情况进行简便运算。

直接标价法：

$$远期汇率＝即期汇率＋升水$$
$$远期汇率＝即期汇率－贴水$$

间接标价法：

$$远期汇率＝即期汇率－升水$$
$$远期汇率＝即期汇率＋贴水$$

【例 3-1】 某交易日美国纽约外汇市场行情为 GBP 1＝USD 1.375 0/60，1 个月远期英镑升水 15/18，试计算 1 个月的远期汇率是多少。

根据直接标价法定义及题意可知，纽约外汇市场上 GBP 1＝USD 1.375 0/60 采用的是直接标价法。参照上面的计算规则"远期汇率＝即期汇率＋升水"，可得 GBP 1＝USD 1.376 5/78。

【例 3-2】 某交易日英国伦敦外汇市场行情为 GBP 1＝USD 1.375 0/60，1 个月远期美元升水 15/12，试计算 1 个月的远期汇率是多少。

根据间接标价法定义及题意可知，伦敦外汇市场上 GBP 1＝USD 1.375 0/60 采用的是间接标价法。参照上面的计算规则"远期汇率＝即期汇率－升水"，可得 GBP 1＝USD 1.373 5/48。

一般情况下，报价方按照市场惯例，采用双向报价法报出即期汇率和远期差价。由此，计算远期汇率的过程可以被简化为：远期差价前小后大，则用即期汇率加上远期差价；

远期差价前大后小,则用即期汇率减去远期差价。例3-1中,远期差价为前小后大,所以使用加法进行计算;例3-2中,远期差价前大后小,便可以通过减法运算求解。

(二) 不规则日期交易的远期汇率计算

对不规则日期交易的远期汇率,可以根据规则日期交易的远期汇率进行推算,具体推算步骤为:首先,计算不规则日期交易的前后两个规则日期之间平均每日的远期差价变化水平;其次,计算不规则日期交易与前一个规则日期交易之间的远期差价,将此差价加上前一个规则日期交易的远期差价,得到不规则日期交易的远期差价;最后,根据远期差价和即期汇率计算出不规则日期交易的远期汇率。

【例3-3】 某年7月8日,USD/JPY的外汇市场行情为:

即期汇率 110.20/30

1个月远期差价 42/30

2个月远期差价 73/65

要求:试计算同年8月26日交割的远期汇率。

首先,计算不规则日期7月8日前后两个规则日期之间的远期差价变化水平:

买价变化差值=73−42=31

卖价变化差值=65−30=35

不规则日期8月26日前的一个规则日期是期限为1个月的交割日8月10日,后一个规则日期是期限为2个月的交割日9月10日,两个规则日期之间相差31天。由此可以计算得出:

买价的平均每日的远期差价变化水平=31÷31=1

卖价的平均每日的远期差价变化水平=35÷31=1.13

其次,计算不规则日期交易与前一个规则日期交易之间的远期差价。因为8月26日与8月10日之间相差16天,所以:

买价16天的远期差价=1×16=16

卖价16天的远期差价=1.13×16=18.08

将上述差价加上前一个规则日期交易的远期差价,得到不规则日期交易的远期差价:

买价的远期差价=42+16=58

卖价的远期差价=30+18.08=48.08

此处对卖价的远期差价48.08取整,取48。

最后,根据远期差价和即期汇率计算出不规则日期交易的远期汇率。上一步已计算出8月26日的远期差价为58/48,应在即期汇率基础上减去远期差价:

买价=110.20−0.58=109.62

卖价=110.30−0.48=109.82

可得8月26日交割的美元兑日元的远期汇率为109.62/82。

(三) 可选择交割日交易的远期汇率计算

远期外汇交易中的可选择交割日交易,通常由银行向客户提供,由客户选择具体的交割日日期。提供可选择交割日交易的银行需应对交易客户在约定期限内的随时交割,承担资金调配成本和汇率波动风险。作为资金成本和汇率风险的补偿,银行会采用比固定交割日远期交易更有利于自身的报价。从客户角度观察,客户作为有选择权的一方,上述报价通常比固定交割日交易的报价更不利。

通常情况下,可选择交割日交易的约定期限内,每个交易日的实际远期汇率水平因远期期限和升贴水的差异有所不同。银行选取最有利的报价,即较低的买入价和较高的卖出价以确定双向报价,定价过程一般如下:首先,计算出第一个交易日交割的远期汇率;其次,计算出最后一个交易日交割的远期汇率;最后,判断对银行最有利的报价。当远期外汇升水时,买入报价为靠近择期开始的远期汇率的买价,卖出报价为靠近择期结束的远期汇率的卖价;当远期外汇贴水时,买入报价为靠近择期结束的远期汇率的买价,卖出报价为靠近择期开始的远期汇率的卖价。

【例3-4】 某客户向银行询价,要求做一笔英镑兑美元的可选择交割日交易,起息日期为成交后1~3个月,即最早1个月交割,最晚3个月交割。即期汇率报价为1.375 0/60,起息日期为成交后1个月,远期差价为15/18;起息日期为成交后3个月,远期差价为30/33。试回答:该银行应如何对这笔可选择交割日交易进行报价?

首先,计算第一个交易日交割的远期汇率,即1个月交割的远期汇率:

1.375 0+0.001 5=1.376 5

1.376 0+0.001 8=1.377 8

其次,计算最后一个交易日交割的远期汇率,即3个月交割的远期汇率:

1.375 0+0.003 0=1.378 0

1.376 0+0.003 3=1.379 3

最后,根据客户要求选择报价,同时确定双向报价。如果客户要求买入美元,卖出英镑,则选择最低的报价1.376 5;如果客户要求买入英镑,卖出美元,则选择最高的报价1.379 3。由此可得,该银行对这笔可选择交割日交易的双向报价为1.376 5/1.379 3。

第三节 远期外汇交易的应用

远期外汇交易的应用主要有套期保值和投机两种。一方面,远期外汇交易可以通过对未来收付外汇的买卖预先固定交易汇率,套期保值利用的即是远期外汇交易这一特性,以此规避因汇率变动带来的风险。另一方面,远期外汇交易从订立远期合约到实际交割的时间差,也为外汇市场投机商提供了套利的条件,使其能够通过买卖远期外汇获得汇差收益。

一、保值性远期外汇交易

远期外汇交易通过固定外汇交易汇率消除或减少汇率变动风险,提供了一种外汇保值交易的方式。这种外汇市场上较早发展起来的保值交易方式在国际外汇市场上被广泛应用。进出口企业运用远期外汇交易,提前锁定汇率固定用汇成本,以此规避从签订贸易合同到实际收付外汇时间间隔内汇率变化给公司经营带来的风险。

(一)进口保值交易

对于进口企业存在将来有外汇支出的情况,如果外汇汇率上升,则用本币购买外币,支付货款的进口成本会增加。为应对外汇汇率上升导致的进口成本增加的潜在风险,进口企业在预计外汇汇率将会上升时,可与银行叙做一笔远期外汇交易买入远期外汇,将购汇成本固定下来。

【例3-5】 某美国企业于2020年6月底与日本一家企业签订进口贸易合同,约定于2020年12月底清算20亿日元货款。假设2020年6月底外汇市场USD/JPY报价如下:即期汇率107.85/95,6个月远期差价80/70。该美国企业预计2020年12月底美元汇率会下降,便与美国外汇银行签订了6个月远期日元购汇合同。试计算:

(1) 6个月后该美国公司的进口支出费用是多少美元?

(2) 假定2020年12月底日元的即期汇率符合预期,上升至103.25/35,该美国公司通过远期交易规避的损失是多少?

针对问题(1),根据签订的远期合约,6个月后不论市场汇率如何变动,该美国公司都可以按照远期合同买入20亿日元。6个月的远期汇率为USD/JPY=107.05/25,该美国公司的进口支出费用为:

2 000 000 000÷107.05=18 682 858.5(美元)

针对问题(2),假设该美国公司没有做远期交易,则在2020年12月底支付20亿日元货款时,其需要按照市场即期汇率购汇,支出美元的数额为:

2 000 000 000÷103.25=19 370 460.0(美元)

可知,该美国公司通过远期交易减少的损失是:

19 370 460.0−18 682 858.5=687 601.5(美元)

(二) 出口保值交易

对于出口企业存在将来有外汇收入的情况,如果外汇汇率下降,则用外币货款兑换本币,获得的出口收入会减少。为应对外汇汇率下降导致的出口收入减少的潜在风险,出口企业在预计外汇汇率将会下降时,可与银行叙作一笔远期外汇交易卖出远期外汇,将出口获得的本币收入固定下来。

【例3-6】 我国某企业于2020年5月底与美国一家企业签订出口贸易合同,约定于2020年11月底清算3 000万美元货款。假设2020年5月底外汇市场USD/CNY报价如下:即期汇率7.111 5/25,6个月远期差价80/60。该中国企业预计2020年11月底美元汇率会下跌,便与中国银行签订了6个月远期美元结汇合同。试计算:

(1) 6个月后该中国公司的出口收入是多少元(人民币)?

(2) 假定2020年11月底美元的即期汇率符合预期,下跌至6.584 0/50,该中国公司通过远期交易规避的损失是多少?

针对问题(1),根据签订的远期合约,6个月后不论市场汇率如何变动,该中国公司都可以按照远期合同卖出3 000万美元。6个月的远期汇率为USD/CNY=7.103 5/65,该中国公司的出口收入为:

30 000 000×7.103 5=213 105 000(元)

针对问题(2),假设该中国公司没有做远期交易,则在2020年11月底收到3 000万美元货款时,其需要按照市场即期汇率结汇,获得人民币收入为:

30 000 000×6.584 0=197 520 000(元)

可知,该中国公司通过远期交易减少的损失是:

213 105 000－197 520 000＝15 585 000(元)

(三) 抵补套利交易

抵补套利交易是套期保值交易的一种，具体是指外汇市场投资者通过买入外汇将资金调往高利率国家(或地区)的同时，在外汇市场上卖出对应的远期高利率货币。抵补套利交易通过这种对冲形式的即期和远期外汇交易，可以避免投资期间的汇率变化风险，为投资者提供无风险利差收益。

【例 3-7】 假设英国金融市场 1 年期定期存款利率是 3%，美国金融市场 1 年期定期存款利率是 2%。美国纽约外汇市场即期汇率为 GBP/USD＝1.392 5/35，1 年期远期汇率为 GBP/USD＝1.390 5/15。某美国投资者计划利用自有资金 10 万美元进行 1 年期投资，试分析其应如何进行抵补套利交易，并计算利差收益。

首先，针对不进行抵补套利的情况，将 10 万美元直接在美国市场进行投资，1 年后本金加利息之和为：

100 000×(1＋2%)＝102 000.00(美元)

其次，针对进行抵补套利的情况，需要先将 10 万美元兑换成英镑，按照即期汇率，可得：

100 000÷1.393 5＝71 761.75(英镑)

将兑换所得的英镑投资到英国，进行 1 年期定期存款投资，1 年后获得本利合计为：

71 761.75×(1＋3%)＝73 914.60(英镑)

同时，在外汇市场卖出 1 年期远期英镑，1 年后获得美元数额为：

73 914.60×1.390 5＝102 778.25(美元)

最后，可知利差收益为：

102 778.25－102 000.00＝778.25(美元)

也就是说，该投资者可按照上述过程进行抵补套利交易，获得利差收益 778.25 美元。

二、投机性远期外汇交易

投机性远期外汇交易是指通过预测外汇市场汇率变动进行远期外汇买卖以获取汇差收益的交易。投机性远期外汇交易具体包括买空交易和卖空交易。

(一) 买空交易

外汇市场投资者预计某种外汇汇率将要上升，可以提前买入远期外汇，当远期合约到期且投机预期正确时，再通过即期市场卖出该种外汇，这一交易过程即买空交易。

【例 3-8】 假设某年 1 月底，东京外汇市场 USD/JPY 的 3 个月远期汇率为 105.75/85。某位投机交易者预测 3 个月后美元的即期汇率会上涨，并通过远期交易做多 30 万美元。3 个月后美元的即期汇率上涨，USD/JPY＝109.30/40，该投机交易者预期正确。不考虑其他成本费用，试计算该投机交易者的投机利润。

该投机交易者判断美元汇率会上涨，进行买空美元交易，买入 3 个月远期美元价格是 105.85，买入 30 万美元，合计需要资金：

105.85×300 000＝31 755 000(日元)

3 个月后远期合约到期，该投机交易者履行远期合约获得 30 万美元。由于美元汇率符合其上涨预期，该投机交易者在即期外汇市场以 109.30 的价格卖出 30 万美元，得到：

109.3×300 000＝32 790 000（日元）

由此可以计算得出,不考虑其他成本费用,该投机交易者的投机利润为:
32 790 000－31 755 000＝1 035 000（日元）

(二)卖空交易

外汇市场投资者预计某种外汇汇率将要下跌,可以提前卖出远期外汇,当远期合约到期且投机预期正确时,再通过即期市场买入该种外汇,这一交易过程即卖空交易。

【例3-8】 假设某年2月底,东京外汇市场USD/JPY的1个月远期汇率为108.25/35。某位投机交易者预测1个月后美元即期汇率会下跌,通过远期交易做空10万美元。1个月后美元的即期汇率下跌,USD/JPY＝107.45/55,该投机交易者预期正确。不考虑其他成本费用,试计算该投机交易者的投机利润。

该投机交易者判断美元汇率将会下跌,进行卖空美元交易,卖出1个月远期美元价格是108.25,卖出10万美元,合计收到资金:

108.25×100 000＝10 825 000（日元）

1个月后远期合约到期,该投机交易者履行远期合约需付出10万美元。由于美元汇率符合其下跌预期,该投机交易者在即期外汇市场以107.55的价格买入10万美元,支付:

107.55×100 000＝10 755 000（日元）

由此可以计算得出,不考虑其他成本费用,该投机交易者的投机利润为:
10 825 000－10 755 000＝70 000（日元）

 课程思政案例

关于支持金融机构服务中小微企业减免银行间外汇市场相关交易手续费的通知

中汇交发〔2021〕336号

银行间外汇市场会员:

为支持实体经济发展,降低中小微企业汇率避险成本,经向国家外汇管理局备案,中国外汇交易中心(以下简称交易中心)将减半收取中小微企业衍生品交易相关的银行间外汇市场交易手续费,具体如下。

一、银行通过交易中心银企平台为中小微企业提供交易服务的,交易中心以客盘交易总量为基数,减半收取银行间外汇市场交易手续费。

二、银行通过其他渠道为中小微企业提供交易服务的,银行负责审核中小微企业标准并向交易中心报备企业名单。交易中心按客盘交易总量的50%为基数,减半收取银行间外汇市场交易手续费。

三、适用交易手续费优惠的交易品种包括远期、掉期、货币掉期和期权等人民币外汇衍生品。

四、中小微企业指符合国家统计局《统计上大中小微型企业划分办法(2017)》相关指标标准的中型、小型和微型企业。

五、银行可于每季度末月15日前通过交易中心系统向交易中心报送与中小微企业的客盘交易信息,范围为上季度最后一个月和本季度前两个月,内容包括客户名称、交易品种、货币对、交易量、价格、期限等,并保留相关交易凭证备查。银行应将获得的手续费减免向相关企业让利传导。

六、上述减免措施从2021年7月1日起实施。首次报送时间为2021年12月15日前,报送信息范围为2021年7月1日至11月30日。

七、联系方式021—23165050,021—38585347。

特此通知。

中国外汇交易中心

2021年10月21日

资料来源:中国外汇交易中心.关于支持金融机构服务中小微企业减免银行间外汇市场相关交易手续费的通知[EB/OL].(2021-10-21)[2022-08-27].https://www.chinamoney.com.cn/chinese/rdgz/20211021/2081775.html.

本章小结

(1)远期外汇交易是指外汇交易双方以约定汇率,将一种货币转换为另一种货币,按照签订的外汇交易合约在未来日期进行资金交割的交易。

(2)远期外汇交易所使用的汇率即为远期汇率。远期汇率与即期汇率的差额即远期差价,通常有贴水、升水和平价三种情况。远期汇率报价法通常有直接报价法和差价报价法。

(3)根据交易时是否确定交割日的具体日期,远期外汇交易可分为固定交割日的远期外汇交易和选择交割日的远期外汇交易。其中,固定交割日的远期外汇交易根据交割期限的不同,又可分为规则日期的远期外汇交易和不规则日期的远期外汇交易。

(4)远期外汇交易的应用主要有套期保值和投机两种。保值性远期外汇交易包括进口保值交易、出口保值交易和抵补套利交易;投机性远期外汇交易包括买空交易和卖空交易。

关键概念

远期外汇交易　规则日期的远期外汇交易　可选择交割日的远期外汇交易
远期汇率　贴水　升水　平价　抵补套利　套期保值

本章习题

一、单项选择题

1. 若某银行报出即期汇率 AUD/USD=1.022 0/50,3个月远期差价为100/90,则远期汇率为(　　)。

A. 1.012 0/60　　　　B. 1.032 0/40　　　　C. 1.022 0/60　　　　D. 1.022 0/40

2. 当远期外汇的价格低于即期外汇的价格时,我们称该外汇远期(　　)。

　　A. 贴水　　　　　B. 升水　　　　　　C. 升值　　　　　　D. 贬值

3. 投机性远期外汇交易包括买空交易和卖空交易,其中买空交易的具体操作是(　　)。

　　A. 当预期某种外汇汇率将要上升时,先卖出远期外汇,合约到期后在即期市场买入该外汇

　　B. 当预期某种外汇汇率将要上升时,先买进远期外汇,合约到期后在即期市场卖出该外汇

　　C. 当预期某种外汇汇率将要下降时,先卖出远期外汇,合约到期后在远期市场买入该外汇

　　D. 当预期某种外汇汇率将要下降时,先买入远期外汇,合约到期后在远期市场卖出该外汇

二、计算题

1. 某日外汇市场,GBP/USD 行情如下:

即期汇率 1.554 5/55

6 个月远期差价 30/40

试计算 GBP/USD 6 个月的远期汇率是多少。

2. 某银行接到客户询价,想做一笔 GBP/USD 的可选择交割日的远期外汇交易,时间为成交后 3~6 个月。已知客户即期汇率报价 1.618 0/90,1 个月远期差价 15/10,3 个月远期差价 40/35,6 个月远期差价 65/60,问银行的报价会是多少?

三、简述题

1. 什么是远期外汇交易,远期外汇交易可以如何分类?
2. 什么是规则日期的远期外汇交易,其远期汇率如何确定?
3. 远期外汇交易的运用包括哪些方面?利用远期外汇交易进行保值和投机的具体操作有何异同?

第四章　外汇掉期交易

知识概括

- 外汇掉期交易的概念和类型
- 掉期汇率的报价与计算
- 外汇掉期交易的应用

第一节　外汇掉期交易概述

一、外汇掉期交易的概念

外汇掉期交易是指外汇交易者在买进(或卖出)某种货币的同时,卖出(或买进)金额相等、交割期限不同的同种货币的外汇交易方式。也就是说,外汇掉期交易实际上是由两笔外汇交易组成的,两笔交易买卖方向相反,交割期限不同,但是交易的币种和金额完全相同。在外汇掉期交易中,因为银行在办理掉期交易时,只收取一次手续费,所以客户承担的交易成本较低。

每笔外汇掉期交易包含一个近端期限和一个远端期限,分别用于确定近端交割日和远端交割日。这两个期限可以是标准期限(如1个月、1年),也可以是非标准期限。

二、外汇掉期交易的类型

根据不同的标准,外汇掉期交易可以划分为不同的类型。

1. 根据交割期限划分

根据两笔交易的交割期限,外汇掉期交易可以分为三种类型:即期对远期掉期交易、即期对即期掉期交易和远期对远期掉期交易。

1) 即期对远期掉期交易

即期对远期掉期交易(spot-forward swap)指买进或卖出某种即期外汇的同时,卖出或买进相同币种和金额的远期外汇。这是最基本、最常见的掉期交易形式,其他期限的掉期交易都是在这种类型的基础上发展起来的。远期的期限大多为1周、1个月、2个月、3个月等。即期对远期掉期交易被广泛应用于调整客户资金期限结构、抵补套利、银行轧平头寸、调整交割日等外汇交易活动中,以避免汇率变动的风险。在国际外汇交易市场上,即期对远期掉期交易具体又可以分为:

(1) 即期对次日掉期(S/N, spot/next swap),即在即期交割日买进(卖出),至下一个营业日做相反交割。

(2) 即期对一周掉期(S/W, spot/week swap),即在即期交割日买进(卖出),一个星期后做相反交割。

(3) 即期对整数月掉期(S/n M, spot/n month swap),即在即期交割日买进(卖出),n个月后做相反交割。

2) 即期对即期掉期交易

即期对即期掉期交易(spot-spot swap)指买进或卖出一笔即期外汇的同时,卖出或买进相同币种和金额,但交割日期不同的另一笔即期外汇。即期对即期掉期交易常见的类型为:

(1) 今日对明日掉期(O/N, over-night swap),又称隔夜掉期,即前一个交割日是成交当天,后一个交割日是明天,也就是交易后的第一个营业日。

(2) 明日对次日掉期(T/N, tomorrow/next swap),又称隔日掉期,即前一个交割日是明天,也就是交易后的第一个营业日,后一个交割日是交易后的第二个营业日。

这两种掉期交易的时间跨度虽然都是一个交易日,但是它们的第一个交割日和第二个交割日都是不同的。这类交易的主体一般为银行,交易目的是规避由短期资金拆借形成的敞口头寸导致的汇率风险。

3) 远期对远期掉期交易

远期对远期掉期交易(forward-forward swap)指同时做两笔不同交割期限的远期外汇交易,币种和金额相同而买卖方向相反。这两笔交易的交割日都迟于即期交易的交割日。远期对远期掉期交易的一般原则是:在买进交割期限较短的远期外汇的同时,卖出交割期限较长的该币种远期外汇,即"买短卖长";或者在买进交割期限较长的远期外汇的同时,卖出交割期限较短的该币种远期外汇,即"买长卖短"。交易者既可以通过这种交易进行套期保值,也可以利用有利时机在汇率变动中获利。

【例4-1】 某中国公司从欧洲进口设备,1个月后将支付100万欧元。同时该公司向欧洲出口产品,3个月后将收到100万欧元货款。假设外汇市场上当日的汇率报价如下:

即期汇率:EUR/CNY=7.578 5/95

1个月远期汇率:EUR/CNY=7.587 8/90

3个月远期汇率:EUR/CNY=7.597 4/88

请回答:如果该公司要规避外汇风险,该如何做外汇掉期交易?

该公司可以有两个选择。

(1) 进行两笔"即期对远期"的掉期交易。

① 第一笔交易是买入1个月远期100万欧元,同时卖出即期100万欧元。

该公司买入1个月远期100万欧元,付出人民币为:

1 000 000×7.589 0=7 589 000(元)

该公司卖出即期 100 万欧元,收到人民币为:
$1\ 000\ 000 \times 7.578\ 5 = 7\ 578\ 500(元)$
在这笔掉期交易中,该公司损失人民币:
$7\ 589\ 000 - 7\ 578\ 500 = 10\ 500(元)$
② 第二笔交易是卖出 3 个月远期 100 万欧元,同时买入即期 100 万欧元。
该公司卖出 3 个月远期 100 万欧元,收到人民币为:
$1\ 000\ 000 \times 7.597\ 4 = 7\ 597\ 400(元)$
该公司买入即期 100 万欧元,付出人民币为:
$1\ 000\ 000 \times 7.579\ 5 = 7\ 579\ 500(元)$
在这笔掉期交易中,该公司获得人民币收益为:
$7\ 597\ 400 - 7\ 579\ 500 = 17\ 900(元)$
两笔交易结合起来,该公司获得人民币收益为:
$17\ 900 - 10\ 500 = 7\ 400(元)$

(2) 直接进行一笔"远期对远期"的掉期交易。该公司可以进行 1 个月远期对 3 个月远期掉期交易,即买入 1 个月远期 100 万欧元,同时卖出 3 个月远期 100 万欧元。

该公司买入 1 个月远期 100 万欧元,支付人民币为:
$1\ 000\ 000 \times 7.589\ 0 = 7\ 589\ 000(元)$
该公司卖出 3 个月远期 100 万欧元,收到人民币为:
$1\ 000\ 000 \times 7.597\ 4 = 7\ 597\ 400(元)$
通过远期对远期掉期交易,该公司获得人民币收益为:
$7\ 597\ 400 - 7\ 589\ 000 = 8\ 400(元)$

比较(1)(2)可知,远期对远期的掉期交易对该出口商来说更为有利。

2. 根据交易对手是否相同划分

1) 纯粹的掉期交易

纯粹的掉期交易(pure swap transactions)是指交易者向同一个交易对手买入和卖出不同交割日的等额外汇的交易。交易双方通过协商确定掉期汇率,并按约定的汇率成交。

2) 操纵性的掉期交易

操纵性的掉期交易(engineered swap transactions)是指交易者从某一交易对手处买入(或卖出)远期外汇的同时,向另一交易对手卖出(或买入)等额的即期外汇或另一期限的远期外汇的交易。也就是说,操纵性的掉期交易涉及两笔交易、三个参与者。

外汇市场上大部分掉期交易属于纯粹的掉期交易。

三、外汇掉期市场的发展

20 世纪 80 年代以来,外汇掉期市场迅猛发展。全球外汇掉期日均交易量从 1989 年的 1 900 亿美元增长到 1995 年的 5 458.6 亿美元,开始超过外汇即期交易和远期交易量。至 2019 年年底,全球外汇掉期日均交易量达 32 026.7 亿美元,分别为外汇即期交易和远期交易日交易量的 1.6 倍和 3.2 倍,占全球所有外汇交易量的 48.6%。

2005 年 8 月 2 日,《中国人民银行关于扩大外汇指定银行对客户远期结售汇业务和开办人民币与外币掉期业务有关问题的通知》发布,允许符合条件的商业银行开办人民币与外币掉期业务。商业银行按照中国外汇交易中心发布的《全国银行间外汇市场人民币外汇掉期交易规则》进行外汇掉期交易。2019年,中国外汇交易中心对银行间人民币外汇市场相关交易规则进行整合修订;2019年12月6日,经国家外汇管理局批准,《银行间人民币外汇市场交易规则》发布。2021年12月,人民币外汇掉期交易额合计为140 872.56亿元(表4-1)。

表4-1 人民币外汇掉期月报(2021年12月)

期限品种	合计		USD/CNY	
	成交金额(亿元)	成交笔数	成交金额(亿元)	成交笔数
隔夜	93 370.39	39199	93 328.57	39139
即/远	36 352.10	36336	36 233.64	36271
远/远	11 150.06	3102	11 118.71	3075
合计	140 872.56	78637	140 680.92	78485

数据来源:中国货币网。

第二节 掉期汇率的报价与计算

一、掉期汇率的报价

每笔外汇掉期交易包含一个近端期限和一个远端期限,因此掉期汇率包括近端汇率和远端汇率。近端汇率(near-leg exchange rate)是交易双方约定的第一次交割货币所适用的汇率;远端汇率(far-leg exchange rate)是交易双方约定的第二次交割货币所适用的汇率。在外汇掉期交易具体报价时,报价方往往报出近端汇率和远端汇率的差价,该差价为掉期率(swap point),也称掉期差价。掉期率报价具有以下特点。

(一)双向报价

通常报价者对掉期率的报价采用双向报价的方式,但是其含义与单纯的即期交易或远期交易的双向报价不同,其不仅代表两个汇率之间的差价,也代表掉期交易的方向。掉期交易是"买和卖"或者"卖和买"交割日不同的某种货币的两笔交易组合。所以,掉期率报出来的点数(即买价掉期率/卖价掉期率)不同于一般意义上的"远期升贴水点数"。

以即期对远期掉期交易为例,报价者报出的第一个数字(买价掉期率)表示他愿意卖出即期被报价货币及买入远期被报价货币(sell near date/buy far date,S/B)的差价,这也是询价者可以买入即期被报价货币及卖出远期被报价货币(buy near date/sell far date,B/S)的差价。报价者报出的第二个数字(卖价掉期率)表示他愿意买入即期被报价货币及卖出远期被报价货币(buy near date/sell far date,B/S)的差价,这也是询价者可以卖出即期被报价货币及买入远期被报价货币(sell near date/buy far date,S/B)的差价。

（二）点数报价

掉期差价和远期差价一样，都用点数报价法来表示，如 40/50、40/30，即报价者对掉期率的报价是以货币的基本点为基础的。也就是说，报价中个位数的 1 表示 1 个基点，即 0.000 1。

报价方报价时直接报出掉期率，不表明升水或贴水，也不表明正负号。交易者根据报价的两个点数判断升贴水。如果前小后大表示升水，远期汇率为即期汇率加上掉期率；如果前大后小表示贴水，远期汇率即为即期汇率减去掉期率。

因为掉期交易包含两笔金额相同、买卖方向相反、期限不同的交易。所以对买卖双方来说，即期汇率的高低并不直接影响交易的结果，掉期差价才是关键。

【例 4-2】 已知某日伦敦外汇市场上，报价方报价如下：

即期汇率 GBP/USD=1.363 5/45

即期对 1 个月远期掉期率 115/100

请回答：上述掉期率中的 115 和 100 分别是什么含义？

上述报价中，115 是买价掉期率，是报价者愿意卖出即期英镑和买入 1 个月远期英镑的差价（也即询价者可以买入即期英镑及卖出 1 个月远期英镑的差价），115 表示 115 个基点，即 0.011 5。

100 是卖价掉期率，是报价者愿意买入即期英镑及卖出 1 个月远期英镑的差价（也即询价者可以卖出即期英镑和买入 1 个月远期英镑的差价），100 表示 100 个基点，即 0.010 0。

115 大于 100，报价中掉期率点数关系前大后小，表示贴水，即 1 个月远期汇率为即期汇率减去掉期率。

在外汇掉期交易中，报价方掌握报价的主动权，而询价方掌握选择交易方式的主动权。也就是说，报价方可以自主决定报价，而询价方可以按照该报价决定买入即期被报价货币及卖出远期被报价货币，或者卖出即期被报价货币及买入远期被报价货币。

二、掉期汇率的计算

在掉期交易中，即期汇率的报价方法与一般即期汇率报价方法相同，但是掉期交易中远期汇率的计算方法与一般远期汇率的计算方法不同。我们以即期对远期的掉期交易为例来介绍掉期汇率的计算。

在即期对远期的掉期交易中，已知即期汇率和掉期率，求掉期汇率的时候，也遵循"前小后大往上加，前大后小往下减"的规则，目的是使远期外汇的买卖差价大于即期外汇的买卖差价。因为作为银行来说，从事外汇交易的利润来源主要就是买卖外汇之间的差价。在远期外汇业务中银行所承担的风险要比从事即期外汇业务的风险大，因而也要求有较高的收益，表现在外汇价格上就是远期外汇的买卖差价要大一些。

但是与一般远期汇率计算中同边加减的方法不同，掉期交易中远期汇率的计算使用交叉相加或相减的方法。掉期率左边的点数是报价方卖出即期被报价货币及买入远期被报价货币的差价；右边的点数是报价方买入即期被报价货币和卖出远期被报价货币的差价。因此计算时，掉期业务中的远期买入价是即期卖出价加（或减）掉期率左边的点数，远期卖出价是即期买入价加（或减）掉期率右边的点数。

【例 4-3】 (1)已知某日某报价行报价如下:

即期汇率 GBP/USD=1.387 0/80

3个月远期差价 60/40

(2)已知某日某报价行报价如下:

即期汇率 GBP/USD=1.387 0/80

即期对3个月远期掉期率 60/40

要求:请分别计算(1)和(2)两种情况下的3个月远期汇率并进行比较分析。

(1)根据远期汇率计算采用同边相加或相减,3个月远期汇率为:

GBP/USD=(1.387 0−0.006 0)/(1.388 0−0.004 0)=1.381 0/40

(2)根据远期汇率计算采用交叉相加或相减,3个月远期汇率为:

GBP/USD=(1.388 0−0.006 0)/(1.387 0−0.004 0)=1.382 0/30

在上述(1)和(2)两种情况下,远期交易和掉期交易的即期汇率是一样的,但是远期汇率不一样。(1)中3个月远期汇率,银行买入价是1.381 0,卖出价是1.384 0;而(2)中3个月的远期汇率,银行买入价是1.382 0,卖出价是1.383 0。

【例 4-4】 已知某日某报价行报价如下:

即期汇率 GBP/USD=1.384 0/50

掉期率 spot/1 month 100/120

根据上述报价,请分别计算:

(1)报价方买入即期和卖出远期英镑的汇率。

(2)报价方卖出即期和买入远期英镑的汇率。

(1)报价方买入即期和卖出远期英镑的汇率如下:

买入即期英镑(卖出美元)的汇率是1.384 0。

卖出1个月远期英镑的(买入美元)的汇率是1.384 0+0.012 0=1.396 0。

因为掉期率中右边的点数120是报价方买入即期英镑和卖出远期英镑的差价,点数前小后大用加法,所以报价方卖出远期英镑的汇率等于买入即期英镑的汇率加点数120。

根据该价格,报价方承做买入即期英镑及卖出1个月远期英镑(B/S GBP AG USD)的即期对1个月远期掉期交易,交易双方将按120的价位成交。也就是说,报价方按照1.384 0的价格买入即期英镑卖出美元,同时按照1.396 0的价格卖出1个月远期英镑买入美元。询价方的交易正好相反。

(2)报价方卖出即期和买入远期英镑的汇率如下:

卖出即期英镑(买入美元)的汇率是1.385 0。

买入1个月远期英镑的(卖出美元)的汇率是1.385 0+0.010 0=1.395 0。

因为掉期率中左边的点数100是报价方卖出即期英镑和买入远期英镑的差价,点数前小后大用加法,所以报价方买入远期英镑的汇率等于卖出即期英镑的汇率加点数100。

根据该价格,报价方承做卖出即期英镑及买入1个月远期英镑(S/B GBP AG USD)的即期对1个月远期掉期交易,交易双方将按100的价位成交。也就是说,报价方按照1.385 0的价格卖出即期英镑买入美元,同时按照1.395 0的价格买入1个月远期英镑卖出美元。询价方的交易正好相反。

【例 4-5】 客户向某银行询问即期对1个月远期的掉期报价,银行的报价如下:

即期汇率 GBP/USD=1.384 0/50

掉期率 spot/1 month 100/120

要求：请分别计算客户买入即期/卖出1个月远期英镑100万和客户卖出即期/买入1个月远期英镑100万的掉期成本（或收益）。

（1）如果客户买入即期/卖出1个月远期英镑100万，也就是银行卖出即期/买入1个月远期英镑，银行卖出即期英镑的汇率为1.385 0，买入1个月远期英镑的汇率为1.395 0（即1.385 0+0.010 0）。那么客户本次交易的收支情况如表4-2所示。

表4-2 客户买入即期/卖出1个月远期英镑100万的收支情况

即期交易	1个月远期交易	差价
买入 GBP 100万	卖出 GBP 100万	GBP 0
卖出 USD 138.5万	买入 USD 139.5万	USD +1万

在该交易中，银行要向客户支付1万美元，这是银行的掉期成本。

（2）如果客户卖出即期/买入1个月远期英镑100万，也就是银行买入即期/卖出1个月远期英镑，银行买入即期英镑的汇率为1.384 0，银行卖出1个月远期英镑的汇率为1.396 0(1.384 0+0.012 0)。那么客户本次交易的收支情况如表4-3所示。

表4-3 客户卖出即期/买入1个月远期英镑100万的收支情况

即期交易	1个月远期交易	差价
卖出 GBP 100万	买入 GBP 100万	GBP 0
买入 USD 138.4万	卖出 USD 139.6万	USD −1.2万

在该交易中，客户要向银行支付1.2万美元，这是银行的掉期收益。

从例4-5可以总结出以下规律：

（1）在掉期交易中，即期汇率水平对掉期交易资金的收付并无实质的影响，只要是交易双方认可的，不偏离市场价格即可。真正影响掉期交易中双方资金收付的是掉期率，也就是买卖差价。这个差价在例4-5(1)中是100点，在(2)中是120点。

（2）在掉期业务中，银行报出的两个掉期差价中，数值较大的是客户支付给银行的点数，数值较小的是银行支付给客户的点数。

（3）客户买入即期/卖出远期基准货币时，适用左边的点数。如果基准货币升水，这时客户能因低买高卖而获利，银行支付差价给客户（在例4-5中，掉期率中左边的点数100是报价行卖出/买入英镑的"成本"）；如果基准货币贴水，则是客户支付差价给银行。客户卖出即期/买入远期基准货币时，适用右边的点数。如果基准货币升水，客户支付差价给银行（在例4-5中，掉期率中右边的点数120是报价行买入/卖出英镑的"收益"）；如果基准货币贴水，则是银行支付差价给客户。

掌握了以上规律，交易者就不必再进行复杂的计算了，只需将基准货币的买卖金额乘以掉期点数，就可得出以计价货币衡量的掉期交易"成本"或"收益"。这里需要说明的是，掉期"成本"是表面的损失，而不是真正的损失，付出掉期"成本"的一方，一般会从利息收益中得到补偿。

【专栏 4-1】

<table>
<tr><th colspan="2">一段典型的交易对话</th></tr>
<tr><th>交易过程</th><th>意义说明</th></tr>
<tr><td>A Bank：EUR Swap. USD 10 Mio AG EUR Spot/1 Month.</td><td>A 银行：(询价)请报欧元掉期交易的价格。1 000 万美元兑欧元，期限为即期对 1 个月远期。</td></tr>
<tr><td>B Bank：EUR Spot/1 Month 65/67.</td><td>B 银行：(报价)欧元兑美元的即期对 1 个月远期掉期汇率是 65/67。</td></tr>
<tr><td>A Bank：65 Pls. My USD To A NY. My EUR To A Frankfurt.</td><td>A 银行：65 成交。美元汇入我行(A 银行)纽约分行账户。欧元汇入我行(A 银行)法兰克福分行账户。</td></tr>
<tr><td>B Bank：OK Done. We Sell/Buy USD 10 Mio AG EUR, June 15/July 15. Rate at 0.851 0 AG 0.857 5. USD To My B NY. EUR To My B Frankfurt. Tk For Deal.</td><td>B 银行：成交。我行卖出/买入美元 1 000 万(兑欧元)，交割日为 6 月 15 日及 7 月 15 日。汇率为 0.851 0 和 0.857 5。美元汇入我行(B 银行)纽约分行账户；欧元汇入我行(B 银行)法兰克福分行账户。谢谢惠顾。</td></tr>
<tr><td>A Bank：OK. All Agreed.</td><td>A 银行：好的，同意。</td></tr>
</table>

第三节 外汇掉期交易的应用

外汇掉期交易是联系外汇市场交易和货币市场操作的纽带。在市场中有关掉期交易的应用一般可以被概括为以下五种类型：轧平资金头寸；进行两种货币间的资金互换；调整外汇交易的交割日；获取盈利；套期保值。

一、轧平资金头寸

银行在日常的外汇交易中会买入和卖出各种外汇。在某些情况下，外汇买卖金额虽然相等，但是交割日却不同。这种时间上的差距产生了银行资金流量的不平衡情况，即在不同时点上形成了资金缺口。银行为了弥补资金缺口从事掉期交易，可以在不影响外汇头寸的基础上，平衡资金的流量，轧平不同期限的资金头寸。

【例 4-6】 某日，中国银行承做了四笔外汇交易：

(1) 卖出即期美元 100 万；

(2) 买入 1 个月远期美元 200 万；

(3) 买入即期美元 250 万;

(4) 卖出 1 个月远期美元 350 万。

请回答：综合这四笔交易,当日该银行的美元头寸情况如何？为了规避风险,该银行应该怎么做？

从当日美元的头寸来看,该银行已经在数量上轧平头寸,买入即期美元净头寸和卖出 1 个月远期美元净头寸都是 150 万。但是,买卖美元的期限不同,造成资金流量在时间上存在明显敞口。为了规避该时间敞口带来的利率风险,该银行可以承做一笔即期对 1 个月远期的掉期交易来平衡资金流量,即卖出 150 万即期美元和买入 150 万 1 个月远期美元。通过这笔掉期交易,该银行不仅没有改变外汇头寸,还匹配了资金的时间期限。

二、进行两种货币间的资金互换

在银行与客户的外汇交易中,由于买入和卖出的外汇金额不能完全一致,会出现外汇头寸多余或空缺的情况,即出现多头(long position)或者空头(short position)的情况。为了避免汇率风险,银行可以运用外汇掉期交易：在发生超买时将超买部分卖出,同时在较远期买入;在发生超卖时将超卖部分买入,同时在较远期卖出,由此平衡外汇业务。

三、调整外汇交易的交割日

银行在承做外汇交易时,有时候会应客户的要求提前或推迟交割日,这就会造成银行资金流动的不平衡。在这种情况下,银行可以运用掉期交易对交割日进行调整,并重新确定新的汇率水平。

【例 4-7】 美国某出口商根据 2022 年 3 月份签订的贸易合同,预计 5 月 20 日将收到一笔英镑货款。为了规避汇率风险,该出口商与银行签订了 2 个月外汇远期买卖,卖出英镑,买入美元,远期汇率为 GBP 1＝USD 1.385 0,交割日为 5 月 20 日。但是由于原料采购困难,该出口商未能按期交货,于是其与进口商协商,将交货和收款时间都推迟了一个月,约定 6 月 20 日付款。为此,该出口商向银行提出要求,将远期外汇交易的交割日推迟到 6 月 20 日。

请回答：若银行答应该出口商的要求,其应该如何做交易来平衡资金的流动？

在这种情况下,若银行答应该出口商的要求,出口商的收货款时间和外汇交易交割时间可以完美匹配,但是银行的资金流动产生了不平衡。因此,银行需要做一笔掉期交易,将 5 月 20 日的头寸转换到 6 月 20 日。如果掉期率为贴水 20 点,银行将原来与出口商签订的远期合约中的汇率按掉期率调整为 1.383 0。

四、获取盈利

交易者可以根据对利率变化的预期,作出对未来某个时刻市场汇率的预期,并根据这种预期进行投机性的掉期交易,从中获得利润。一般来说,当预期利率上升时,应该贷出短期资金,借入长期资金;当预期利率下降时,则应该借入短期资金,贷出长期资金。

根据掉期率的计算公式"掉期率＝即期汇率×利率差×天数/360"可知,即期汇率对掉期率的影响较小,影响掉期率的主要因素是两种货币之间的利率差。当利差扩大时,掉期率上升;当利差缩小时,掉期率下降。交易者通过对两种货币利差变化的预期和利率走势,进行外汇掉期交易以获取盈利。

五、套期保值

进出口商在进出口业务中需要进行外汇资金的收付,外币借贷者在外币借贷业务中需要进行外币资金的借还。由于资金的收付和借还在时间上存在不一致或者不确定,他们面临着汇率和利率风险。通过外汇掉期交易,进出口商和外币借贷者可以使外汇的净头寸保持为零,从而规避风险,实现套期保值的目的。

【例4-8】 2021年3月22日,香港某出口商向美国某进口商出口了价值100万美元的商品,约定5月24日收款100万美元。为了规避汇率风险,该香港出口商于3月22日向银行卖出2个月期的100万美元,锁定了美元兑换成港币的价格,也就是锁定了其港币的收入。4月22日,经协商进出口双方将付款日推迟到6月24日。根据香港出口商上述2个月期的远期外汇交易,他应该在5月24日交割100万美元给银行。但是因为付款日期推迟,他不能及时收到货款交付给银行。

请回答:为了使收到货款的时间和外汇交易交割的时间相匹配,该出口商应该如何做外汇掉期交易?

该出口商应于4月22日叙做一笔远期对远期的外汇掉期交易,即买入1个月期的100万美元的同时卖出2个月期100万美元。通过这种方式,该出口商将其交付100万美元的期限展期到6月24日,与新约定的收款日期相匹配。

具体来说,该出口商的交割结算过程如下:

(1) 5月24日交割4月22日签订的1个月期合约,收到100万美元;
(2) 5月24日交割3月22日签订的2个月期合约,支付100万美元;
(3) 6月24日收到美国进口商支付的100万美元;
(4) 6月24日交割4月22日签订的2个月期合约,支付100万美元。

通过这种方式,香港出口商很好地调节了外汇资金收付的时间,规避了汇率和利率风险。在这里,该香港出口商进行掉期交易的目的是套期保值,规避汇率风险,因此收益并不是考虑的重点。交易者为了进行资金调度或套期保值,在交易过程中承受的损益称为掉期成本。

从上述五种不同类型的外汇掉期交易可以发现,出于不同动机从事掉期交易,其结果可能是正的收益,也可能是负的损失。

 课程思政案例

中国外汇交易中心正式推出外汇掉期估值服务

为进一步完善银行间市场风险缓释体系,帮助市场成员进行存续合约管理,中国外汇交易中心从即日起正式推出人民币对美元外汇掉期估值服务。

用户范围

外汇掉期市场成员

估值特点

1. 估值合约覆盖全面。市场成员可以每日获取本机构所有人民币对美元外汇掉期存续合约的估值数据,包括即远、远远等各类外汇掉期合约,并可同时获得T+0和T+1估值数据。

2. 估值结果应用广泛。交易中心采用市场普遍认可的现金流贴现模型和基准数据源进行估值计算,并在交易冲销等需要应用外汇掉期估值数据的业务运行中不断完善。自2016年以来,已有30多家市场成员使用外汇掉期估值进行交易冲销。市场成员还可将其应用于交易中心组合对账的估值核对等交易后服务,实现存续合约的风险管理。

估值算法

将存续合约中所有远端起息日未到期的美元现金流通过交易中心T日16:30人民币对美元即期收盘价和16:30的交易中心人民币对美元外汇掉期曲线换算成人民币,与该未到期合约中相同起息日未到期的人民币现金流轧差得到净额,再用T日的Shibor3M利率互换收盘曲线进行贴现,最后得到合约净额的贴现值即为合约估值。

估值申请

市场成员可直接联系中国外汇交易中心进行外汇掉期估值服务的申请。

……

中国外汇交易中心
2019年4月2日

资料来源:中国外汇交易中心.中国外汇交易中心正式推出外汇掉期估值服务[EB/OL].(2019-04-02)[2022-08-27]. https://www.chinamoney.com.cn/chinese/rdgz/20211021/2081775.html.

本章小结

(1) 外汇掉期交易是指外汇交易者在买进(或卖出)某种货币的同时,卖出(或买进)金额相等、交割期限不同的同种货币的外汇交易方式。根据两笔交易的交割期限,外汇掉期交易可以划分为:即期对远期掉期交易、即期对即期掉期交易和远期对远期掉期交易。根据交易对手是否相同,外汇掉期交易可以划分为:纯粹的掉期交易和操作性的掉期交易。

(2) 每笔外汇掉期交易包含一个近端期限和一个远端期限,因此掉期汇率包括近端汇率和远端汇率。在外汇掉期交易具体报价时,报价方往往报出近端汇率和远端汇率的差价,该差价为掉期率,也称掉期差价。在外汇掉期交易中,远期汇率的计算方法与一般远期汇率的计算方法不同,使用交叉相加或相减的方法。

(3) 外汇掉期交易的应用一般可以概括为以下五种类型:轧平资金头寸;进行两种货币之间的资金互换;调整外汇交易的交割日;获取盈利;套期保值。

掉期交易　即期对即期掉期交易　即期对远期掉期交易　远期对远期掉期交易
纯粹的掉期交易　操纵性的掉期交易　掉期率　S/B　B/S

本章习题

一、单项选择题

1. 影响掉期率的主要因素是（　　）。
   A. 即期汇率　　　　B. 远期汇率　　　　C. 利率差　　　　D. 风险
2. 外汇掉期交易中（　　）。
   A. 两笔交易中的汇率相同
   B. 两笔交易方向相反
   C. 两笔交易交割期限相同
   D. 两笔交易一定发生在相同的两个交易者之间

二、计算题

1. 已知某银行报价如下：
   即期汇率 EUR/USD=1.167 0/80
   即期对3个月远期掉期率 35/58
   请计算3个月远期汇率。
2. 某香港公司从美国进口设备，1个月后将支付100万美元。同时该公司向美国出口产品，3个月后将收到100万美元货款。假设外汇市场上当日的汇率报价为：
   即期汇率 USD 1=HKD 7.788 3/95
   1个月对3个月远期掉期率 85/56
   请回答：该公司为了规避外汇风险，该如何做掉期交易？掉期交易的结果如何？

三、简述题

1. 什么是外汇掉期交易？
2. 外汇掉期交易通常有哪几种类型？

第五章 外汇期货交易

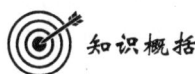
知识概括

- 外汇期货交易的概念;外汇期货交易合约的关键要素
- 外汇期货交易的基本规则
- 外汇期货交易与远期外汇交易的区别
- 外汇期货交易的应用

第一节 外汇期货交易概述

一、外汇期货交易及外汇期货合约

外汇市场的交易主要包括即期外汇交易、远期外汇交易、外汇期货交易和外汇期权交易。其中,外汇期货交易指在期货交易所内进行交易,外汇期货交易的买方和卖方以竞价方式成交,买方承诺在未来的某一约定时间,以约定价格(约定的汇率)买入某种特定标准数量的外汇,卖方则承诺在未来的某一约定时间,以约定价格出售某种特定标准数量的外汇。其中,买进期货合约者称为多头方,卖出期货合约者称为空头方。

外汇期货交易的首创者是成立于1972年的美国芝加哥商品交易所的国际货币市场(International Monetary Market, IMM),最初交易所进行8种外汇期货合约的交易:英镑、加拿大元、荷兰盾、德国马克、日元、墨西哥比索、瑞士法郎、法国法郎。目前全球外汇期货交易主要集中在美国芝加哥商品交易所、新加坡国际商品交易所、伦敦国际金融期货交易所。

外汇期货合约是一种交易所设计的标准化的合约。外汇期货合约的买方可以选择外汇期货合约的购买份数,但不能要求更改已经标准化设计并出售的合约。具体而言,外汇期货合约中进行标准化设计的要素主要包括:交易品种、交易数量和单位、最小价格波动幅度(报价须是最小变动价位的整倍数)、每日涨跌停板幅度、交割月份、通用代号等。

二、外汇期货合约的关键要素

外汇期货合约中被事先设计的几个关键要素是交易单位、交割月份、最小价格波动幅度、每日涨跌停板幅度。

(一) 交易单位

外汇期货合约的买方购买外汇期货合约时,操作方式是按份数购买。外汇的一份外汇期货合约即为这种外汇期货的标准交易单位,它由交易所规定。例如,买方购买5份英镑期货合约,也就是购买了5个标准交易单位的英镑期货合约。又如,在2002年7月欧元成为欧元区唯一的合法货币之前,美国芝加哥商品交易所的国际货币市场中,外币期货合约的单位如下:德国马克期货合约的交易单位为每份125 000马克,英镑期货合约的交易单位为每份62 500英镑,瑞士法郎期货合约的交易单位为每份125 000瑞士法郎,日元期货合约的交易单位为每份12 500 000日元,欧元期货合约的交易单位为每份125 000欧元。若购买5个交易单位的英镑期货合约,则表明要在未来约定的某个时间按照约定利率购买312 500英镑。

(二) 交割月份

在美国芝加哥商品交易所的国际货币市场中,所有外汇期货合约的交割月份也是期货交易所事先规定的,交割月份皆为每年的3月、6月、9月和12月,交割月的第三个星期三为该月的交割日。

(三) 最小价格波动幅度

美国芝加哥商品交易所的国际货币市场对最初的8种外汇期货合约交易中的报价最小波动幅度作了规定,当时对其规定的最小波动价位分别为:英镑0.000 5美元、瑞士法郎0.000 1美元、法国法郎0.000 05美元、加拿大元0.000 1美元、德国马克0.000 1美元、荷兰盾0.000 1美元、日元0.000 000 1美元、墨西哥比索0.000 01美元。在交易场内,经纪人报价必须是最小变动价位的整倍数。

(四) 每日涨跌停板幅度

与商品期货合约一样,外汇期货合约也会规定每日涨跌停板幅度,即某一外汇期货合约在一天之内高出或低过前一交易日的结算价格的最大波动幅度。在2002年7月欧元成为欧元区唯一的合法货币之前,美国芝加哥商品交易所的国际货币市场对主要外汇期货合约的涨跌停板额规定为:德国马克1 250美元、瑞士法郎1 875美元、法国法郎1 250美元、日元1 250美元、墨西哥比索1 500美元、荷兰盾1 250美元,一旦报价超过涨跌停板额,则为无效成交。

第二节 外汇期货交易的基本规则

外汇期货交易遵循一定基本规则。

一、公开叫价制度

外汇期货交易是一种标准化的场内交易,必须在集中性的交易场所通过公开叫价的方式成交。对任何一种外汇期货合约进行公开叫价,其所形成的价格对所有投资者有效。外汇期货市场的公开叫价方式主要有两种:一种是电脑自动撮合成交方式;另一种是会员在交易所大厅公开喊价方式。

二、涨跌停板制度

涨跌停板制度是指期货交易所规定期货合约在一个交易日中的交易价格波动不得高于或者低于规定的涨跌幅度。超过该涨跌幅度的报价将被视为无效报价,不能成交。这一交易规则因此被称为每日价格最大波动限制。

三、保证金制度

保证金制度是指在期货市场上,买卖双方在开立账户进行交易时,都必须交纳一定数量的保证金,目的是确保买卖双方能履行义务,避免在约定的未来交易时间,某一方毁约。清算所为保证其会员有支付能力,会要求会员开立外汇期货的保证金账户,储存规定额度的货币,同时清算所的会员也向他的客户(期货合约的交易者)收取一定数量的保证金。期货保证金制度具有杠杆性,投资者不需要支付合约价值的全部资金,只需要支付一定比例的保证金就可以交易,也就是说,投资者可以用少量的保证金来买卖数倍或者更大额度的外汇期货。

保证金分为初始保证金和维持保证金。初始保证金是订立合同时必须缴存的,一般为合同价值的3‰~10‰,一般根据交易币种汇率的易变程度来确定。维持保证金是指开立合同后,如果发生亏损,致使保证金的数额下降,客户必须补进保证金初始时的最低保证金限额。一旦保证金账户余额降到维持水平线以下,客户必须再交纳保证金,并将保证金恢复到初始水平。

四、逐日盯市制度

逐日盯市制度亦即每日无负债制度、每日结算制度,是指在每个交易日结束之后,交易所结算部门先计算出当日各期货合约结算价格,核算出每个会员每笔交易的盈亏数额,以此调整会员的保证金账户,将盈利记入账户的贷方,将亏损记入账户的借方。若保证金账户上贷方金额低于保证金要求,交易所通知该会员在限期内缴纳追加保证金以达到初始保证金水平,否则不能参加下一交易日的交易。这种规则是为了避免因客户可能无法支付亏损而产生的风险。

五、头寸限制制度

头寸限制是指交易所对投资者规定其所能持有某一期货合约数量的最大限度。头寸限制制度的设置是为了从市场份额分配方面对市场风险进行管理。

六、大户报告制度

大户是指某品种持仓合约的投机头寸达到交易所对其规定的投机头寸持仓限量80%及以上的会员或客户。大户的开户情况、交易情况、资金来源、交易动机等相关信息必须向交易所申报,以便于交易所审查其是否有过度投机和操纵市场行为。大户报告制度的设置是为了控制交易风险,防止外汇交易市场中出现大户操纵市场行为。

第三节 外汇期货交易与远期外汇交易的区别

外汇期货交易与远期外汇交易是两个不同的概念,两者有明显的区别。外汇期货交易是指买卖双方在期货交易所通过买卖合约,承诺未来某一特定日期以协议价格交割某种有标准数量的外汇的交易形式。远期外汇交易一般由经营即期外汇交易的外汇银行与外汇经纪人来经营,由买卖双方先订立买卖合同,规定外汇买卖的数量、期限和汇率等,到约定日期才按合约规定的汇率进行交割。远期外汇交易的交割期限一般为1个月、3个月、6个月,有些远期外汇交易交割期限可能是1年。

具体而言,外汇期货交易与远期外汇交易具有以下区别。

1. 交易参与者不同

在远期外汇交易中,参与者大多为专业化的证券交易商或与银行有良好业务关系的大厂商,没有从银行取得信用额度的个人投资者和中小企业极难有机会参与远期外汇交易。以我国为例,人民币外汇远期交易是指交易双方以约定的外汇币种、金额、汇率,在约定的未来某一日期(成交日后两个营业日以上)交割的人民币外汇交易,目前能够参与这一交易的必须是人民币外汇远期会员。而对外汇期货交易的参与者没有这么严格的限制,只要按规定交纳保证金,任何投资者均可通过外汇期货经纪商从事这种交易。

2. 交易目的不同

参与外汇期货交易的客户有两类:①套期保值者,其参与外汇期货交易是为了规避外汇风险;②投机者,其参与外汇期货交易是期望通过外汇投机活动获利。一般而言,从事远期外汇交易,客户的目的主要是规避外汇风险,避免或尽量减少汇率变动可能带来的损失,所以其大部分是持有至到期,然后交割。当然,也有投机者利用远期外汇交易投机获利,但总体而言,远期外汇期货交易中的投机者比例低于外汇期货交易中的投机者比例。

3. 交易保证金缴纳与否不同

外汇期货交易双方均须交纳保证金,并通过期货交易所逐日清算,逐日计算盈亏,补交或被退回多余的保证金。而远期外汇交易双方是否交纳保证金,视银行与客户的关系而定,通常不需要交纳保证金,并且远期外汇交易盈亏要到合约到期日才结清。

4. 交易工具不同

远期外汇市场上交易的是远期外汇合约,外汇期货市场上交易的是外汇期货合约。外汇期货合约是一种标准化的合约,交易额是用合约的数量来度量的;而外汇远期合约则无固定的规格,合约细则由交易双方自行商定。

5. 交易方式不同

外汇期货合约对交易货币品种、交割期、交易单位及价位变动均有限制,货币局限于少数几个主要币种。外汇期货交易是在期货交易所以公开竞价的方式进行的,交易双方不需要接触,其交易对手方都是期货交易所。远期外汇交易是在场外交易的,交易是以电话或传真方式进行的,买卖双方互为对手方,双方可以就交易币种、交易金额、到期日、交易价格、交易地点等方面进行商定,只要双方同意,则可将内容写入远期外汇合约。除此之外,外汇期货交易中,如欧元与加拿大元之间的外汇期货交易,需要以美元为中介买卖欧元和加拿大元,然后完成这两种货币之间的交易。而在远期外汇交易中,不同币种之间可以直接交易,无需通过美元这一中介。

6. 交割与结算方式不同

远期外汇交易中,要在交割日实现远期外汇交易买卖双方的结算或履约。而外汇期货交易由于以清算所为交易中介,买卖双方都是与清算所进行对手交易,故不会进行现货交割,对于未结算的金额,清算所会进行逐日计算,并通过保证金的增减进行结算。此外,外汇期货合约上虽标明了交割日,但在此交割日前,合约可以被转让,以实现套期保值,减少和分散汇率风险。

7. 交割日期不同

外汇期货交易的交割日期一般为每年的3月、6月、9月、12月。远期外汇交易则没有交割日期的固定规定,可由客户根据需要自由选择。

8. 合约能否转让不同

外汇期货合约是标准化合约,持有者可以在期货交易所随时转让;但远期外汇合约因为合同制定时是基于交易双方特定需要而商定的币种、金额、交割时间等,具有独特性,一般是不可转让的。

第四节 外汇期货交易的应用

外汇期货交易中的参与者有期货交易所、清算机构、经纪公司、市场参与者。其中,市场参与者参与期货市场,主要是希望通过买卖外汇期货合约,实现外汇套期保值或外汇投机。本节通过具体案例来研究外汇期货交易是如何实现这些功能的。

一、外汇套期保值

外汇期货市场的套期保值功能,是外汇期货市场最主要的功能。这一功能是依据期货市场与现货市场价格走势一致的原理而实施的,通过做与现货头寸方向相反的外汇期货交易,来减轻或消除未来现货市场的风险。

外汇套期保值主要有多头套期保值和空头套期保值两种方式。

1. 多头套期保值

多头套期保值是指交易者先在外汇期货市场买进期货,未来再卖出外汇期货,以期货市场的盈利弥补将来现货市场上可能面临的损失,其目的是套期保值。

【例5-1】 美国某进口商5月份预测3个月以后需要6亿日元购买日本汽车。为了规避3个月后日元升值导致采购成本增加的风险,该公司决定建立日元期货多头头寸。5月份即期汇率是:1日元=0.008 355美元,此时9月份日元期货报价是:1日元=0.008 245美元。到了8月份,日元的即期汇率是:1日元=0.008 455美元,此时9月份日元期货报价变为:1日元=0.008 355美元。

请回答:

(1) 若该美国进口商不建立日元期货多头头寸,此时用美元购买6亿日元,等3个月后用于购买日本汽车,则不考虑其他因素,其现在要支付多少美元?

(2) 若该美国进口商不建立日元期货多头头寸,等3个月后用美元购买6亿日元,用于购买日本汽车,不考虑其他因素,3个月后购买6亿日元,其需要支付多少美元?

(3) 若该美国进口商建立日元期货多头头寸,此时购买6亿日元期货合约,到了8月份卖出9月份的期货合约,然后现货买入日元,则此种情况,其需要支付多少美元?

(1) 5月份即期汇率是:1日元=0.008 355美元,此时用美元购买6亿日元,需要支付的美元是:

600 000 000×0.008 355=5 013 000(美元)

因此得出结论:该美国进口商不建立日元期货多头头寸,此时用美元购买6亿日元,等3个月后用于购买日本汽车,不考虑其他因素的话,现在要支付5 013 000美元。

(2) 8月份日元的即期汇率是:1日元=0.008 455美元,8月份用美元购买6亿日元,需要支付的美元是:

600 000 000×0.008 455=5 073 000(美元)

因此得出结论:该美国进口商不建立日元期货多头头寸,等3个月后用美元购买6亿日元,用于购买日本汽车,不考虑其他因素,3个月后购买6亿日元,需要支付5 073 000美元。

(3) 此时就购买日元期货合约是使用多头套期保值来规避日元可能升值的风险,进口商需要日元,担心日元升值,所以现在购买日元期货,锁定价格。

在美国的国际货币市场上,日元期货合约1份是12 500 000日元,6亿日元是要买48份合约。日元期货合约期限只有3月、6月、9月、12月,所以基于月份相近或相同原则,选择买9月份的日元期货合约是合适的。

表5-1 多头套期保值示例

项目	现货市场	期货市场
5月	预计8月份需要6亿日元,担心日元升值。此时即期汇率:1日元=0.008 355美元	买入48份9月份日元期货合约,9月份日元期货报价:1日元=0.008 245美元
8月	此时的日元即期汇率: 1日元=0.008 455美元	卖出48手9月份日元期货合约,9月份期货报价:1日元=0.008 355美元
损益	600 000 000×(0.008 455−0.008 355)=60 000(美元),现货市场损失60 000美元	48×12 500 000×(0.008 355−0.008 245)=66 000(美元),期货市场盈利66 000美元

基于表5-1的分析,若该美国进口商建立日元期货多头头寸,此时购买6亿日元期货合约,到了8月份卖出9月份的期货合约,然后现货买入日元,则此种情况,其需要支付美元数额的计算过程如下:

现货市场上支出:600 000 000×0.008 455=5 073 000(美元)

期货市场上盈利:48×12 500 000×(0.008 355−0.008 245)=66 000(美元)

实际上本次交易支出:5 073 000－66 000＝5 007 000(美元)

因此得出结论:相比于情况(1),本次交易可以少支出 6 000 美元,相比于情况(2),本次交易可以少支出 66 000 美元。

案例结论:本案例中的美国进口商先在外汇期货市场买进期货,未来再卖出外汇期货,是为了以期货市场的盈利来弥补将来现货市场上可能面临的损失,实现套期保值,该美国进口商买卖期货合约的目的是对冲风险,而不是实际交割。

2. 空头套期保值

空头套期保值又称卖出套期保值,是指交易者先在期货市场卖出期货,未来再买入期货,当外汇现货价格下跌时,以期货市场的盈利弥补现货市场的亏损,其目的同样是套期保值。无论是空头套期保值还是多头套期保值,都是交易者降低未来可能遭遇汇率风险的策略。

【例 5-2】 美国某出口商于某年 6 月份出口一批商品给英国进口商,价值 600 万英镑,本次交易商定以英镑计价,3 个月后得到英镑货款。美国出口商担心 3 个月后英镑贬值,因此拟做外汇空头套期保值以减小可能的损失。目前英镑的现货价格是:GBP 1＝USD 1.658 0,9 月份交割的 GBP 期货为:GBP 1＝USD 1.668 0。3 个月后,英镑的现货价格是:GBP 1＝USD 1.645 0,9 月份交割的 GBP 期货为:GBP 1＝USD 1.655 0。

请回答:

(1) 若该美国出口商不做英镑期货空头头寸,则不考虑其他因素的情况下,3 个月后该美国出口商会获得多少美元?

(2) 若该美国出口商做英镑期货空头头寸,则在此情况下,3 个月后该美国出口商会获得多少美元?

(1) 3 个月后,英镑的现货价格是:GBP 1＝USD 1.645 0,3 个月后的 600 万英镑可以换取的美元为:

6 000 000×1.645 0＝9 870 000(美元)

因此得出结论:若该美国出口商不做英镑期货空头头寸,则不考虑其他因素的情况下,3 个月后该美国出口商会获得美元 9 870 000 美元。

(2) 若该美国出口商做英镑期货空头头寸,则现货市场与期货市场收益如表 5-2 所示。

表 5-2 空头套期保值示例

项目	现货市场	期货市场
6月	预计9月份收到600万英镑,担心英镑贬值。此时即期汇率: GBP 1＝USD 1.658 0	卖出96份9月份英镑期货合约,9月份英镑期货此时报价: GBP 1＝USD 1.668 0
9月	此时英镑即期汇率: GBP 1＝USD 1.645 0	买入240份9月份英镑期货合约,9月份英镑期货报价:GBP 1＝USD 1.655 0
损益	6 000 000×(1.645 0－1.658 0)＝－78 000(美元),现货市场损失 78 000 美元	96×62 500×(1.668 0－1.655 0)＝78 000(美元),期货市场盈利 78 000 美元

基于表 5-2 的分析,若该美国进口商建立英镑期货空头头寸,现在卖出 600 万英镑期货合约,到了 9 月份买入 600 万英镑期货合约,则此种情况下,3 个月后该美国出口商通过这笔出口贸易,获得的美元数额计算过程如下:

现货市场:6 000 000×1.645 0=9 870 000(美元)

期货市场:96×62 500×(1.668 0-1.655 0)=78 000(美元)

实际上本次交易收益:9 870 000+78 000=9 948 000(美元)

因此得出结论:与情况(1)相比,本次交易虽然因为英镑贬值在现货市场受到损失,但在期货市场上的收益正好弥补了这一损失。本次出口贸易在 9 月份仍然获得 9 948 000 美元。

案例结论:本案例中的美国出口商先在期货市场卖出期货,未来再买入期货,是为了以期货市场的盈利弥补将来现货市场上可能面临的损失,实现套期保值,该美国出口商买卖期货合约的目的是对冲风险,而不是实际交割。

二、外汇期货投机

外汇期货投机是指通过买卖外汇期货合约,从外汇期货价格的变动中获利并同时承担风险的行为。外汇期货的投机者与套期保值者不同,他们买卖外汇期货合约并不是因为未来可能需要将出口贸易中获得的外汇转为本币,或者需要将本币转化为外汇以支付进口贸易所需的支出,其目的不是规避进出口贸易中的汇率风险,而是要从汇率的波动中投机获利。投机交易的基本原理是投机者根据对外汇期货价格走势的预测,买进或卖出一定数量的外汇期货合约。投机者在投机的过程中,可能获利,也可能亏损。如果该种外汇未来的价格走势与投机者预测一致,则在某一价格上平仓可以获利;如果价格走势与投机者预测方向相反,则投机者会遭遇亏损。

外汇期货投机包括空头投机、多头投机、价差头寸投机三种方式。

1. 空头投机

空头投机是指投机者预测外汇期货价格将要下跌,先卖出外汇期货合约,等外汇期货合约价格降低时再买入外汇期货合约以平仓的做法。空头投机者的目标是以高价卖出,以低价买入,从而达到获利目的。如果预测准确,投机者获利,否则投机者会遭受损失。

【例 5-3】 某年 3 月 5 日,美国芝加哥商品交易所的国际货币市场 6 月份欧元的期货报价为:EUR 1=USD 1.127 0,某美国投机者预测欧元将贬值,因此卖出 10 手 6 月份的欧元期货合约。5 月 15 日,6 月份的欧元期货合约报价变为:EUR 1=USD 1.126 5,该投机者此时选择对冲平仓。

请回答:此投机者在本次做多交易中获利多少美元?

本题中,投机者在该年 3 月 5 日卖出 10 手欧元期货合约,此时欧元期货报价为:EUR 1=USD 1.127 0,在 5 月 15 日买入 10 手欧元期货合约,此时欧元期货报价为:EUR 1=USD 1.126 5,欧元每手交易量是 125 000 欧元,本次交易中获利情况如下:

10×125 000×(1.127 0-1.126 5)=625(美元)

因此得出结论:该投机者在本次做空交易中获利 625 美元。

2. 多头投机

多头投机是投机者预测外汇期货价格将要上升,先买入外汇期货合约,后卖出外汇期货合约,以低价买进,以高价卖出,从而获利。同样,如果预测准确,投机者获利,否则投资者会遭受损失。

【例5-4】 某年9月15日,美国芝加哥商品交易所的国际货币市场12月份加拿大元的期货报价为:CAD 1=USD 0.742 0,某美国投机者预测加拿大元将升值,因此买入4手12月份的加拿大元期货合约。11月15日,12月份的加拿大元期货合约报价变为:CAD 1=USD 0.743 0,该投机者此时选择对冲平仓。

请回答:此投机者在本次做多交易中获利多少美元?

本题中,投机者在该年9月15日买入4手加拿大元期货合约,此时加拿大元期货报价为:CAD 1=USD 0.742 0,在11月15日卖出4手加拿大元期货合约,此时加拿大元期货报价为:CAD 1=USD 0.743 0。欧元每手交易量是100 000加拿大元,本次交易中获利情况如下:

$$4 \times 100\,000 \times (0.743\,0 - 0.742\,0) = 400(美元)$$

因此得出结论:该投机者在本次做多交易中获利400美元。

3. 价差头寸投机

价差头寸投机是指投机者针对期货市场上具有关联的不同外汇期货合约之间的不同价格进行交易,目的是博取差价利润。价差头寸投机可以分为三种:跨市场价差头寸投机、跨月份价差头寸投机和跨品种价差头寸投机。跨市场价差头寸投机是指对在不同市场上市的同一品种、同一交割月份的合约进行价差交易,也称跨市套利交易;跨月份价差头寸投机是指投机者利用某种期货不同合约月份之间的差价贱买贵卖,从中获取差价利润;跨品种价差头寸投机是指投机者利用两种不同但具有替代性的或受供求因素制约的外汇期货合约间的价差进行贱买贵卖活动,从中套取差价利润。如果投机者预测准确,投机者获利,否则投机者会遭受损失。

【例5-5】 某年2月5日,美国芝加哥商品交易所的国际货币市场欧元的现货与期货报价分别为:

现货价格 EUR 1=USD 1.128 5
3月份期货价格 EUR 1=USD 1.128 0
6月份期货价格 EUR 1=USD 1.127 5
9月份期货价格 EUR 1=USD 1.127 0
12月份期货价格 EUR 1=USD 1.127 8

某投机者预计未来欧元相对美元会贬值,但是担心自己预估可能会出错导致损失,想做价差头寸投机以避免风险过大,该投机者认为9月份欧元期货价格被低估,12月份被高估,因此他买入6手9月份欧元期货合约并卖出6手12月份欧元期货合约。假设到了8月6日,投机者需要对冲平仓,此时9月份期货价格变为:EUR 1=USD 1.125 5,12月份期货价格为:EUR 1=USD 1.126 5。

请回答:若该投资者此时结束所有头寸,盈亏情况如何?

买入6手9月份欧元期货合约盈亏情况:

$$6 \times 125\,000 \times (1.125\,5 - 1.127\,0) = -1\,125(美元)$$

即买入6手9月份欧元期货合约,亏损1 125美元。

卖出6手12月份欧元期货合约盈亏情况:

6×125 000×(1.127 8−1.126 5)=975(美元)

即卖出6手12月份欧元期货合约,盈利975美元。

−1 125＋975＝−150(美元)

因此得出结论:该投机者在本次价差头寸投机中净亏损150美元。

 课程思政案例

中国外汇交易中心外汇市场自律体系

为促进外汇市场有序运作和健康发展,维护市场正当竞争秩序,在中国人民银行、国家外汇管理局的指导下,外汇市场自律机制和中国外汇市场指导委员会先后于2016年6月和2017年4月成立。

中国外汇市场指导委员会由来自监管机构和市场参与者的代表共同组成,负责从外汇市场改革、发展和规范等宏观、总体的视角对相关业务统筹指导,指导和推动外汇市场自律机制更加协调有序地发展。

外汇市场自律机制是由外汇及相关市场参与者组成的市场自律和协调机制,在符合国家有关汇率政策和外汇管理规定的前提下,对人民币汇率中间价报价行为、银行间外汇市场交易行为和银行柜台外汇及跨境人民币展业行为进行自律管理,维护市场正当竞争秩序,促进外汇市场有序运作和健康发展。

中国外汇市场指导委员会和外汇市场自律机制的双层架构,既有市场化的自律组织,又有供管理部门与市场参与者之间沟通协调的平台,两者共同构成中国外汇市场的自律体系,推动中国外汇市场从过去的以他律为主转向他律和自律并重,对促进中国外汇市场改革、发展和规范具有重大意义。

外汇市场自律机制于2016年6月24日成立,是由外汇及相关市场参与者组成的市场自律和协调机制,在符合国家有关汇率政策和外汇管理规定的前提下,对人民币汇率中间价报价行为、银行间外汇市场交易行为和银行柜台外汇及跨境人民币展业行为进行自律管理,维护市场正当竞争秩序,促进外汇市场有序运作和健康发展。

外汇市场自律机制在遵守国家法律、法规和政策的前提下,履行以下主要职责:

(一)制定人民币汇率中间价报价自律规范,并负责督促落实;

(二)制定银行间外汇市场交易自律准则和规范,并负责督促落实;

(三)制定银行柜台外汇及跨境人民币展业规范,并负责督促落实;

(四)开展监测、评估;

(五)开展培训、宣传;

(六)开展自律管理及成员之间的纠纷解决;

(七)开展国际合作;

(八)其他职责。

资料来源:中国外汇交易中心.外汇市场自律体系简介[EB/OL].[2022-08-28].https://www.chinamoney.com.cn/chinese/whov.

本章小结

(1) 外汇期货交易是外汇交易的方式之一,外汇期货交易是指在期货交易所内进行,交易双方通过公开竞价达成在将来规定的日期、地点、价格,买进或卖出规定数量外汇的合约交易。外汇期货合约是一种交易所设计的标准化的合约。外汇期货合约中的交易单位、交割月份、最小价格波动幅度、每日涨跌停板幅度等关键要素是交易所事先设计规定的。

(2) 外汇期货交易遵循一定基本规则,实行公开叫价制度、涨跌停板制度、保证金制度、逐日盯市制度、头寸限制制度、大户报告制度。

(3) 外汇期货交易与远期外汇交易是不同的,其区别主要有:参与交易者不同,交易目的不同,交易保证金缴纳与否不同,交易工具不同,交易方式不同,交割与结算方式不同,交割日期不同,合约能否转让不同。

(4) 外汇期货交易中的市场参与者参与期货市场,其主要的目的是希望通过买卖外汇期货合约,实现外汇套期保值和投机功能。外汇套期保值主要有多头套期保值和空头套期保值两种方式;外汇期货投机包括空头投机、多头投机、价差头寸投机三种方式。

关键概念

外汇期货交易　外汇期货合约　保证金制度　逐日盯市制度　多头套期保值
空头套期保值

本章习题

一、单项选择题

1. 多头投机(做多/买空)的含义是指(　　)。
    A. 投机者预测某种外汇期货合约将要上升时,买入该种期货合约,至下跌时再卖出平仓
    B. 投机者预测某种外汇期货合约将要上升时,卖出该种期货合约,至下跌时再买入平仓
    C. 投机者预测某种外汇期货合约将要下降时,卖出该种期货合约,至下跌时再买入平仓
    D. 投机者预测某种外汇期货合约将要下降时,买入该种期货合约,至下跌时再卖出平仓
2. 空头投机(做空/卖空)的含义是指(　　)。
    A. 投机者预测某种外汇期货合约将要上升时,买入该种期货合约,至下跌时再卖出平仓
    B. 投机者预测某种外汇期货合约将要上升时,卖出该种期货合约,至下跌时再买入平仓
    C. 投机者预测某种外汇期货合约将要下跌时,卖出该种期货合约,至下跌时再买入平仓
    D. 投机者预测某种外汇期货合约将要下跌时,买入该种期货合约,至下跌时再卖出平仓
3. 某美国出口商3个月后将收回625 000英镑,这时我们称其拥有英镑的(　　)。如果用期货交易进行保值,则应在期货市场上(　　)。
    A. 空头,买入10手英镑合约　　　　B. 多头,买入10手英镑合约

C. 空头,卖出 10 手英镑合约 D. 多头,卖出 10 手英镑合约

4. 某美国进口商 3 个月后将支付 250 000 英镑,这时我们称其拥有英镑的(　　)。如果用期货交易进行保值,则应在期货市场上(　　)。
   A. 空头,买入 4 手英镑合约 B. 多头,买入 4 手英镑合约
   C. 空头,卖出 4 手英镑合约 D. 多头,卖出 4 手英镑合约

5. 美国某出口商于某年 6 月出口一批商品给英国进口商,价值 375 000 英镑,本次交易商定以英镑计价,3 个月后得到英镑货款。若美国出口商担心 3 个月后英镑贬值,那么他的操作是(　　)。
   A. 卖出 6 手 9 月份英镑期货 B. 买入 6 手 9 月份英镑期货
   C. 卖出 30 手 9 月份英镑期货 D. 买入 30 手 9 月份英镑期货

二、简述题

1. 什么是外汇期货交易?
2. 外汇期货合约与远期外汇合约有何区别?
3. 如何利用外汇期货合约进行空头套期保值?
4. 如何利用外汇期货合约进行多头套期保值?
5. 如何利用外汇期货合约进行投机?

三、计算题

1. 美国某进口商 4 月份预计其在 4 个月后需要 625 万英镑购买英国的海鲜。为了规避 4 个月后英镑可能升值导致采购成本增加的风险,该公司决定建立英镑期货多头头寸。4 月期英镑的即期汇率为:1 英镑=1.340 5 美元,此时 9 月份英镑期货报价为:1 英镑=1.341 5 美元。到了 8 月份,英镑的即期汇率是:1 英镑=1.341 8 美元,此时 9 月份期货报价变为:1 英镑=1.342 0 美元。

   问:若该美国进口商建立英镑期货多头头寸,现在购买 625 万英镑的期货合约,到了 8 月份卖出 9 月份的期货合约,然后现货买入英镑,则此种情况下,这次交易该美国进口商需要支付多少美元?

2. 美国某出口商于某年 6 月出口一批商品给德国进口商,价值 125 万欧元,本次交易双方商定以欧元计价,3 个月后该美国出口商得到欧元货款。美国出口商担心 3 个月后欧元贬值,因此拟做外汇空头套期保值以减小可能的损失。6 月份欧元的现货价格是:1 欧元=1.126 7 美元,9 月份交割的欧元期货报价为:1 欧元=1.127 0 美元。3 个月后,欧元的现货价格是:1 欧元=1.125 0 美元,9 月份交割的欧元期货报价为:1 欧元=1.125 5 美元。

   问:若该美国出口商做英镑期货空头头寸,则在此情况下,3 个月后该美国出口商会获得多少美元?

第六章 外汇期权交易

知识概括

- 外汇期权交易的概念、关键因素、特点及发展
- 外汇期权的种类
- 影响外汇期权价格的因素
- 外汇期权交易的应用

第一节 外汇期权交易概述

一、外汇期权交易的概念

期权(option)又称选择权,外汇期权(foreign exchange options)也称货币期权或者外币期权。外汇期权交易是指期权合约的买方在向期权合约的出售方支付一定期权费后,获得在未来约定日期或一定时间内,按照约定的汇率买进或者卖出约定数额外汇的选择权。外汇期权交易的是未来的选择权,这是与外汇期货交易不同的地方。

外汇期权交易的买方在交易中获得的是按照约定价格买入或者卖出约定数量的某种外汇的选择权,外汇期权交易的卖方获得的是买方为了获取选择权而支付的期权费。期权买方在支付一定数额的期权费后,有权在约定的到期日按照双方事先约定的协定汇率和金额同期权卖方买卖约定的货币,也有权不执行上述买卖合约。期权合约的买方付出的是期权费,获得的是选择权;期权合约的卖方获得的是期权费,承担的是汇率波动可能造成的损失。

二、外汇期权交易的关键因素

外汇期权交易由以下关键因素构成:

(1) 外汇期权合约买方,也称期权合约持有人,是指买进外汇期权合约的一方,其以期权费换取未来的选择权。

（2）外汇期权合约卖方，是指外汇期权交易中卖出外汇期权合约的一方，其以卖出选择权换取期权费。

（3）外汇期权合约期权费，又称期权金或者权利金，是指期权合约的价格，是期权合约买方为了获得未来的选择权而付出的代价。即使未来期权合约买方不行权，期权费也不会被退回。

（4）外汇期权合约的执行价格，是指期权合约中规定的在未来约定日期或一定时间内买卖外汇的价格。

（5）外汇期权合约到期日，是指外汇期权合约必须履行的最后截止日期。

三、外汇期权交易的特点

1. 期权买卖双方权责不对等

购买期权就是购买选择权，支付期权费的买方有权利选择买入或卖出标的物（某种外汇）。是否选择行权是期权买方决定的，当执行价格与未来的即期汇率相比对买方有利时，期权买方就会选择执行合约，按照执行价格买入或者卖出外汇；当执行价格与未来的即期汇率相比对买方不利时，期权买方就会选择不执行合约。期权交易的卖方因为获得了期权费，所以丧失了选择权，只能被动接受期权买方的选择。

2. 卖方收到的期权费不会被退回

对期权的卖方而言，期权费是期权交易中买方为了弥补卖方因丧失选择权而在汇率上可能遭受的损失，向合约卖方支付的一笔费用。期权费是不可追回的，无论买方是否选择行权，期权费一旦支付就不可追回。

3. 期权买方损失有限，收益可能很大

对期权的买方而言，未来有可能损失全部期权费，有可能损失部分期权费，还可能获得收益。如果汇率变化很大，那么未来可能获得的收益也会很大。

4. 期权卖方收益有限，损失可能很大

对期权的卖方而言，不管未来的即期汇率是何种状况，未来的最大收益是全部期权费，其有可能收益部分期权费，还可能出现损失。如果汇率变化很大，那么未来的损失也可能很大。

四、外汇期权交易的发展

外汇期权交易的发展得益于国际贸易迅速发展产生的对外汇的巨大需求，而瞬息万变的国际金融市场中，频繁的汇率波动使得进出口商越来越想寻求避免外汇风险的路径，由此产生了对外汇期货交易、外汇期权交易的需求。

最早的期权交易是股票期权交易，始于1973年4月26日。芝加哥期权交易所在该时期正式推出了标准化的股票期权合约。到了20世纪80年代，外汇期权交易出现了。最早进行外汇期权交易的是美国费城股票交易所，时间是1982年12月，第一批外汇期权交易交易的是英镑期权和德国马克期权。随后美国的芝加哥商品交易所、荷兰阿姆斯特丹的欧洲期权交易所、加拿大的蒙特利尔交易所、英国伦敦的国际金融期货交易所等都开始进行外汇期权交易。美国费城股票交易所和芝加哥期权交易所是世界上具有代表性的外汇期权交易市场,最初经营的外汇期权种类包括英镑、瑞士法郎、德国马克、加拿大元、法国法郎等,现在交易的外汇期权主要有英镑、欧元、加拿大元等。

据世界交易所联合会(World Federation of Exchanges,WFE)2022年报告数据显示,全球外汇期权的交易量在2021年上半年比2020年下半年增长了33.2%。其中,亚太地区2021年上半年的交易量占总交易量的94%,该地区的交易量比2020年下半年增长了36.4%,而美洲地区的交易量和欧洲、中东和非洲地区(EMEA地区)的交易量比2020年下半年分别下降了4.2%和5.8%;2021年上半年与2020年上半年相比,交易量增长了62.7%,这主要是因为亚太地区的交易量比2020年上半年增长了73.7%,而美洲地区的交易量和EMEA地区的交易量相比2020年上半年则分别下降了24.9%和20.7%;2021年上半年与2021年第一季度数据相比,交易量增长了19.2%,其中美洲地区和亚太地区分别增长了3.3%和21%,而EMEA地区则下降了11.3%。随着国际贸易的发展,外汇期权交易未来会有更加迅速的发展。

第二节 外汇期权的种类

根据不同的分类方式,外汇期权可分为不同类别。

1. 按照交易方向不同分类

按照交易方向不同分类,外汇期权可分为买权和卖权。

买权又称买入期权,是指其持有人有权按照执行价格在约定时间购买特定数量外汇的权利。当购买的合约外汇价格在未来上涨时,买权持有人可以获利,因此买权也称看涨期权。

卖权又称卖方期权,是指其持有人有权按照执行价格在约定时间出售特定数量外汇的权利。当购买的合约外汇价格在未来下跌时,卖权持有人可以获利,因此卖权也称看跌期权。

2. 按照交易特点不同分类

按照交易特点不同分类,外汇期权可分为现汇期权、外汇期货期权。

现汇期权是指外汇期权合约的基础资产是外汇现货。现汇期权中的买方有在期权到期日或之前选择以执行价格购买或出售标的货币或者放弃以执行价格购买或出售标的货币的权利。

外汇期货期权是指外汇期权合约的基础资产是货币期货合约。外汇期货期权中的买方有在期权到期日或之前选择以执行价格购买或出售标的货币期货或者放弃以执行价格购买或出售标的货币期货的权利。

现汇期权与外汇期货期权的区别在于:现汇期权在执行时,买方将获得或交付标的货币本身,而外汇期货期权在执行时,买方将获得或交付标的货币的期货合约。

3. 按照交易场所不同分类

按照交易场所不同分类,外汇期权可分为场内期权、场外期权。

场内期权指的是在有组织的交易所内进行交易的期权。场内期权的合约是标准化合约,每一份合约上的合约要素都是交易所规定的,所有投资者面对的都是要素相同的合约,不同投资者可以选择购买合约的份数,但无法更改合约的内容。场内期权的参与者众多,各种类型的投资者共同参与期权交易,对交易对手不进行区分。

场外期权指的是在交易所之外的柜台市场进行交易的期权。场外期货合约是非标准化合约,可以由双方根据需要协商确定交易内容。场外期权的交易对手主要是机构投资者,交易形式通常是机构对机构的期权交易、个人对机构的期权交易。

4. 按照交割时间不同分类

按照交割时间不同分类,外汇期权可分为欧式期权、美式期权、奇异期权。

欧式期权指期权的持有者(买入期权的一方)只可以在期权到期日当天才能选择执行或者不执行期权合约。

美式期权指期权的持有者(买入期权的一方)可以选择在期权到期日当天或者到期日之前的任何一天执行或者不执行期权合约。美式期权的灵活性要大于欧式期权,它的费用也比欧式期权高。

奇异期权比标准的欧式期权或美式期权这些常规期权更加复杂,奇异期权通常是采用场外交易的方式进行,或在合约中嵌入结构债券。常见的奇异期权有障碍期权、亚式期权、百慕大期权等。

障碍期权对执行价格有特殊规定,是指在其生效过程中受到一定限制的期权,其目的是把投资者的收益或损失控制在一定范围之内。障碍期权一般归为两类,即敲出期权和敲入期权。当标的资产价格达到一个特定障碍水平时,该期权作废,这是敲出期权;当标的资产价格达到一个特定障碍水平时,该期权才有效,这是敲入期权。这两类障碍期权的区别在于期权有效的要求是不同的。

亚式期权对执行价格有特殊规定,与标准期权的区别在于:在到期日确定期权收益时,其不是采用标的资产当时的市场价格,而是采用期权合同期内某段时间标的资产价格的平均值,这段时间被称为平均期。亚式期权可分为平均价格期权和平均执行价格期权。平均价格期权的收益为执行价格与标的资产在有效期内的平均价格之差;平均执行价格期权的收益为执行时的即期汇率与标的资产的平均价格之差。

百慕大期权对行权时间有特殊规定,它可以在到期前于所规定的一系列时间行权。例如,某个期权合约到期时间为4年,但行权时间规定为每年的最后一个月可以行权,其他时间不可以行权,这种对合约中行权时间有特别规定的期权即为百慕大期权。

5. 按照期权执行价格与即期汇率的关系分类

按照期权执行价格与即期汇率的关系分类,外汇期权可分为实值期权、平值期权、虚值期权。

实值期权指的是行权价格小于标的资产即期价格的看涨期权,或行权价格大于标的资产当前价格的看跌期权。

平值期权指的是行权价格等于标的资产即期价格的看涨期权和看跌期权。

虚值期权指的是行权价格大于标的资产即期价格的看涨期权,或行权价格小于标的资产当前价格的看跌期权。

第三节　影响外汇期权价格的因素

外汇期权的价格即外汇期权合约的期权费,也称期权的买卖价格、期权的销售价格。期权的出售使得卖方不再有选择权,只能跟随买方行事,对卖方不利,因而卖方需要买方支付合理的期权费;而如果无利可图,买方也不愿意购买这种选择权,因此期权费的大小取决于买卖双方。外汇期权价格既是期权购买人付出的成本,也是期权出售人获得的收益,同时它也是期权购买人在期权交易中可能蒙受的最大损失。在国外成熟的期权市场上,外汇期权的定价有专门的方法,常用的定价方法有 Black-Scholes 公式等。

外汇期权合约的期权费在交易所内由交易双方委托经纪人通过公开竞价确定。期权价格受诸多因素的影响,一般而言,可以确定各个因素对期权价格影响的方向,但却无法确定影响的程度。影响期权费大小的因素主要有以下几项。

1. 期权合约有效期限的长短

期权合约的有效期限越长,未来汇率变动的可能性越大,由此买方未来的选择余地越大,即期汇率更有可能向买方所期望的方向变动。因此,一般而言,期权合约的有效期越长,期权费越高;期权合约的有效期越短,期权费越低。

2. 执行价格的高低

若购买看涨期权,则期权费随执行价格的上升而减少,因为执行价格越高,执行价格低于即期汇率的可能性就越小,获利空间越小,所以买方愿意支付的期权费越低;若购买看跌期权,则期权费随执行价格的上升而增加,因为执行价格越高,执行价格高于即期汇率的可能性就越大,获利空间越大,所以买方愿意支付的期权费越高。

3. 期货市场价格的变动趋势

若购买看涨期权,则当期货市场价格趋于上升时,执行价格低于即期汇率的可能性就越大,以低价买入外汇的可能性就越大,获利空间越大,所以买方愿意支付的期权费就会增加;若购买看跌期权,则当期货市场价格趋于下降时,执行价格高于即期汇率的可能性就越大,以高价卖出外汇的可能性就越大,获利空间越大,所以买方愿意支付的期权费就会增加。

4. 交易双方对汇率波动的预期

对于期权交易,如果交易双方都预期汇率未来的波动性很大,则期权买方觉得获利可能性大,期权卖方预计自身承担的风险大,因此买方愿意支付较高的期权费,卖方因预计到风险大而要求更高的期权费,此时交易双方最终确定的期权的均衡价格(期权费)高;反之,如果交易双方都预期汇率未来的波动性很小,则期权买方觉得获利可能性小,期权卖方预计自身承担的风险小,因此买方只愿意支付较低的期权费,卖方因预计到风险小而要求较低的期权费,此时交易双方最终确定的期权的均衡价格(期权费)低。

5. 不同货币市场利率水平的高低

外汇期权交易是在未来选择以一种货币换取另外一种货币,那么对于外汇期权合约中规定的买入货币,其市场利率越高,期权持有者因在执行期权合约前放弃了该货币较高的利息收入,愿意支付的期权价格也就越低;对于外汇期权合约中规定的卖出货币,其市场利率越高,期权持有者因在执行期权合约前持有该货币可获得更多的利息收入,愿意支付的期权价格也就越高。

第四节 外汇期权交易的应用

外汇期权交易是一种权利交易。权利的买方在支付一定数额的期权费后,有权在未来的一定时间内按约定的汇率向权利的卖方买进或卖出约定数额的外币,权利的买方也有权选择不执行该交易。在外汇期权交易中,外汇期权的买方可能购买买入的选择权,也可能购买卖出的选择权,卖方同样也有出售买入的选择权和出售卖出的选择权之分。

一、外汇期权交易的基本参与者

外汇期权交易的基本参与者有四种类型。

(一) 看涨期权的买方

看涨期权的买方也称买入期权的买方,其在交易中的行为被称为买入看涨期权或者买入买方期权。看涨期权的买方支付期权费以购买在未来的一定时间内可以选择按约定的汇率向权利的卖方买进约定数额的外币的权利。

(二) 看涨期权的卖方

看涨期权的卖方也称买入期权的卖方,其在交易中的行为被称为出售看涨期权或者出售买方期权。看涨期权的卖方因获得期权费而放弃选择权,未来的一定时间内,只能被动接受买方的选择。如果买方选择按约定的汇率买进约定数额的外币,那么卖方必须出售;如果买方选择不行权,则卖方获得了期权费,不需要向买方提供其他服务。

(三) 看跌期权的买方

看跌期权的买方也称卖出期权的买方,其在交易中的行为被称为买入看跌期权或者买入卖方期权。看跌期权的买方支付期权费以购买在未来的一定时间内可以选择按约定的汇率向权利的卖方卖出约定数额的外币的权利。

(四) 看跌期权的卖方

看跌期权的卖方也称卖出期权的卖方,其在交易中的行为被称为出售看跌期权或者出售卖方期权。看跌期权的卖方因获得期权费而放弃选择权,未来的一定时间内,只能被动接受买方的选择。如果买方选择按约定的汇率卖出约定数额的外币,那么看跌期权的卖方必须购买买方卖出的外币;如果买方选择不行权,则卖方获得了期权费,不需要向买方提供其他服务。

外汇期权购买者和出售者的收益和亏损是不对称的,即不管是买方期权还是卖方期权,购买者的收益可能很大,亏损却是有限的;出售者正好相反,亏损可能很大,收益却是有限的。基于这一特点,当一个金融机构或进出口商在外汇现货中处于多头地位时,为了避免汇率风险,其一般选择买入一份卖方期权,而不会选择卖出一份买方期权。

二、外汇期权交易的策略

1. 买入外汇看涨期权

【例6-1】 假设某客户在2月16日买入1份9月底到期的英镑期权合约,1份英镑期权合约的金额为62 500英镑,该期权合约的执行价格为GBP 1=USD 1.550 0。期权费为每1英镑0.04美元,该客户要购买1份期权合约,需要支付期权费1 000美元,那么2月份他就可以拥有在9月份按照执行价格买入62 500英镑的权利。

请回答:该客户可能面临哪些情况?面对不同的情况,该客户的最优交易策略是怎样的?

该客户是否选择行权是综合考虑合约的执行价格、期权价格与9月份即期汇率来决定的。该客户未来可能面临以下四种情况,面对不同情况,分别有相应的最优策略:

(1) 即期汇率≤执行价格:假设9月份,即期汇率为GBP 1=USD 1.500 0,则该客户(看涨期权买方)的最优做法是放弃行权,其损失全部期权费1 000美元;此时,看涨期权的卖方获取的收益是期权费1 000美元。

(2) 执行价格<即期汇率≤(执行价格+期权价格):假设9月份,即期汇率为GBP 1=USD 1.580 0,此时该客户的最优选择是行权。如果不行权,客户按照GBP 1=USD 1.580 0购买英镑。如果行权,顾客按照GBP 1=USD 1.550 0购买英镑,虽然加上每1英镑0.04美元的期权费的结果是"执行价格+期权价格>即期汇率",但是不行权会损失所有的期权费,而行权可以部分减少这一损失,追回部分期权费。如果"即期汇率=执行价格+期权价格",此时选择行权会追回全部期权费。

(3) 即期汇率>(执行价格+期权价格):假设9月份,即期汇率为GBP 1=USD 1.600 0,此时该客户的最优选择是行权。如果不行权,客户按照GBP 1=USD 1.600 0购买英镑。如果行权,顾客按照GBP 1=USD 1.550 0购买英镑,即使加上每1英镑0.04美元的期权费,其"执行价格+期权价格"价格为:GBP 1=USD 1.590 0,还是小于即期汇率。若不行权,不但会损失所有的期权费,而且放弃了低价购买英镑的权利;若行权,此时即期汇率越高,与"执行价格+期权价格"差距越大,顾客行权的获利越大,这项买入看涨期权的策略带来的收益越大。

(4) 在该期权合约到期前,在市场上将购买的这份期权合约转让:在英镑汇率上升时,该期权的期权费也会上升,此时顾客如果选择转让期权,可以获取期权费差价收益;在英镑汇率下跌时,该份期权的期权费也会下跌,此时顾客如果转让期权,可以追回部分期权费,挽回部分损失。

2. 卖出外汇看涨期权

【例6-2】 假设某客户在2月16日出售1份9月底到期的英镑期权合约,1份期权合约的金额为62 500英镑,该期权合约的执行价格为GBP 1=USD 1.550 0,期权费为每1英镑0.04美元。

请回答:作为卖出外汇看涨期权的一方,该客户的策略是怎样的?

根据题意,该客户要出售1份期货合约,会获得期权费1 000美元。作为卖出外汇看涨期权的一方,他的策略取决于对手方。在9月份,如果对手方要行权,则其必须按照GBP 1=USD 1.550 0的执行价格来出售62 500英镑;如果对手方选择不行权,则其获得期权费 1 000 美元。因为卖出外汇看涨期权的一方获取了期权费,其只有义务而失去了选择的权利,其职责顺应买方的行权或者不行权要求,其损益与买方的损益相反。

3. 买入外汇看跌期权

【例 6-3】 假设某年 6 月份一出口商预计其在 9 月份会收到货款 125 000 瑞士法郎,因为担心 9 月份瑞士法郎会贬值,所以该出口商购买了 1 份瑞士法郎的看跌期权,合约的金额为 125 000 瑞士法郎。该期权合约的执行价格为 CHF 1＝USD 0.625 0,期权费为每 1 瑞士法郎 0.02 美元。

请回答:

(1) 本次交易的期权费是多少?

(2) 假设到期日即期汇率为 CHF 1＝USD 0.580 0,此时出口商的最优交易策略是什么?本次出口中其获得的收益是多少?

(3) 假设到期日即期汇率为 CHF 1＝USD 0.600 0,此时出口商的最优交易策略是什么?本次出口中其获得的收益是多少?

(4) 假设到期日即期汇率为 CHF 1＝USD 0.625 0,此时出口商的最优交易策略是什么?本次出口中其获得的收益是多少?

(5) 假设到期日即期汇率为 CHF 1＝USD 0.630 0,此时出口商的最优交易策略是什么?本次出口中其获得的收益是多少?

(6) 假设到期日即期汇率为 CHF 1＝USD 0.645 0,此时出口商的最优交易策略是什么?本次出口中其获得的收益是多少?

(1) 本次交易的期权费是:

125 000×0.02＝2 500(美元)

(2) 假设到期日即期汇率为 CHF 1＝USD 0.580 0,此时出口商的最优交易策略是行权,按照 CHF 1＝USD 0.625 0 卖出 125 000 瑞士法郎,该出口商在本次期权交易中获得按高价出售瑞士法郎的权利,付出的是期权费。本次出口中其获得的收益为:

125 000×0.625 0－125 000×0.02＝75 625(美元)

(3) 假设到期日即期汇率为 CHF 1＝USD 0.600 0,此时出口商的最优交易策略还是行权,按照 CHF 1＝USD 0.625 0 卖出 125 000 瑞士法郎,该出口商在本次期权交易中获得按高价出售瑞士法郎的权利,付出的是期权费。本次出口中其获得的收益为:

125 000×0.625 0－125 000×0.02＝75 625(美元)

(4) 假设到期日即期汇率为 CHF 1＝USD 0.625 0,此时出口商的最优交易策略有两个:行权或者不行权,其结果一样。行权或者不行权,本次出口中其获得的收益为:

125 000×0.625 0－125 000×0.02＝75 625(美元)

(5) 假设到期日即期汇率为 CHF 1＝USD 0.630 0,此时出口商的最优交易策略是不行权,因为此时直接在市场中出售瑞士法郎可以有更高的价格。若不行权,本次出口中其获得的收益为:

125 000×0.630 0－125 000×0.02＝76 250(美元)

(6) 假设到期日即期汇率为 CHF 1＝USD 0.645 0,此时出口商的最优交易策略是不行权,因为此时直接在市场中出售瑞士法郎可以有更高的价格。若不行权,本次出口中其获得的收益为:

125 000×0.645 0－125 000×0.02＝78 125(美元)

从本案例可以看出,看跌期权的买方无论是选择行权或者不行权,期权费损失都是不可避免的,期权费一旦支付,无法收回。到期时,若即期汇率低于看跌期权的执行价格,看跌期权的买方选择行权会有利;若即期汇率高于看跌期权的执行价格,看跌期权的买方选择不行权会有利。

4. 卖出外汇看跌期权

【例6-4】 假设某年6月份某一外汇看跌期权的卖方卖出1份瑞士法郎的期权合约,1份瑞士法郎期权合约的金额是125 000瑞士法郎,该期权合约的执行价格为CHF 1＝USD 0.625 0,期权费为每1瑞士法郎0.02美元。

请回答:6月份,外汇看跌期权的卖方卖出1份瑞士法郎的期权合约会获得多少收益?

根据题意,该客户要出售1份期货合约,会获得期权费2 500美元。看跌期权的卖方与看涨期权的卖方一样,只能顺应买方意愿而行事。买方如果选择不行权,则获得期权费2 500美元;买方如果选择行权,则其损益与买方的损益相反。

 课程思政案例

交通银行个人外汇期权交易规则

▲▲风险提示:"个人外汇期权"在提供收益机会的同时,也会带来相应的风险,客户应秉持"交易自愿,风险自担"的原则,谨慎入市及交易。

▲▲重要提示:请客户认真阅读本规则全文,尤其是带有▲▲标记的条款。如有疑义,请咨询你签约的银行网点工作人员,也可以拨打95559向交通银行客户服务中心咨询。如仍有疑问,请暂缓进行个人外汇期权交易。

▲▲第一条 "个人外汇期权"交易(以下称"交易")是指一种权利的买卖,客户作为权利的买方将获得在未来的一定时间内按约定的汇率向作为权利卖方的银行买进或卖出约定数额外币的权利。为取得上述权利,客户必须向银行方支付一定的费用,即期权的价格,称为期权费。

我行个人外汇期权交易只提供欧式看涨期权和欧式看跌期权的买卖,即期权的买方只能在期权到期日才能行使是否按约定的汇率买卖某种货币的权利。我行不接受客户卖出外汇期权的交易申请,除非该申请为客户针对以前向我行购入期权合约的平仓。

看涨期权是指客户作为期权的买方有权在未来的一定时间内按约定的汇率向银行买进约定数额的某种外汇;看跌期权是指客户作为期权的买方有权在未来一定时间内按约定的汇率向银行卖出约定数额的某种外汇。

第二条 "个人外汇期权"交易的指定货币和交易账户币种以银行规定为准。

"个人外汇期权"的指定货币为美元现钞和美元现汇,即交易系统只接受美元现钞或现汇作为客户买入期权支付的期权费。客户只能用美元现钞、现汇分别买入期权,一笔交易支付的期权费不能钞汇合计计算。以美元现钞作为期权费进行交易的,交易最终产生的盈亏为美元现钞;以美元现汇作为期权费进行交易的,交易最终产生的盈亏为美元现汇。

目前,交易账户币种为美元。

银行有权变更指定货币及交易账户币种。

第三条 可交易货币对

目前我行个人外汇期权业务提供的可交易货币对包括:欧元兑美元、美元兑日元、英镑兑美元、澳大利亚元兑美元。货币对的增减将视市场的变化和银行发展的需要而定。

第四条 交易采用"份"作为基本交易单位,一份相当于名义本金为交易货币对中 100 单位的左边货币的期权合约,如:一份美元/日元的期权合约指名义本金为 100 美元的合约,一份欧元/美元的期权合约指名义本金为 100 欧元的合约。目前我行个人外汇期权交易的起点为 1 份合约。

名义本金＝100（左边货币）×份数。

第五条 期权费是客户购买(或出售)期权合约所需支付(或收入)的费用,即客户的最大损失(或收益)。

期权费＝份数×买入价(或卖出价)。

我行的期权费报价以美元作为报价货币,表示客户买入/卖出一份期权合约(即名义面值为 100 单位左边货币)的价格。

第六条 签约

客户在办理业务前,需持太平洋借记卡至银行柜面按银行要求签署并提交个人外汇期权业务专用申请书,并进行风险测评,在填写《交通银行"个人外汇期权"风险评估调查问卷》和阅读《风险揭示书》后签字确认,经银行审核批准获得交易资格的,银行为客户办理签约并开立期权交易账户,客户通过该账户进行外汇期权的买卖。

……

第七条 客户申请进行个人外汇期权交易前,须先成为我行证书版网银客户,并同意遵守《交通银行股份有限公司个人电子银行服务协议》及《交通银行股份有限公司个人电子银行交易规则》(上述文件可在个人网上银行系统登录界面查看)。

第八条 在进行个人外汇期权交易前,客户须通过网上银行将外币资金从结算账户(太平洋借记卡卡储活期账户)转入期权交易账户中。客户在太平洋借记卡活期下所有可用美元资金可转入期权交易账户作为可用资金;客户在本行其他账户的结余不能作为可用美元资金转入期权交易账户中使用。如客户交易时期权交易账户余额不足,其他账户内虽有结余,银行亦视作可用资金不足处理。

目前个人外汇期权交易账户只接受美元现钞和美元现汇。

第九条 账户

……

第十条 银行交易报价为各个期权合约的即时买入价和卖出价,客户应看清报价后再进行交易。

第十一条 交易合约

个人外汇期权交易基于"合约"进行管理。客户新开盘后,系统自动产生该开盘交易的"合约",用于记录开盘交易后产生的货币对、买卖方向、份数、成交价格、看涨/看跌期权种类、期权的执行价格、期权到期日、和金额等信息。

……

第十二条 持仓

……

第十三条 交易

……

▲▲第十四条 交易时间

……

▲▲第十五条 期权到期日定盘价

……

第十六条 银行计算浮动盈亏、平盘收入、平盘盈亏、行权收入、行权盈亏的公式如下：

……

▲▲第十七条 如遇有权机关冻结客户交易账户或借记卡的，银行在获得有权机关书面同意的情况下，有权按即时报价将客户所有开盘合约全部代为强制平盘（即卖出期权），并撤销全部挂盘，无需通知客户。银行未行使或延迟行使上述权利的，不应视为银行弃权。

▲▲第十八条 客户平盘交易（包括即时平盘或挂盘平盘）和强制平盘有可能在较短时间内均被触发。此种情况下，银行有权先进行强制平盘。代为强制平盘后的期权费收入，按钞、汇分别计入客户的指定货币的交易账户中。

第十九条 银行系统对客户交易和到期行权均遵循实时入账的原则。当客户开盘时，期权费支出实时扣账；客户平盘时，期权费收入实时入账；当到期行权时，行权盈利实时入账。客户均可实时查询更新后的账户信息。如有调整，银行将根据适用的法律、法规、规章和监管规定提前通过交通银行门户网站进行公告。客户不同意公告内容的，有权在公告执行前依本协议约定终止本协议。客户在公告执行后继续办理本业务的，视同接受公告内容。

第二十条 期权交易账户和结算账户按活期账户规则计付利息。

第二十一条 银行有权代扣代缴国家规定的客户应承担的税赋。

▲▲第二十二条 如果客户利用我行个人外汇期权交易系统的设置等谋取不当得利的，银行有权要求解除本协议。

▲▲第二十三条 客户要求解除本协议的，应在对其所有开盘合约平盘和撤销其所有挂盘后至银行办理解约。在解除协议时，需先对期权交易账户进行销户。

银行要求解除本协议的，除本规则另有约定外，应通过客户预留联系方式书面通知客户。客户应在通知记载的日期届满前按上款的约定至银行办理解约（银行发出通知之日至通知记载的日期之间不应少于30天）；否则，自届满日起，本协议即终止，银行有权按即时价格将客户所有开盘合约全部强制平盘、撤销全部挂盘，无需另行通知客户。

客户或银行任何一方的通讯方式发生变更的，应及时通知对方，通讯方式的变更自对方收到变更通知时生效。否则，由此造成的损失由变更方承担。

▲▲第二十四条 客户如遗失签约卡，应及时至柜面办理挂失和补卡，领取新卡后，务必同时以新卡办理个人外汇期权签约替换手续。如未同时办理签约替换，导致不能进行正常外汇期权交易引起的风险和损失由客户自行承担。

在签约卡挂失期间,不能进行将资金从活期账户转入期权交易账户的操作,但个人外汇期权业务的买卖不受影响,且交易情况仍记录在原卡下。在办理签约替换后,原遗失卡中的签约关系、交易资金、持仓合约和有效挂盘全部转入新卡,原遗失卡做销户处理。在卡挂失期间,银行仍有权按本规则的约定对客户的未平盘合约进行强制平盘。

第二十五条　客户通过网上银行交易时,因其操作错误造成损失的,由客户自行承担。客户若对交易产生质疑,应于交易当日起的三个工作日内向银行查询,否则视为无异议。客户的交易记录以银行系统记录为准。

▲▲第二十六条　客户本人对自己开立的期权交易账户、设定的密码、USBKey及数字证书负责;凡通过密码、USBKey及数字证书实现的交易,均视为客户本人的真实意愿表示。

因客户将密码泄露或被他人窃得以及USBKey及数字证书丢失所造成的一切后果由客户自行承担。

▲▲第二十七条　银行在交易时间内根据国际主流外汇市场即时行情公布外汇期权买卖报价,按公布的买卖报价和客户指定的期权产品受理客户的买卖申请,客户应看清报价后发出交易指令。国际外汇市场行情受政治、经济等各种因素及突发事件的影响,经常处于剧烈的波动之中,机遇与风险共存,客户应充分认识"个人外汇期权"的风险,对投资行为承担一切后果和责任。

▲▲第二十八条　因不可抗力及/或国家政策变化、IT系统故障、通讯系统故障、电力系统故障、金融危机等非银行所能控制的原因,导致无法登录网上银行、登录后无法交易、交易中断、暂停、异常,银行不承担客户由此产生的损失,双方在补充协议中另有约定的除外。遇上述情况,银行有权撤销客户所有未成交挂盘。前述约定不免除因银行过错导致的责任。

▲▲第二十九条　因国际外汇市场出现异常状况(包括但不限于国际市场报价中断或国际市场报价瞬间出现大幅波动),银行有权根据国际外汇市场情况暂停交易或调整报价,如出现交易报价严重背离实际价格的交易,银行有权撤消该笔交易;银行也有权撤销客户所有未成交挂盘,客户对此应有充分认识。

▲▲第三十条　因法律法规、监管规定变动,导致银行不能继续办理本协议项下部分或全部业务的,银行有提前终止权。银行提前终止本协议项下全部业务的,本协议自提前终止日起终止,银行不承担客户由此产生的任何损失,双方在补充协议/补充条款中另有约定的除外。银行行使提前终止权的,将按适用的法律、法规、规章和监管规定提前通过交通银行门户网站发布公告,提前终止日以公告中记载的日期为准。

银行行使提前终止权的,对于公告所述提前终止的合约类型,自提前终止日起,银行有权取消客户的所有挂盘;对于客户持有的合约,银行自提前终止日起有权强制平盘,强制平盘带来的损益按照第十六条的约定执行。

▲▲第三十一条　银行未行使或延迟行使本协议项下任何权利的,不应视为银行弃权,银行亦不为此承担任何责任,客户对此应有充分认识。

第三十二条　本协议适用中华人民共和国法律。如双方发生争议,应向签约银行网点所在地有管辖权的法院起诉。争议期间,各方仍应继续履行未涉争议的条款,双方在补充协议中另有约定的除外。

第三十三条 银行修订本规则的,将根据适用的法律、法规、规章和监管规定提前在交通银行门户网站或营业网点进行公告。您不同意公告内容的,有权在公告执行前按个人外汇期权业务协议约定终止协议。您在公告执行后继续办理个人外汇期权业务的,视同接受公告内容。

资料来源:交通银行网.交通银行个人外汇期权交易规则[EB/OL].[2022-09-03]. http://www.bankcomm.com.

本章小结

（1）外汇期权交易也是外汇交易的方式之一,外汇期权也称货币期权或者外币期权,外汇期权交易指期权合约的买方在向期权合约的出售方支付一定期权费后,获得在未来约定日期或一定时间内,按照约定的汇率买进或者卖出约定数额外汇的选择权。外汇期权交易的关键因素是外汇期权合约买方和卖方、外汇期权合约期权费、外汇期权合约的执行价格、外汇期权合约到期日。外汇期权交易具有期权买卖双方权责不对等、卖方收到的期权费不会被退回等特点。国际贸易的迅速发展推动了外汇期权交易的发展。

（2）按照交易方向不同、交易特点不同、交易场所不同等,外汇期权交易被分为不同类别,不同类别的外汇期权交易具有不同的特征。

（3）外汇期权交易的执行价格受诸多因素的影响,主要有:期权合约有效期限的长短、执行价格的高低、期货市场价格的变动趋势、交易双方对汇率波动的预期、不同货币市场利率水平的高低。

（4）外汇期权交易的基本参与者有:看涨期权的买方和卖方,看跌期权的买方和卖方。外汇期权交易策略有:买入外汇看涨期权,卖出外汇看涨期权,买入外汇看跌期权,卖出外汇看跌期权。

外汇期权　期权费　执行价格　买权　卖权　看涨期权　看跌期权

本章习题

一、单项选择题

1. 假如客户购买了一份外汇看涨期权,到期时如果市场汇价低于合同汇率,该客户的最优策略是（　　）。
   A. 行使期权　　　　B. 放弃期权　　　　C. 合同延期　　　　D. 对冲合同
2. 以下外汇交易中,买方有权选择不履行外汇买卖合同的是（　　）。
   A. 远期外汇业务　　　　　　　　　　　B. 外汇择期业务

  C. 外汇期权业务   D. 外汇掉期业务

3. 按照行使期权的时间是否具有灵活性，外汇期权交易分为（　　）。

  A. 美式期权与欧式期权   B. 现汇期权与外汇期货期权

  C. 场内期权与场外期权   D. 实值期权与虚值期权

4. 假设某年 6 月份一出口商担心 9 月份瑞士法郎会贬值，所以该出口商购买了 1 份瑞士法郎的看跌期权，合约的金额为 125 000 瑞士法郎，该期权合约的期权费为每 1 瑞士法郎 0.04 美元。本次交易的期权费是（　　）。

  A. 2 500 美元   B. 2 000 美元   C. 5 000 美元   D. 4 500 美元

5. 假设某年 6 月份一出口商担心 9 月份瑞士法郎会贬值，所以该出口商购买了 2 份英镑的看跌期权，该期权合约的期权费为每 1 瑞士法郎 0.01 美元。本次交易的期权费是（　　）。

  A. 1 250 美元   B. 2 000 美元   C. 2 500 美元   D. 3 000 美元

二、简述题

1. 什么是外汇期权交易？
2. 美式期权与欧式期权有何不同？
3. 买权与卖权有何不同？
4. 看涨期权与看跌期权有何不同？
5. 何为看涨期权买方的最优策略？
6. 何为看跌期权买方的最优策略？

三、计算题

1. 假设某客户在 4 月 18 日买进 2 份 9 月底到期的欧元期权合约，每份欧元期权合约的金额为 125 000 欧元。该期权合约的执行价格为 EUR 1＝USD 1.126 0，期权费为每 1 欧元 0.04 美元，该客户要购买 2 份期权合约，就可以拥有在 9 月份按照执行价格买入 250 000 欧元的权利。

  假设 9 月份，即期汇率为 EUR 1＝USD 1.125 8，此时该客户的最优交易策略是什么？

2. 假设某年 6 月份一出口商预计其在 9 月份会收到货款 375 000 瑞士法郎，因为担心 9 月份瑞士法郎会贬值，所以该出口商购买了 3 份瑞士法郎的看跌期权，3 份合约的金额为 375 000 瑞士法郎。该期权合约的执行价格为 CHF 1＝USD 0.625 5，期权费为每 1 瑞士法郎 0.03 美元。

  假设到期日即期汇率为 CHF 1＝USD 0.620 0，此时出口商的最优交易策略是什么？

第七章 外汇风险管理

知识概括

- 外汇风险的概念、构成要素及种类
- 外汇风险管理的概念、原则及过程
- 外汇风险管理方法
- 本币国际化与外汇风险管理

第一节 外汇风险概述

一、外汇风险的概念和构成要素

外汇风险又称汇率风险,是指在一定时期内国际外汇市场汇率发生的变化给企业、银行等经济组织及个人的以外币计价的资产(债权、权益)和负债(债务、义务)带来损益的可能性。

外汇风险的构成一般包括三个要素:本币、外币和时间。一个经济主体在涉外业务中必然需要处理本币与外币两种货币,正是本外币两种货币间的兑换(折算),会带来因汇率波动而产生的外汇风险。由于汇率的变化是与时间期限相关联的,该时间期限长短直接关系到外汇风险的高低变化。一般而言,时间期限越长,汇率波动可能性越大,外汇风险相对就高;反之,时间期限越短,汇率波动可能性越小,外汇风险相对就低。

【例7-1】 假设境内某公司从美国进口一批货物,货款为100万美元,结算方式为信用证,付款日期为出票后90天。出票日人民币兑美元即期汇率为1 USD=6.823 7 CNY;90天后,美元升值,人民币兑美元即期汇率为1 USD=6.833 7 CNY。

要求:阐述该境内进口企业所面临的外汇风险。

由于90天后美元升值,人民币贬值,境内进口企业需购汇100万美元来支付进口货款,其购汇成本增加如下:

$$1\ 000\ 000 \times (6.833\ 7 - 6.823\ 7) = 10\ 000(元)$$

在此例题中,外汇风险包括时间风险和价值风险。时间风险由结算方式和付款日期造成;出票后90天付款带来了90天内汇率波动的风险,导致了价值风险,即90天后境内进口商的购汇成本增加了10 000元人民币。

二、外汇风险的种类

(一)交易风险

交易风险又称交易结算风险,是汇率风险最直接的表现形式,是指在以外币计价交易的经济活动中,由于该种货币与本币之间汇率折算的变化,交易者遭受损失的可能性。

交易风险可以表现为以下几个方面:

(1)在以外币购买以及销售商品或服务的经济活动中,从合同签订到货款结算的这一段时间内,外汇汇率变动会带来支出金额增加或者收入金额减少的风险。

(2)在以外币计价的国际借贷中,债权或债务发生之日到最终清偿这段时间内,外汇汇率变动会带来可偿付债权金额下降或应付债务金额增加的风险。

(3)以外币为面值计价发行债券过程中,从发行日到兑付日,外汇汇率变动会带来债务金额增加的风险。

(4)其他以外币计价的应收资产或应付债务,在应收或应付账期内,外汇汇率变动会带来资产金额下降或债务金额增加的风险。

【例7-2】 假设日本某公司出口汽车到美国,签订合同金额1 000万美元,结账期为9个月。签订合同当天,美元兑日元即期汇率为1 USD=115 JPY;9个月后,美元贬值,日元升值,美元兑日元即期汇率为1 USD=110 JPY。

请回答:日本出口商因交易风险而承受的损失为多少?

合同签订日,日本出口商可以收到汽车出口收入折合日元为:

10 000 000×115=1 150 000 000(日元)

9个月后,当美国进口商支付货款时,因美元贬值,日元升值,日本出口商可以收到汽车出口收入折合日元为:

10 000 000×110=1 100 000 000(日元)

日本出口商因交易风险而承受的损失为:

1 150 000 000−1 100 000 000=50 000000(日元)

(二)会计风险

会计风险又称转换风险或折算风险,是指外汇汇率的变动所引起的经济主体资产负债表以及损益表中以外币计价项目金额的变动,其带来损失的可能性。以外币计价项目(资产、负债、收入和费用)的发生额,在对其进行会计处理时,必须按照本币进行重新表述,将功能货币转换成记账货币,在此过程中,汇率波动可能产生账面损失。

会计风险属于账面风险,并不是实际交割时所发生的实际风险。会计风险有两种形式:资产负债表会计风险和损益表会计风险,分别体现在资产负债表和损益表中。

1. 资产负债表会计风险

资产负债表会计风险是指经济主体所持有的以外币计价的资产或者负债,因汇率的变化而发生账面余额变化,其带来损失的可能性。

【例 7-3】 假设日本某跨国公司在美国有一家子公司,某年 2 月 8 日,该子公司在美国当地购入一批固定资产,价值 1 000 万美元,全部固定资产经验收入库。购置固定资产当日,美元兑日元的即期汇率为 1 USD=113.85 JPY;当年 12 月 31 日会计结算日时,美元兑日元的即期汇率为 1 USD=113.80 JPY。

请回答:这批固定资产因会计风险而产生的账面损失为多少?

这批固定资产在购置日的账面价值为:

10 000 000×113.85=1 138 500 000(日元)

这批固定资产在当年 12 月 31 日会计结算日时的账面价值为:

10 000 000×113.80=1 138 000 000(日元)

这批固定资产因会计风险而产生的账面损失为:

1 138 500 000−1 138 000 000=500 000(日元)

从现金流量的角度来看,会计风险对企业的生产经营并未产生直接的影响,只有当以美元计价的固定资产被出售并兑换为日元时,汇率变化带来的损益才会通过现金流量的增减变化反映出来。但从财务管理的角度来看,会计风险改变了资产负债表的状况,使资产、负债以及所有者权益之间的结构和相互关系发生相应的变化,对企业资信状况的影响是深刻而广泛的。

2. 损益表会计风险

损益表会计风险是指经济主体的外汇收益或亏损因汇率的变化而发生账面余额变化,其带来损失的可能性。例如,一家德国公司在加拿大有一家子公司,子公司的利润为 100 万加拿大元,在年终结算时,如果当时的汇率水平不同,反映在德国总公司损益表上的利润也不同。与资产负债表会计风险相同,汇率的变化不会影响企业生产经营中实际的现金流量状况,而是影响企业的账面业绩状况,这种变化同样会影响投资者对企业资信情况的评估,从而间接影响企业的经营情况。

(三) 经济风险

经济风险又称经营风险,是指出乎意料的汇率波动所引起的经济主体未来一定期间内收益可能产生变化的潜在风险。

汇率的变动会影响企业的生产成本、销售价格以及销售数量等,使企业盈收发生变化。其风险的大小取决于汇率变动对生产成本、销售价格以及销售数量等因素的影响程度。

交易风险、会计风险、经济风险的不同体现为以下几点。

(1) 交易风险侧重于每笔单独交易由汇率发生意料不到的变化而引起交易结果的变动;而经济风险则侧重于企业的总体经营风险,是从企业的整体来预测未来一定时间内所发生的现金流量变化。

(2) 交易风险是现实的风险,侧重于已经发生了的以外币计价的交易由汇率变动造成的资产或负债的实际变化;而经济风险是一种潜在风险,具有不确定性。

(3) 经济风险相对复杂。经济风险的避免与否很大程度上取决于企业的预测能力。预测的准确程度将直接影响企业在生产、销售和融资等方面的战略决策。因此,经济风险对企业的影响比交易风险和会计风险大,其不但影响公司在国内的经济行为和效益,而且直接影响到公司的涉外经营效益或投资效益。此外,与交易风险和会计风险的表现形式相比,经济风险是一种长期的风险。

例如,德国某汽车公司在本国市场销售汽车,它的主要竞争对手是日本汽车公司。因此,德国汽车公司需要承担欧元兑日元汇率变化的经济风险。这是因为如果欧元兑日元汇率上升,日本汽车公司就能以低于原来的价格在德国市场上销售汽车,其相对德国汽车公司获得价格方面的竞争优势。德国汽车公司如果不降低售价就会有失去市场份额的危险,如果降低售价就会减少收入,这就是德国汽车公司所要承担的经济风险。

第二节　外汇风险管理概述

一、外汇风险管理的概念和原则

外汇风险管理是指外币资产的所有者通过对风险的识别、衡量以及控制预防或消除外汇业务风险,从而减少或规避可能的经济损失,实现风险一定的前提下,收益尽可能最大化,或者收益一定的前提下,风险尽可能最小化。

外汇风险管理也应遵循相应的原则。

(1) 宏观经济原则。在处理微观经济利益与国家整体宏观利益的问题上,企业、部门等微观主体通常尽可能减少或避免外汇风险损失,并将其转嫁给银行、保险公司,甚至是国家财政。但在实际业务操作中,应把两者利益尽可能很好地结合起来,共同防范风险损失。

(2) 分类防范原则。对于不同主体、不同类型、不同传递机制的外汇汇率风险,需采取不同的适用方法来进行分类防范,不应生搬硬套。例如,对于交易风险,应以选好计价结算货币为主要防范方法,辅以其他方法;对于债券投资的汇率风险,应采取各种保值为主的防范方法;对于外汇储备风险,应以储备结构多元化为主,又适时进行外汇抛补。

(3) 稳妥防范原则。该原则采用稳妥的方法使风险消失、转嫁,甚至从风险中避损得利,在外汇风险管理中通常坚持汇率风险中性的原则。

汇率风险中性是指企业以"保值"而非"增值"为核心开展汇率风险管理,把汇率波动纳入日常的财务决策,尽可能降低汇率波动对主营业务以及企业财务的负面影响,以实现预算达成、提升经营的可预测性、管理投资风险等主营业务目标。在高水平对外开放环境下,汇率风险中性是企业管理汇率风险的必然选择。与此相对,汇率风险非中性的具体表现包括:汇率风险管理意识薄弱;汇率风险管理目标混乱;完善的汇率风险管理制度未建立或实践中未被落实;开展汇率风险管理的专业能力不足;资产负债管理存在过度顺周期问题等。

根据某银行客户调研结果,2020 年在人民币汇率升值的背景下,第一,汇率对不同企业的影响存在明显差异:部分企业利润受汇率影响严重。这类企业主要具有以下特点:依赖美元,并将其作为单一结算币种;是纯出口型企业;未办理衍生业务进行汇率风险规避。部分企业未受到汇率波动影响,这主要包括两类企业:一类企业规模大,进出口业务均衡,即使结算币种均为单一币种美元,对企业的整体影响也较小;另一类企业具有汇率风险管理意识,采取了远期锁汇等规避风险措施。第二,汇率不同方向的波动以及不可预测性对涉外企业的影响是不同的。部分企业尽管出口量大,生产稳定,但其客户主要是境外强势的采购商,企业从签订订单到完成生产发货,一般需要1~3个月的时间,收款账期又需要2~3个月。在这段时间之内,若企业没有锁定远期的汇率风险,在人民币大幅升值的情况下,企业面临亏损;但当人民币大幅贬值时,境外客户则会要求企业重新调整订单价格,这类企业两头都很被动。因此,主动管理汇率风险,树立风险中性的管理理念,这是应对汇率波动的必然选择。

二、外汇风险管理的过程

(一) 风险识别

进行外汇风险管理,首先要识别具有哪些风险。应基于企业的经营目标以及生产、销售、库存等多个经营环节,清楚识别汇率风险的来源和特征。例如,企业在对外交易中要了解究竟存在哪些外汇风险,是交易风险、会计风险,还是经济风险;了解自身所面临的外汇风险中哪一种是主要的,哪一种是次要的,哪一种货币风险较大,哪一种货币风险较小;了解外汇风险持续时间的长短。

(二) 风险度量

在识别出外汇风险的基础上,要对外汇风险程度进行测算,综合分析所获得的数据和汇率情况,对风险暴露头寸和风险损益值进行计算,把握这些汇率风险将达到多大程度,会造成多少损失。外汇敞口额越大,时间越长,汇率波动越大,风险越大。因此,应经常测算各时期的外汇风险敞口额有多少,汇率的预期变化幅度有多大。

(三) 风险规避

风险规避即在识别和度量的基础上采取措施控制外汇风险,避免产生较大损失。确定汇率风险规避方案,需要在企业国际贸易汇率风险规避战略的指导下,选择具体的规避方法。企业应该在科学的风险识别和有效的风险度量的基础上,结合企业自身经营特点来选择风险规避战略。各种规避战略只有适用条件不同,并没有优劣之分。

企业在确定其风险规避战略的基础上,将进一步选择其规避风险方法。一般来说,可供企业选择的规避风险方法分为两大类:一类是以贸易谈判结合经营策略来规避汇率风险;另一类是利用金融衍生工具来规避交易风险,主要有期汇、期货、期权及其他金融衍生工具。不同的方法对应着不同的操作,但目的都是使"不确定性"得到确定,从而规避风险。

第三节 外汇风险管理方法

一、外汇风险的一般管理方法

(一) 选择计价货币

(1) 选择本币计价。选择本币作为计价结算货币不涉及货币的兑换,进出口商因而没有外汇风险。

(2) 选择自由兑换货币计价。选择自由兑换货币作为计价结算货币有便于外汇资金的调拨和运用,一旦出现外汇风险,可以立即将原来所用货币兑换成另一种有利的货币进行计价结算。

(3) 选择有利的外币计价。根据货币汇率变化趋势,选择有利的货币作为计价结算货币,这是一种根本性的防范措施。其基本原则是"收硬付软",即在出口货物时收取"硬"货币,在进口货物时支付"软"货币。由于一种结算货币的选择与货币汇率走势、与他国的协商程度及贸易条件等有关,在实际操作中,应全盘考虑,灵活掌握,真正选好有利币种。

(4) 选择一篮子货币。这是指通过使用两种以上的货币计价消除外汇汇率变动带来的风险。

(5) 软硬货币搭配。软硬货币此降彼升,具有负相关性质。进行合理搭配,能够减少汇率风险。交易双方在选择计价货币难以达成共识时,可采用这种折中的方法。对机械设备的进出口贸易,由于时间长、金额大,也可以采用这种方法。

(二) 运用平衡抵消法

(1) 平衡法,又称配对法,指交易主体在一笔交易发生时,再进行一笔与该笔交易在货币、金额、收付日期上完全一致,但资金流向相反的交易,以抵消两笔交易面临的汇率变化影响。

平衡法具体包括两种:①单项平衡法,指在外汇交易中做到收付币种一致,借、用、收、还币种一致,借以避免或减少风险;②综合平衡法,指在交易中使用多种货币,软硬货币结合,多种货币表示头寸并存,将所在单项多头与空头合并,由此使多空两相抵消或在一个时期内各种收付货币基本平衡。综合平衡法比单项平衡法更具灵活性,效果也较显著。

(2) 组对法,指交易主体通过利用两种资金的流动对冲抵消或减少风险。

前述平衡法是基于同一种货币的对冲,而组对法则是基于两种货币的对冲。组对法比较灵活,也易于运用,但若组对不当反而会产生新的风险。因此,必须注意组对货币的选择。

(3) 借款法,指有远期外汇收入的企业通过向银行借入一笔与远期收入相同币种、相同金额和相同期限的贷款防范外汇风险。

借款法的特点在于能够改变外汇风险的时间结构,在当下就把未来的外币收入从银行借出来,以供支配,这就消除了时间风险,届时外汇收入进账,正好用于归还银行贷款。不过借款法只是消除了时间风险,却并没有消除外币对本币价值变化的风险。

(4) 投资法,指当企业面对未来的一笔外汇支出时,其将闲置的资金换成外汇进行投资,待支付外汇的日期来临时,用投资的本息(或利润)付汇。

投资法和借款法都是通过改变外汇风险的时间结构规避风险,但两者却各具特点,前者是将未来的支付移到现在,而后者则是将未来的收入移到现在,这是主要的区别。

(三) 利用国际信贷

(1) 出口信贷,指为了提高本国大型成套机器设备或大型工程项目的出口竞争力,由出口方银行或政府给予补贴或优惠贷款。

出口信贷有四个特点:①贷款限定用途,只能用于购买出口国的出口商品;②利率较市场利率低,利差由政府补贴;③属于中长期贷款;④出口信贷发放与信贷保险相结合。出口信贷又包括卖方信贷和买方信贷。卖方信贷(supplier's credit)即由出口商所在地银行对出口商提供的贷款;买方信贷(buyer's credit)即由出口商所在地银行对外国进口商或进口方的银行提供的融资便利。

(2) 出口押汇,指出口商在收到信用证的情况下,因资金短缺,在货物装船发货后,将信用证要求的有关全套单据交到银行,以出口单据作为抵押,银行把与货款等额的外汇付给出口方。

(3) 打包放款,指出口商在备货过程中资金出现短缺,可利用国外进口商银行开来的信用证作为抵押,向本国银行申请贷款。

(4) 福费廷,又称包买票据,指包买商从出口商那里无追索地购买已经承兑的并通常由进口商所在地银行担保的远期汇票或本票,从而提前取得现款的业务。

在这种交易中,出口商及时得到货款,并及时地将这笔外汇换成本币,实际上转嫁了两种风险:一是把远期汇票卖给金融机构,出口商立即得到现汇,消除了时间风险,且以现汇兑换本币,也消除了价值风险,从而把外汇风险转嫁给了金融机构;二是福费廷是一种卖断行为,通过福费廷,到期进口商不付款的信用风险也被转嫁给了金融机构,这也是福费廷交易与一般贴现的最大区别。

(5) 保付代理,指出口商装运货物取得单据后,立即把有关单据卖给保付代理机构以获得现金。

出口商在对收汇无把握的情况下,往往向保理商叙做保付代理业务。该种业务结算方式很多,最常见的是贴现方式。由于出口商能够及时地收到大部分货款,与托收结算方式比较起来,保付代理不仅避免了信用风险,还减少了汇率风险。

(四) 运用系列保值法

(1) 合同中加列保值条款。保值条款是指经贸易双方协商,同意在贸易合同中加列分摊未来汇率风险的货币收付条件。在保值条款中,交易金额以某种比较稳定的货币或综合货币单位保值,清算时按支付货币对保值货币的当时汇率加以调整。在长期合同中,往往采用这类做法。这种方法主要有黄金保值条款、外汇保值条款、一篮子货币保值。

(2) 调价保值。在国际贸易中,出口收硬币、进口付软币是一种理想的选择,但实际情况有时只能是"一厢情愿"。在某些场合,出口不得不收取软币,而进口被迫用硬币。此时就要考虑实行调价避险法,即出口加价和进口压价,借以尽可能减少风险。调价保值包括加价保值和压价保值等。加价保值法指当出口商接受软币计价时,将汇率损失摊入出口商品的价格中,以转移汇率风险;压价保值法指当进口商接受以硬币付汇时,将汇率损失从进口商品价格中予以剔除,以转嫁汇率风险。

(五) 利用各种外汇交易

(1) 即期合同法,指具有外汇债权或债务的公司与银行签订卖出或买入即期外汇合同,以消除外汇风险。

通过即期合同法防范外汇风险关键是要实现资金的反向操作。企业如果在近期有出口收汇,就应卖出相应的外汇头寸;若在近期有进口付汇,则应买入相应的外汇头寸。

(2) 远期合同法,指具有外汇债权或债务的公司与银行签订卖出或买入远期外汇的合同,以消除外汇风险。

远期合同法下,对出口商来说,在签订贸易合同后,按当时的远期汇率预先卖出合同金额和币种的远期外汇,到收到货款时再按原定汇率进行交割;对进口商来说,预先买入所需支付合同金额和币种的远期外汇,到支付货款时再按原定汇率进行交割。远期合同法的优点为,将防范外汇风险的成本固定在一定的范围内,同时将不确定的汇率变化因素转化为可计算的因素,这有利于成本核算。

【例7-4】 假设某英国公司向美国出口一批价款为100万美元的商品,6个月后收款。为了防止美元贬值,该公司同银行做了一笔远期外汇交易,卖出远期美元。银行报出的英镑兑美元的汇率如下:即期汇率 GBP/USD＝1.341 3/1.344 1,6个月远期差价120/124。

请回答:企业如何通过远期合同规避汇率风险?

根据计算公式可以得到6个月远期汇率:

GBP/USD＝(1.341 3＋0.012 0)/(1.344 1＋0.012 4)＝1.353 3/1.356 5

对于银行来说,此笔交易为用英镑买入美元,银行本着低价买进高价卖出的原则,使用的6个月远期汇率,为1英镑买进1.356 5美元。因此,6个月后,英国出口商收回英镑金额为:

1 000 000/1.356 5＝737 191(英镑)

企业通过远期合约锁定了未来可获得的英镑金额,可有效防止由美元可能出现大幅贬值带来的英镑收入的下降。

(3) 期权合同法,指具有外汇债权或债务的企业,通过外汇期权市场进行外汇期权交易,以消除或减少外汇风险。

与远期合同法相比,期权合同法更具有保值作用。因为远期合同法到期必须按约定的汇率履约,保现在值,不保将来值。但期权合同法可以根据市场汇率变动做选择,即既可履约,也可不履约,最多损失期权费。

【例7-5】 假设某出口企业预计1个月后收到出口货款100万美元,需要结汇,企业担心人民币升值导致结汇人民币金额减少,就买入面值100万美元、期限1个月的人民币看涨期权,执行汇率为1 USD＝6.56 CNY,期权费为1万元人民币,即企业初期需支付1万元人民币的期权费,锁定到期最低结汇汇率。

请回答:企业如何通过期权合同规避汇率风险?

到期日可能出现以下两种情形:

(1) 若到期日人民币升值,美元兑人民币汇率低于6.56,假设为6.50,则企业对人民币看涨期权行权。

企业按1 USD＝6.56 CNY的行权价格进行结汇:

1 000 000×6.56＝6 560 000(元)

如果按照到期日即期汇率1 USD＝6.50 CNY进行结汇:

1 000 000×6.50＝6 500 000(元)

由于企业行权获得的货款为6 560 000元,大于企业按照到期日即期汇率进行结汇获得的货款与所付出的期权费用之和6 510 000元。所以企业通过买入人民币看涨期权成功规避了人民币升值的风险。

(2) 若到期日人民币贬值,美元兑人民币汇率高于6.56,假设为6.70,则企业放弃对人民币看涨期权行权。

企业直接以到期日即期汇率1 USD＝6.70 CNY进行结汇:

1 000 000×6.70＝6 700 000(元)

企业通过期权不行权可以从人民币汇率波动赚取的收益为:

6 700 000－6 560 000－10 000＝130 000(元)

(4) 掉期合同法,指具有远期的债务或债权的公司,在与银行签订卖出或买入即期外汇的同时,再买入或卖出相应的远期外汇,以防范风险。

【例 7-6】 假设某外贸企业近期借入一笔金额为 100 万美元、期限为 3 个月的跨境融资,借入期间需结汇成人民币使用,到期时需归还美元本金和利息。

请回答:企业如何通过掉期合同来规避汇率风险?

为了锁定收付两端成本,该企业可以与银行签订一笔同时约定近端结汇、3 个月后购汇的掉期结售汇合约。

例如,锁定近端结汇汇率为 1 USD=6.520 0 CNY,3 个月后购汇价格为 1 USD=6.585 0 CNY。

3 个月后,无论汇率如何变动,企业均按照约定的汇率购汇后归还美元融资,锁定了换汇成本,可以避免汇率波动风险,满足企业本外币资金错配的管理需求。

二、外汇风险的综合管理方法

(一) BSI 法

BSI 法即借款-即期合同-投资(borrow-spot-invest)法,是指在存在外汇应收或应付账款的情况下,有关经济主体通过借款、即期外汇交易和投资的程序,争取消除外汇风险的风险管理办法。

BSI 法在应收账款中的应用:为防止以外币计价的应收账款贬值,企业先从银行借入与应收外汇相同数额的外币,借款期限到收汇日,同时通过即期交易,把外币兑换成本币,然后将本币存入银行或进行投资,以投资收益来补贴借款利息和其他费用,届时应收账款到期,就以外汇货款来归还银行贷款。

【例 7-7】 假设澳大利亚出口商出口一批货物,价值 100 万美元,3 个月后收到货款,签订合同时美元兑澳大利亚元的即期汇率为 1 USD=1.37 AUD,该笔 100 万美元的货款折合为 137 万澳大利亚元。

请回答:为了避免 3 个月后美元贬值、澳大利亚元升值的风险,出口商如何采用 BSI 法对出口应收账款进行风险防范?

BSI 法具体操作流程如下:

签订合同当日,出口商从银行借入 100 万美元外币贷款,期限为 3 个月,假设年利率为 4%。这样,100 万美元应收账款的时间风险就从 3 个月后转移到了现在。为此,该出口商要支付的利息费用为:

$1\ 000\ 000 \times 4\% \times 3/12 = 10\ 000$(美元)

当天,出口商再将借入的 100 万美元通过即期外汇市场卖出,兑换成本币,从而消除 100 万美元带来的汇兑风险。按照合同签订日的即期汇率 1 USD=1.37 AUD,100 万美元可兑换得:

$1\ 000\ 000 \times 1.37 = 1\ 370\ 000$(澳大利亚元)

出口商及时地将兑换所得的 137 万澳大利亚元进行短期投资,期限 3 个月,假设年利率为 5%。3 个月后,其可以获得的利息收入为:

$1\ 370\ 000 \times 5\% \times 3/12 = 17\ 125$(澳大利亚元)

如果 3 个月后,美元贬值澳大利亚元升值,假设 3 个月后美元兑澳大利亚元的即期汇率为 1 USD=1.36 AUD,澳大利亚出口商收到货款 100 万美元,还掉银行美元贷款。利息支出 1 万美元折合澳大利亚元为 1.36 万澳大利亚元,小于利息收入 1.7125 万澳大利亚元。

综上,出口商不仅通过 BSI 法消除了应收账款的外汇风险,还获得利息收入:

17 125－13 600＝3 525(澳大利亚元)

BSI 法在应付账款中的应用:为防止以外币计价的应付账款升值,在签订贸易合同后,进口商先从银行借入购买应付外币所需的本币贷款,同时在即期外汇市场用本币购进未来结算所需支付的外币,然后将这笔外币用于投资,投资期限与付款期限相同,付款到期时,收回外币投资,并支付货款。

【例 7-8】 我国某企业进口一批货物,计价货币为美元,货值 500 万美元,3 个月后付款。签订合同时的即期汇率为 1 USD＝6.38 CNY,需要 3 190 万元人民币才能兑换 500 万美元。

要求:为了避免 3 个月后美元升值、人民币贬值的风险,进口商如何采用 BSI 法对进口应付账款进行风险防范?

BSI 法具体操作流程如下:

签订合同当日,进口商从银行借入等值 500 万美元的人民币 3 190 万元,期限为 3 个月,假设年利率为 4%。需支付利息:

31 900 000×4%×3/12＝319 000(元)

进口商将所借的人民币通过即期交易兑换成 500 万美元,并将其用于 3 个月短期投资,假设年利率为 5%。3 个月后,将收回外币投资本息和:

5 000 000＋5 000 000×5%×3/12＝5 062 500(美元)

如果 3 个月后,美元升值人民币贬值,假设 3 个月后美元兑人民币即期汇率为 1 USD＝6.40 CNY,进口商支付货款 500 万美元。6.25 万美元按 1 USD＝6.40 CNY 折合人民币,利息收入为:

62 500×6.4＝400 000(元)

偿还银行贷款本息:

31 900 000＋319 000＝32 219 000(元)

实际支付:

32 219 000－400 000＝31 819 000(元)

实际支付的金额 31 819 000 元小于货款 31 900 000 元。综上,进口商不仅通过 BSI 法消除了应付账款的外汇风险,而且少支出了 81 000 元。

(二) LSI 法

LSI 法即提前收付-即期合同-投资(lead-spot-invest)法,是指在存在外汇应收或应付账款的情况下,在征得债权方或债务方的同意后,综合运用提前或延期收付货款、即期外汇合同和投资来消除外汇风险的风险管理办法。

LSI 法在应收账款中的应用:为防止以外币计价的应收账款贬值,由应收账款企业承诺给予进口商以一定折扣,并征得对方同意后,让进口商提前支付货款,以消除时间风险;通过银行签订即期合同,将收取的外币兑换成本币,从而消除价值风险;将换回的本币用于投资,所获得的收益用于抵补因提前收汇造成的折扣损失。

【例7-9】 美国出口商出口一批货物,价值100万欧元,6个月后收到货款,签订合同时的即期汇率为1 EUR=1.13 USD,该笔100万欧元的货款可被折合为113万美元。

要求:为了避免6个月后欧元贬值造成美元货款减少的风险,出口商如何采用LSI法对出口应收账款进行风险防范?

LSI法具体操作流程如下:

美国出口商在征得债务人同意后,请其提前6个月支付100万欧元的出口应收账款,并同意给予债务人2%的折扣。按照当时的即期汇率1 EUR=1.13 USD计算,折扣金额折合为:

1 000 000×2%×1.13=22 600(美元)

从而将外币收款的时间风险转移到现在。出口商将收到的98万欧元货款通过即期外汇交易,按照1 EUR=1.13 USD的汇率卖给银行,换得:

980 000×1.13=1 107 400(美元)

出口商将兑换到的110.74万美元用于短期投资活动,期限6个月,假设年利率为6%,则到期时出口商共收回本金和利息为:

1 107 400+1 107 400×6%×6/12=1 140 622(美元)

综上,出口商不仅通过LSI法消除了应收账款的外汇风险,而且还获得了收益,收益为:

1 140 622−1 130 000=10 622(美元)

LSI法在应付账款中的应用:为防止以外币计价的应付账款升值,在签订贸易合同后,进口商先从银行借入购买应付外币所需的本币贷款,以消除时间风险;将借入的本币通过即期合同兑换成外币,以消除汇率变动引起的价值风险;将兑换后的外币提前支付给出口商,并得到一定数额的折扣,其所获得的折扣可完全或部分抵补借款利息的损失。

【例7-10】 我国某企业进口一批货物,计价货币为美元,货值100万美元,6个月后付款。签订合同时的即期汇率为1 USD=6.38 CNY,需要638万元人民币才能兑换100万美元。

要求:为了避免6个月后美元升值人民币贬值的风险,进口商如何采用LSI法对进口应付账款进行风险防范?

LSI法具体操作流程如下:

我国进口商在征得出口商同意后提前付款,获得3%的优惠折扣。进口商根据签订合同时的即期汇率1 USD=6.38 CNY借入期限为6个月、年利息为4%的人民币:

1 000 000×(1−3%)×6.38=6 188 600(元)

进口商立即将所借的618.86万元人民币通过即期交易兑换为97万美元,并支付给出口商。

6个月后进口商偿还银行贷款本息和共为:

6 188 600+6 188 600×4%×6/12=6 312 372(元)

进口商偿还银行贷款本息和小于638万元人民币。

综上,我国进口商不仅通过LSI法消除了应付账款的外汇风险,而且减少了支付金额,金额为:

6 380 000−6 312 372=67 628(元)

第四节　人民币国际化与外汇风险管理

美国经济学家弗雷德里克·米什金(Frederic S. Minshkin)曾在其著作《下一轮伟大的全球化》(*The Next Great Globalization*)中说道:"发达国家很少发生货币危机和金融危机的双重危机,因为其债务结构与新兴市场国家的非常不同。发达国家的债务通常以本币计值,而且期限较长。当发达国家货币贬值的时候,贬值对企业资产负债表的影响非常有限,因为债务以本币计值。因此,贬值并不会引发金融危机。"

汇率风险管理是所有涉外企业和主体所要面对的一个永恒的主题。随着中国外汇市场的不断发展,风险对冲工具会越来越多,市场流动性会越来越好。但是,再多再好的汇率风险对冲管理均无法跟本币结算相比,且任何衍生工具本身均自带风险。因此,要消除汇率风险,唯一的办法就是不要出现货币敞口,尽可能地使用本币结算。而只有本币实现国际化,成为国际硬币,才能提高本币国际市场话语权,更好地实现国际贸易及投融资的本币计价结算。因此,人民币国际化是在市场驱动和主体自主选择的市场环境中水到渠成的过程。

一、人民币国际化

(一) 人民币国际化进程现状

我国自2009年7月启动跨境人民币结算试点起,人民币国际化进程稳步推进,跨境人民币业务政策不断优化,金融市场开放力度持续加大,人民币国际货币的地位获得显著提升。特别是在新冠肺炎疫情冲击全球贸易、金融及经济的背景下,人民币跨境使用仍保持韧性并呈现增长趋势。

(1) 人民币的支付货币功能不断增强。2020年,我国人民币跨境收付金额合计28.4万亿元,同比增长44%,与全球220多个国家和地区发生跨境人民币收支。根据环球银行金融电信协会(Society for Worldwide Interbank Financial Telecommunications, SWIFT)2021年6月的数据,人民币是全球第五大支付货币,人民币支付金额占所有货币支付金额约2.5%,较去年同期上升0.7个百分点。

(2) 人民币投融资货币功能持续深化。截至2021年6月末,境外主体持有境内人民币股票、债券、贷款以及存款等金融资产金额合计10.26万亿元,同比增长42.8%;人民币是全球第三大跨境贸易金融货币,仅次于美元和欧元;是全球第五大外汇即期交易货币,居美元、欧元、英镑、日元之后。

(3) 人民币储备货币功能逐渐显现。截至2021年一季度末,IMF公布的外汇储备币种构成调查(COFER)报送国持有的人民币储备规模为2 874.64亿美元,占标明币种构成外汇储备总额的2.5%,居第五位,是IMF自2016年开始公布人民币储备资产以来的最高水平。据不完全统计,全球已有70多个央行或货币当局将人民币纳入外汇储备。

(4) 人民币计价货币功能进一步实现突破。人民币在政府涉外统计、核算、管理中的计价功能进一步增强。人民币在大宗商品领域的计价结算使用不断取得突破,截至2020年年末,我国已上市原油、铁矿石、精对苯二甲酸(PTA)、20号胶、低硫燃料油、国际铜和棕榈油 7 个特定品种交易期货。境外交易者投资境内特定品种期货,可以使用人民币或美元等币种作为保证金,截至 2020 年年末,折成人民币计算,境外参与者累计汇入保证金 711.44 亿元,累计汇出 779.96 亿元,其中人民币占比分别为 73.3% 和 84.3%。

(二) 人民币国际化给中国企业带来的好处

1. 以本币结算实现自然对冲,帮助企业规避汇率风险

采用本币计价结算各类跨境商务合同,以人民币计算成本,以人民币计算收益,有助于实现自然对冲。目前,我国境内主体与境外各经济体主体之间(也即居民与非居民之间)可以人民币开展各类跨境业务。

长期以来,我国进出口贸易绝大部分以美元、欧元、日元等他国货币进行结算,汇率波动风险也主要由境内贸易商承担。对进出口企业来说,从订立合同到结算收汇或付汇需要较长时间,汇率变化很难预计,因此往往要承担期间汇率波动带来的风险,对外贸易所应获得的利润常常因汇率波动而下降甚至发生损失。2005 年"8.11"汇改以后,人民币进入升值通道,美元、欧元等货币相对贬值,大量出口企业蒙受损失,汇率的剧烈波动使得不少企业不敢接单。而随后两年,人民币又呈贬值趋势,汇率的剧烈波动又使得进口企业往往需要付出更多人民币用以购买美元或欧元进行对外支付。

采用人民币进行跨境贸易的计价结算,可以大大消除企业所承受的外币汇率风险,有效帮助企业规避汇率风险。尤其是"走出去"的外向型企业,在对外承包工程、技术输出、劳务输出的过程中,其面临着项目工期长、资金回收期长的风险,容易受到汇率波动的风险。采用本币计价结算则消除了一定的汇率风险,有利于中国企业获得海外发展新空间。

2. 有利于企业节约汇兑成本与时间,降低财务成本

一方面,企业采用本币进行跨境贸易结算,进出口收付款无需进行货币兑换,可以避免因汇兑而耗费的时间以及产生的汇兑成本,有利于提高资金的结算效率,加快资金周转,更利于企业锁定利润空间,节省部分财务成本。

另一方面,在对外贸易中若以非本币进行结算,为规避汇率风险,往往需要委托银行进行衍生品交易,使用金融工具锁定汇率风险,由此会产生一笔可观的交易手续费。若采用本币进行跨境贸易结算,则可省去企业所承担的衍生交易费用,为企业降低财务成本。

3. 便利企业办理各种贸易融资,提高企业经营效率

采用人民币结算也有助于银行向进出口商提供各种贸易融资产品,不会给企业增加额外财务负担,跨国企业还可以通过资金池等业务协助企业灵活高效管理资金。

此外,跨境人民币结算可简化结算手续,缩短结算流程,提高资金使用效率。企业用人民币结算可以避免币种汇兑,减少汇兑本身就减少了资金流动的汇兑环节,简化结算程序,免去购汇、结汇手续,也就免除了因为购汇、结汇而大量占用的人民币,企业就可以充分利用未被占用的人民币进行其他相关业务,提高资金使用效率。

4. 促进对外贸易发展,实现企业与贸易伙伴互利共赢

人民币国际化给我国进出口贸易提供了便利环境,有助于我国对外贸易的发展;同时,人民币国际化降低了我国进出口商对外贸易的交易成本,提高了我国对外贸易投资的竞争力。在为我国企业带来好处的同时,人民币国际化也为境外贸易伙伴带来贸易便利化、规避汇率风险、降低经营成本等诸多好处。对"一带一路"沿线本国货币波动较大的企业来说,人民币国际化可以避免本国货币汇率波动带来的风险。随着我国与"一带一路"

沿线国家贸易往来的日益密切,直接采用双方货币中的一种而非第三方货币进行结算更有利于贸易便利、交易结算成本降低。长期以来,人民币币值相对于新兴市场国家货币与部分发达国家货币,表现更加平稳。贸易伙伴国运用人民币进行贸易投资,可分享中国经济发展成果,提高投资收益。采用跨境人民币结算,不仅有助于贸易双方共赢,也有利于对外贸易持续健康开展。

二、跨境人民币服务外汇风险管理案例

(一) 货物贸易

多年来,我国大宗商品交易基本上都是以美元为计价和结算货币,国内进口企业只能被动接受价格变动并承受汇率风险。以境内某钢铁集团为例,其生产的钢材以内销为主,自有外汇资金较少,进口铁矿石所需美元几乎全部来自购汇,汇率风险非常突出,汇兑损益波动很大。2020年以来,该集团在与淡水河谷、必和必拓、力拓进口铁矿石的贸易中,开始使用跨境人民币结算。在此过程中,银行借助区块链贸易融资平台Contour完成了信用证开立、交易、审核和签发等流程。随着交易流程的不断完善,该集团已从试单向一定数量的常态化结算过渡,成为国内第一家常态化进行铁矿石人民币跨境结算的企业。这不仅标志着铁矿石领域人民币结算取得重大突破,也形成了一些可资借鉴的经验,对其他大宗商品人民币结算起到积极示范作用。

(二) 境外直接投资

境内某企业是一家外向型石化企业,围绕石化产业链投资发展,其香港公司在"一带一路"沿线国家文莱投资建设石化项目,利用国外资源推动企业转型升级。考虑项目80%的投资建设工程及设备供应由中国企业提供,为减少汇率波动对项目的影响,该企业的文莱子公司与境内供应商和承建方签署工程及设备采购合同时,选择以人民币作为结算货币。为匹配后续人民币使用需要,减少货币汇兑的财务成本,该企业决定以人民币对外出资,投资款用于境内供应商和承建方结算。境内银行协助企业在办理直接投资登记、前期费用汇出、资本金汇出等各环节均使用人民币,帮助企业节约财务成本数百万元,同时有效降低汇率风险。

(三) 人民币全口径跨境融资

境内某企业是大型石化企业,需要人民币资金周转,满足其日常经营需要。2019年上半年,境内人民币流动性趋紧,推动人民币融资成本走高。了解到该企业需求后,境内A银行深入剖析该企业经营模式,紧密联动其境外B银行,充分把握离岸人民币融资成本较境内人民币利率低的价格窗口期,为企业设计了全口径跨境融资服务方案:由企业向A银行提出申请,在该企业全口径跨境融资额度内,由A银行开出融资性保函作为该企业向境外B银行申请融资的担保,由境外B银行为该企业发放人民币融资。此方案在满足企业人民币融资需求的同时,有效节约了综合融资成本,减少企业汇兑风险。

(四) 跨境人民币境外放款

境内某企业是一家主营化工新材料研发和生产的企业,在印度设立了子公司H。2018年印度卢比大幅度贬值,印度当地融资成本高企,在当地银行融资给企业经营带来巨大的财务压力。为此,境内M银行为该企业设计了跨境人民币境外放款方案,由境内该企业与印度子公司H签订人民币借款合同,由该企业向其印度子公司H提供人民币借

款,人民币境外放款利率按照商业原则,由借贷双方协商确定(但应大于0)。该方案有效解决了企业融资难、融资贵的问题,节省了企业的财务成本,在不利的经济形势和经营环境下,A企业借助跨境人民币融资支持稳定了局面。

(五)利用跨境双向人民币资金池

境内某银行为S集团开展跨境双向人民币资金池业务。业务开展期间,境内人民币贷款利率在5%以上,境外人民币贷款利率在3%左右,境外人民币贷款利率明显低于境内。此时,S集团以海外平台公司为主体在境外融资获得人民币,通过跨境双向人民币资金池将境外低成本融资资金调拨至境内资金池专用账户。主办企业根据成员企业需求,将跨境双向人民币资金池归集的资金下拨给境内成员企业,每年可为集团整体节约近1 400万的融资成本,有效降低了企业财务成本。此外,使用跨境双向人民币资金池,不光避免了汇率风险,也省去了境内企业进行外债登记及开立外债账户的流程,有效提高了资金调拨效率,降低了企业财务成本。

三、自由贸易账户

自由贸易账户是指银行等金融机构根据客户需要在自贸试验区分账核算单元开立的规则统一的本外币账户。自由贸易账户是上海自贸区金融改革开放推进的一项基础设施建设,目前,已被复制推广至海南、天津、广东和深圳等地自贸区。

自由贸易账户主要有五类:自贸区内机构自由贸易账户、境外机构自由贸易账户、自贸区内同业机构自由贸易账户、居民个人自由贸易账户、境外个人自由贸易账户。

相较于传统银行账户,自由贸易账户可以给企业带来如下优势。

(1) 自由贸易账户是一套以人民币为本位币、多种外币账户为子账户、本外币合一的账户体系,可以减少企业因不同币种收支而需要申请多个账户,且相关资金兑换划转需要层层审批的操作程序,降低账户管理成本,缓解资金分散在不同账户的效率低下问题。例如,某微电子有限公司本来分别有近20个人民币账户、10个外币账户。自由贸易账户推出以后,该企业开立了一个自由贸易账户办理多币种的跨境收付汇业务,从而实现了账户统一管理,节约了成本。

(2) 自由贸易账户内资金自由兑换,企业可以根据需要自主决定汇兑的时间、数量和价格,自主选择跨境结算和交易的币种,货币兑换更为便捷,从而降低汇兑风险,减少汇兑成本。

(3) 通过自由贸易账户,企业可以充分利用境内外两种资源、两个市场,充分对接境内外大量廉价资金,解决融资问题,以更低融资成本在全球范围内获得融资用于贸易投资,进而降低企业财务成本。

(4) 通过自由贸易账户,企业可以在更大范围内自主开展跨境投资、全功能型跨境双向资金池、跨境贸易融资等业务,提升企业资金使用效率。

课程思政案例

适应汇率双向波动 树立风险中性理念

人民币汇率问题是当前各界高度关注的一个问题。在一个汇率波幅加大的世界里,如何做好汇率风险管理,对企业尤其是国际业务占比较高企业的财务绩效十分重要。

从外汇局的调查结果看,目前我国企业避险保值意识亟待加强。为了解企业汇率风险管理现状,外汇局对2 400多家企业开展了问卷调查。调查显示,在人民币汇率市场化进程中,企业的汇率风险管理水平不断提升,但也存在一些值得关注的问题。一是风险管理意识相对薄弱。大多数企业汇率风险敞口对冲比例较低,甚至有企业不进行任何金融避险。一些大型外资企业超过100万美元的敞口就会制定汇率风险管理策略,而部分国内企业持有上亿美元的风险敞口,仍缺乏汇率风险管理意识。二是风险管理较为被动。调查显示,仅20%的企业能够严格遵照财务纪律,主动、及时规避汇率风险。相当一部分企业习惯在汇率波动加剧时才重视汇率风险管理,一些企业甚至利用外汇衍生品谋取收益或从事套利,偏离主业。三是汇率风险管理不到位导致"汇率浮动恐惧症"。市场供求变化决定了汇率双向波动的自然特征,但一些企业不习惯汇率波动。越缺少科学有效的汇率风险管理,越担心汇率波动。

影响企业选择汇率避险的因素主要有四个方面。一是以往汇率单边走向助长了企业押注汇率。历史上人民币汇率长期处于单边走向,波动幅度很窄,人民币汇率趋势预测比较容易,客观上助长了部分企业押注人民币汇率的倾向。二是企业不熟悉外汇衍生产品。相当数量的企业认为,现有外汇衍生品总体够用,增加新品种的需求并不十分迫切。对外汇衍生产品越熟悉的企业,办理外汇衍生品套保的比例越高;但仍有相当数量的企业不熟悉外汇衍生品。三是部分企业仍存在"赌博投机"心态。很多企业对套期保值认识不到位,习惯将外汇衍生品价格和到期市场价格比较,并以此作为财务管理的业绩考核依据。这表明企业对套期保值认识不到位,风险中性意识仍有待提升。四是部分企业认为套保成本高。

与此同时,我们还发现部分企业的资产负债管理存在过度顺周期问题。在人民币升值期间,通过增加外币债务(包括向境内银行借用外汇贷款)和加杠杆等方式,进行过度"资产本币化、负债外币化"的资产配置,赚取人民币升值收益;在人民币贬值期间,通过增加外币资产和加杠杆等方式,进行过度"资产外币化、负债本币化"的资产配置,赚取人民币贬值收益。盲目的顺周期财务运作极易引发风险。从微观层面看,企业不结合主业、经营实际状况合理布局自身资产负债结构,而通过财务运作过度增加杠杆和负债,盲目增大外汇风险敞口,在人民币汇率波动时将面临风险;从宏观层面看,在汇率有单边走势预期时,如果不采取套期保值,市场主体一致性行为将加速汇率单边走势,引发外汇供求矛盾以及外汇市场无序调整。

为了更好地满足市场主体的汇率风险管理需求,近年来我国外汇衍生品市场稳步发展,在丰富交易工具、扩大参与主体、优化基础设施等方面取得了不同程度的进展。2019年,国内外汇市场交易量29.1万亿美元,较2005年增长21倍,其中即期和衍生品交易量分别为11.4万亿美元和17.7万亿美元。外汇衍生品不断丰富,目前已覆盖远期、外汇掉期、货币掉期、普通欧式期权及其组合等多种交易品种。外汇衍生品市场参与银行日益增多,2019年年末,具有对客即期和衍生品资格的银行分别为518和105家,包括大中小型和中外资各类银行,市场服务可覆盖全国各地区,基本不存在空白。

就汇率风险管理,我们建议企业应聚焦主业,财务管理应坚持汇率风险中性原则。应适应人民币汇率双向波动的市场环境,克服汇率浮动恐惧症,理性面对汇率涨跌。应审慎安排资产负债货币结构,合理运用衍生品管理汇率风险,保持财务状况的稳健和可持续。应专注发展主业,不要将精力过多用于判断或投机汇率走势,避免背离主业或将衍生品交易变异为投机套利,承受不必要的风险。

外汇局将继续深化外汇市场改革,助力企业开展汇率风险管理。健全开放的、有竞争力的外汇市场,继续丰富外汇供求类型、扩大市场参与主体、完善市场基础设施,推动外汇市场的深化发展和对外开放,支持企业有效管理汇率风险。推动金融机构丰富避险产品,满足企业多样化避险保值需求,降低企业避险保值成本。提高市场透明度,便利市场主体理性判断外汇市场形势。加强宏观审慎管理,保持人民币汇率在合理均衡水平上的基本稳定。

资料来源:王春英.适应汇率双向波动树立风险中性理念[J].中国外汇,2020(23):12.

本章小结

(1) 外汇风险是指在一定时期内由于国际外汇市场汇率发生的变化,给企业、银行等经济组织及个人,以外币计价的资产(债权、权益)和负债(债务、义务)带来损益的可能性。外汇风险的构成一般包括三个要素:本币、外币和时间。外汇风险主要包括交易风险、会计风险和经济风险。

(2) 外汇风险管理是指外币资产的所有者通过对风险的识别、衡量以及控制,来预防或消除外汇业务风险,从而减少或规避可能的经济损失,实现风险一定的前提下,收益尽可能最大化,或者收益一定的前提下,风险尽可能最小化。外汇风险管理也应遵循相应的原则,如宏观经济原则、分类防范原则、稳妥防范原则。其中,遵循稳妥防范原则又包括坚持汇率风险中性的原则。

(3) 外汇风险管理的一般管理方法包括选择计价货币、运用平衡抵消法、利用国际信贷、运用系列保值法、利用各种外汇交易等,外汇风险的综合管理方法包括BSI法和LSI法。

(4) 随着中国外汇市场的不断发展,风险对冲工具会越来越多,市场流动性会越来越好。但是,要消除汇率风险,唯一的办法就是不要出现货币敞口,尽可能地使用本币结算。而只有本币实现国际化,成为国际硬币,才能提高本币国际市场话语权,更好地实现国际贸易及投融资的本币计价结算。因此,人民币国际化是在市场驱动和主体自主选择的市场环境中水到渠成的过程。

关键概念

外汇风险　外汇风险管理　汇率风险中性　BSI法　LSI法　人民币国际化自由贸易账户

本章习题

一、单项选择题

1. ( )是指未曾预料到的汇率变动影响企业的产品成本、价格和销售量,使得企业收益在未来一定时期内可能发生变化的潜在性风险。
   A. 转换风险　　　　B. 交易风险　　　　C. 会计风险　　　　D. 经济风险
2. 选择计价货币规避风险时,应该( )。
   A. 选择本币计价　　　　　　　　　B. 选择可自由兑换货币
   C. 收软付硬　　　　　　　　　　　D. 软硬币搭配
3. 进出口合同中利用两种以上货币计价来抵消或减少风险的方法是( )
   A. 平衡法　　　　　　　　　　　　B. 组队法
   C. 投资法　　　　　　　　　　　　D. 远期合同法

二、名称解释题

1. 经济风险
2. 汇率风险中性
3. BSI 法

三、简述题

1. 什么是外汇风险管理？外汇风险管理的原则与过程是什么？
2. 外汇风险管理的一般方法有哪些？
3. 人民币国际化能给企业带来哪些好处？

模拟交易篇
MONI JIAOYI PIAN

第八章 外汇交易原理

 知识概括

- 外汇交易的概念、特点及规则;外汇交易报价的术语与含义
- 外汇交易室;银行同业间外汇交易程序;外汇交易技巧
- 外汇实盘交易的概念、特点、内容及流程
- 外汇保证金交易的概念和优缺点;保证金相关的概念;保证金交易与实盘交易的区别

第一节 外汇交易概述

一、外汇交易的概念

外汇交易(foreign exchange,简称 FX 或 Forex)是指外汇买卖的主体为了满足某种经济活动或其他活动的需要,按特定的汇率和特定交割日进行的不同货币间的汇兑行为。

外汇是伴随着国际贸易而产生的,外汇交易是结算国际债权债务关系的工具。但是,近十几年,外汇交易不仅在数量上成倍增长,而且在实质上也发生了重大的变化。外汇交易不仅是国际贸易的一种工具,而且已经成为国际上重要的金融商品,外汇交易的种类也随着外汇交易的性质变化而日趋多样化。

二、外汇交易的特点

(1)拥有全球最大最公平的市场。外汇市场是全球最大、流通性最高的市场,庞大的市场容量使得投资者有足够的盈利空间,外汇交易流通量非常大,几乎没有任何人或者机构能够操纵市场。

(2)交易时间长,24 小时可交易。外汇市场 24 小时开放,因此外汇市场适合活跃的交易者,投资者可以根据自己的作息时间进行交易。

（3）交易成本低，没有任何佣金。外汇交易的成本是极低的，仅为买卖差价的几个点而已。此外，纯电子市场使得交易者可以直接与庄家进行交易，免除了佣金费用，从而可以进一步降低交易成本。

（4）可双向获利。外汇交易总是涉及货币对，在买一个货币的时候，就必然卖另一个货币。交易者既可持有多头头寸，也可持有空头头寸，无论行情如何，都有机会获利。

（5）可采用杠杆交易模式。杠杆比率是决定某个市场是否值得投资的重要因素之一，因为交易者可以通过对杠杆的运用来量身定做暴露于风险的程度。

三、外汇交易的规则

（一）统一报价

为使交易能迅速顺利地进行，交易各方都使用统一的标价方法，除了英镑、澳大利亚元、新西兰元、欧元采用间接标价法，一般都采用直接标价法。由于美元在国际金融中具有特殊地位，外汇市场大多采用以美元为中心的报价，除非特别说明，否则报出的汇率都是针对美元的。

（二）双向报价

银行在接受客户询价时，客户无须指明他想买入还是想卖出外汇，银行有义务做出双向报价，即同时报出买入汇率(bid price)和卖出汇率(offer price)，银行有义务承担以此汇率买卖外汇的交易，但是这一义务有时间界限。

（三）小数报价

外汇交易员在报出汇价时，按交易惯例，一般会省略大数(big figure)汇价，而仅报小数(small figure)汇价。如 GBP/USD=1.651 2 中 1.65 就是大数，汇价的最后两个数字 12 就是小数。交易员进行询价、报价以及成交的过程，只有几秒钟的时间，汇价的变动一般不可能影响大数汇价的变动，所以，在报价中，对即期外汇交易，一般只报出最后两位数，即小数汇价。

（四）交易单位为 100 万美元

外汇交易通常以 100 万美元的整数倍作为外汇交易额，如交易中的 one dollar 表示 100 万美元。需要注意的是，这种交易规则仅适用于银行间大批量的外汇交易，一般的进出口商或投资者感兴趣的是适用于小规模交易的汇率，此时则需要在询价时预先说明，并报出具体的交易金额。

（五）交易双方必须恪守信用

外汇交易的双方必须遵循"恪守信用"原则，交易一旦达成则不能返回。以电话达成的交易有电话交易录音，以电传达成的交易有电传机打印的交易记录，以交易系统达成的交易有该系统打印的文字记录。因此，交易双方不得以任何借口否认、要求变更或注销。

（六）交易术语必须规范化

为了能在汇率变动较为频繁的条件下迅速无误地成交，在外汇交易的磋商过程中，交易员经常使用简洁语言和行话来节省交易的时间。例如，one yours 即表示"我卖给你 100 万美元"。在进行外汇交易时要注意其语言的规范化。

四、外汇交易报价的术语及含义

(一) 货币对

货币对(currency pair)是由两种货币组成的外汇交易汇率,由两个 ISO 代码加一个分隔符表示,如 GBP/USD,其中第一个代码代表基准货币,另一个则是报价货币。在外汇交易中,当人们谈论买卖美元时,实际上他们是说美元对另一种货币的相对价值。例如,对于 USD/CNY 货币对,人们如果认为美元相对人民币价值会上升,就买入 USD/CNY 货币对,也就是买入美元,卖出人民币;人们如果认为美元相对人民币价值会下降,就卖出 USD/CNY 货币对,也就是卖出美元,买入人民币。

表 8-1　2007—2019 年外汇市场货币对日均交易量

交易量单位:10 亿元 USD

货币对	2007 年 数量	2007 年 占比	2010 年 数量	2010 年 占比	2013 年 数量	2013 年 占比	2016 年 数量	2016 年 占比	2019 年 数量	2019 年 占比
USD/EUR	892	26.8%	1 099	27.7%	1 292	24.1%	1 172	23.1%	1 584	24%
USD/JPY	438	13.2%	567	14.3%	980	18.3%	901	17.8%	871	13.2%
USD/GBP	384	11.6%	360	9.1%	473	8.8%	470	9.3%	630	9.6%
USD/AUD	185	5.6%	248	6.3%	364	6.8%	262	5.2%	359	5.4%
USD/CAD	126	3.8%	182	4.6%	200	3.7%	218	4.3%	287	4.4%
USD/CNY	—	—	31	0.8%	113	2.1%	192	3.8%	270	4.1%
USD/CHF	151	4.5%	166	4.2%	184	3.4%	180	3.6%	228	3.5%
USD/HKD	—	—	85	2.1%	69	1.3%	77	1.5%	220	3.3%

资料来源:国际清算银行网站。

外汇市场交易中最为常见的货币对被称为"主要货币对"。主要货币对都是以美元为基础的,它们分别是:USD/EUR(美元兑欧元)、USD/JPY(美元兑日元)、USD/GBP(美元兑英镑)、USD/AUD(美元兑澳大利亚元)、USD/CAD(美元兑加拿大元)、USD/CNY(美元兑人民币)、USD/CHF(美元兑瑞郎)(表 8-1)。

按照投资人交易货币对的不同,货币对可以分为直盘货币对和交叉盘货币对。直盘货币对是指包含美元的货币对,如美元兑日元、欧元兑美元等。交叉盘货币对是指不包含美元的货币对,如欧元兑日元、欧元兑英镑等。

(二) 做多与做空

买进合约者是多头(long)。如果外汇市场的交易者想要买入(意味着买入基础货币,卖出报价货币),就会希望基础货币升值,这样他可以在更高的价格把它卖掉。在交易术语中,这被称为"做多"。当一位交易者的买入量大于其卖出量,就认为他在市场上有一个多头头寸。

卖出合约者为空头(short)。如果外汇市场的交易者想要卖出(意味着卖出基础货币,买入报价货币),就会希望基础货币贬值,这样他可以在更低的价格把它买回来。在交易术语中,这被称为"做空"。当一位交易者的卖出量大于其买入量,就认为他在市场上有一个空头头寸。

例如,某投资者预期欧元相对于美元将要升值,就可以做多 EUR/USD,这意味着投资者会买入欧元,卖出美元;相反,如果某投资者预期欧元相对于美元将要贬值,就可以做空 EUR/USD,这意味着投资者会卖出欧元,买入美元。

外汇市场是双向交易的市场,不论汇价上涨或下跌,投资者都可以通过不同的做单方式获得盈利。

(三) 手

手(lot)是外汇交易中交易者买卖货币对的标准化交易单位。根据交易规模的大小,手可细分为标准手(standard lot)、迷你手(mini lot)、微型手(micro lot)。1 标准手代表 100 000 个基础货币单位,1 迷你手代表 10 000 个基础货币单位,1 微型手代表 1 000 个基础货币单位。

在外汇市场中,交易手数的大小始终是指基础货币交易手数的大小,也就是说买卖 1 手表示买卖 100 000 的基础货币。举个例子,欧元兑美元(EUR/USD)的基础货币就是欧元,那么当价格为 1.043 00 美元做 1 手多单,指的就是按照 1.043 00 美元买入 1 手合约价值的欧元,也就是买入 104 300 欧元。

(四) 基点、点差与基点价值

基点(basis point,BP)简称"点",是指汇价在波动的过程中,其变化的最小度量单位,一般为主要货币小数点后第四位的最小价格变动。1 个基点是 0.000 1(或 0.01%),例如,EUR/USD 货币对价格由 1.180 2 变化到 1.181 0,变化了 8 个点。对于包含日元的几个货币对(如 USD/JPY),基点表示小数点后两位的价格变动,即 0.01 日元为 1 个点。

点差(spread)是指买入价和卖出价之间的差价。例如,USD/JPY 报价由 120.00 变为 121.00 时,波动了 1.00 日元,点差即为 100 点;GBP/USD 报价由 1.000 0 变为 0.980 0 时,波动的点差为 200 点。一般而言,外汇市场中的主要货币对的点差为 2~5 个基点。

基点价值(basis point value,BPV)简称点值,是指货币对的价格每波动 1 点交易者的盈亏情况。在外汇交易中,点值一般以美元为单位,其计算公式如下:

$$点值 = 手的规模 \times 手的数量 \times 跳动基点的数量$$

由于上述计算出的结果是用报价货币(货币对中的第二个货币)表示的,当报价货币不是美元时,还需按照报价货币和美元的当期汇率折算为美元。

【例 8-1】 交易 1 标准手的 EUR/USD 货币对,其点值为多少?

点值 = 100 000 × 1 × 0.000 1 = 10(美元)

也就是说,当货币对中的报价货币是美元时,交易 1 标准手的货币对,点值就是 10 美元。

【例 8-2】 交易 1 标准手的 USD/CHF 货币对,其点值为多少?

点值 = 100 000 × 1 × 0.000 1 = 10(瑞士法郎)

如 USD/CHF 的当期汇率为 0.936 0,则上式的点值还需转化为美元:

10 ÷ 0.936 0 = 10.68(美元)

总的来说,常见的外汇交易报价的术语如表 8-2 所示。

表 8-2 外汇交易报价的术语

外汇交易术语	含义	外汇交易术语	含义
appreciation	升值	hedge	套期保值
arbitrage	套利	initial margin	初始保证金
base currency	基准货币	LIBOR	伦敦同业拆借利率
basis point	基点	long position	多头头寸
bid/ask spread	买/卖价点差	lot	手
big figure	大数	market order	市价单
business day	营业日	mine	我方买入
buy(take)	买入	offer（ask,sell）	卖出
bear market	熊市	overnight position	隔夜头寸
bull market	牛市	option	期权
call option/call	看涨期权	order	订单
cash settlement	差额交割	OTC	场外交易
Cable	英镑/美元	premium	升水
cash market	现货市场	put option/put	看跌期权
closing price	平仓价/收盘价	roll-over	隔夜利息
central clearing	集中清算	short position	空头头寸
confirmation	交易确认	slippage	滑点
currency pair	货币对	spot trade	即期交易
done	成交	square	平仓
delivery date	交割日	stop order	止损单
devaluation	货币贬值	strike price	触发价格
exercise	行权	swap	掉期交易
expiry date/price	到期日/价格	two-way price	双向报价
forward	远期外汇交易	value date	交割日
future	期货	yours	我方卖出

第二节 外汇交易程序

一、外汇交易室

目前,世界各大外汇交易市场每天交易总额的 80% 的外汇买卖交易,是在世界各地外汇银行设立的外汇交易室里进行的。因此,外汇交易室在整个银行的外汇交易中占有重要地位,是银行和金融机构联系外汇市场以及客户的纽带。

(一)外汇交易室的组织结构

1. 交易部

交易部由交易员组成,设有首席交易员、高级交易员、初级交易员等。首席交易员负责管理监督所有有关外汇交易的各项事宜;其他交易员分别就各种交易工作各司其职。他们在接到客户下达的指令后,负责客户询价、报价、建仓和平盘等业务,他们可以利用交易系统直接和境内外报价行联系。同时,交易员也有权进行自营性外汇买卖,但对自营和代理的头寸必须严格区分。

2. 信息咨询部

信息咨询部一般由专业知识强、经验丰富的人员组成。该部的职责是利用报刊、杂志和路透社、美联社的信息终端获取大量信息,经过筛选后,定期向客户提供准确、及时和重要的信息。该部还要对各种货币、股票、债券、期货等进行市场分析,以作参考。分析人员无权要求客户和交易员服从自己的分析,对客户采纳分析结果造成的损失也不负责任。

3. 经理室

外汇交易室的经理主管交易室的所有业务,包括交易的运作、与国外同业和客户的结算、交易员限额的管理、整个交易室的内部规章制度以及资金风险的管理等。经理人员应由较高威望和丰富专业经验的人员担任,有时也由首席交易员兼任。

4. 客户部

客户部主要由经纪人组成,其责任主要是吸收和发展客户,负责和客户保持联系,处理客户提出的问题,接送和传达客户下达的指令,在客户开始交易后帮助客户管理头寸,防止发生较大的事故。

5. 结算部

结算部的结算人员在交易员完成交易之后,应认真核对每一笔交易并与对方进行确认,确认后要把原始记录输入计算机存档。遇有遗漏,结算人员应及时向对方发出查询并采取有效措施加以解决。结算人员要负责与国内外同业和客户的结算,控制客户的保证金账户情况并定期向经理和客户提供财务报表。

6. 金融部

在客户众多、保证金有大量闲置的前提下,金融部可以利用客户存入的资金进行拆借等各种短期资金融通和投资,以便最大限度地利用资金。

(二)外汇交易室的功能

1. 掌握资讯,服务客户

外汇市场是一个高度竞争且高风险的市场。外汇银行能否掌握准确完备的金融资讯,提供有效率的服务,不仅对顾客,而且对银行自身也具有重要的意义。把受过专业化训练的交易员聚集在交易室,通过交易室有组织的运作,外汇银行既可以提供较为规范准确的汇率变化情况及对未来走势的预测,又可以协助自营外汇买卖。因此,交易室的这种功能,往往是顾客获取利润的关键,也是银行主要利润的来源。

2. 维持资金的流动性

维持资金的流动性,不仅是银行的外汇交易活动得以顺利进行的关键,也是外汇银行赖以生存的充分必要条件。而要维持银行外汇资金的流动性,就需要设立专门的外汇交易室。一方面,当银行的外汇资金有暂时不足的现象时,交易室必须通过不同的融资渠道,以最便宜的成本筹措到所需的资金。根据银行外汇交易的长短期外汇资金需求,交易室对各种资金都须保持适度的流动性。另一方面,交易室在兼顾资金安全性及流动性的前提下,可以通过利润最大化的操作,实现外汇资金的流动性。

3. 提高交易商的获利能力

在外汇市场上,外汇银行等交易商是追求利润最大化的经济主体。在国内市场上,银行通过存放款业务收取存放款的利差及手续费收入获取利润。而在国际业务中,银行的利润主要来自代理客户外汇买卖以收取外汇的买卖差价以及自营外汇买卖获得的收入。外汇银行有效率地运用外汇资金,实现更高的利润,便是交易室又一个基本的功能。

二、银行同业间外汇交易程序

外汇市场可以分为银行间外汇市场和银行结售汇市场。银行间外汇市场也可以称作是银行间的外汇批发市场,这是外汇交易中最上层的市场,是各家银行进行外汇交易的市场,是一个相对集中的外汇市场。

银行同业间的外汇交易程序通常是:

(1) 询价(asking)。询价行的交易员可通过呼叫对方银行的电话、电传或在路透社等交易系统终端机上输入对方银行的英文代码、自己的行号呼叫该银行,待叫通后,就可询价(询价内容包括买卖货币的名称、交易金额和交割日等)并要求报价行报价。询价行的买入价就是报价行的卖出价,反之亦然。

询价应注意:①如果是即期交易,则要表明"spot"字样,如没有表明,则默认为即期;②遵循被报价币的国际惯例;③询价者不要表明自己的买卖行为,否则报价者会根据你的意图去报价;④可以说明要买卖的被报价币的数量,如没有说明,则一般默认交易数量为100万美元。

(2) 报价(quotation)。报价是外汇交易的核心环节,它表示报价方愿意以某种价格与询价方进行外汇交易。报价行在收到对方的询价后应迅速报出询价行所要求货币的买入价与卖出价,报价对报价方具有法律约束力。

报价应注意:①价格一经报出,就承担买卖义务;②语言简单明了,不含糊,用肯定语气。

(3) 成交(done)。询价行若表示买入某种货币的价位和金额,或卖出某种货币的价位和金额,然后报价行接受询价行的要求,即表示成交("OK Done.")。按照外汇市场交易惯例,通常要求询价方在接到报价后的数秒钟内做出是否成交的表示,而不能等待太久,否则报价方马上就会以"My Risk"来取消报价。如果询价方还想交易,就必须重新询价。

成交应注意:①询价行要迅速决定,如不迅速决定,报价行自行中止报价;②决定方式:同意→成交;不同意→谢绝→再次重复询价。

(4) 证实(confirmation)。证实是指报价行复述询价行要求买入或卖出某种货币的汇价、金额、交割日期和提出资金清算指示,同时询价行也向报价行提出自己的资金清算指示。双方确认交易内容无误,即可通过记录仪或打印机打印交易合约。交易员根据交易内容填写交易单,并在头寸登记表上记录交易头寸。

证实应注意:①买卖行为;②买卖数量;③价格(买入价或者卖出价),必须是完整的价格;④交割、起息日、银行账户。

(5) 交割(delivery)。交割即交易双方各自按照对方的要求,将卖出货币的金额及时准确解入对方指定的银行存款账户上。

三、外汇交易技巧

作为一个优秀的外汇交易员,除了应熟练掌握外汇询价、报价技巧,还需要掌握交易对手的选择、入市以及出市技巧,以获得最大的收益。

(一) 交易对手的选择

交易对手的选择应遵循如下两个原则:①应选择已建立代理行关系的银行或已建立同业交易额度的代理行,以便控制和管理交易的金额和敞口头寸;②应选择一些资信优良、往来频繁、关系密切,而且已有交易额度的银行作为交易对手。

此外,最佳交易银行还应具备以下条件:第一,报价迅速。由于汇价波动很快,对询价者而言,时间就是交易机会,外汇交易员的报价速度就是一个交易行的信誉与竞争力的体现。一般而言,经常交易的货币,如美元、日元、英镑等,报价时间应在10秒内,有的国际性大银行则要求压缩在5秒之内。处于做市商地位的银行一般均能迅速开价。而一个业务水平高的外汇交易员即使在汇市频繁波动时也能报出令询价方满意的汇价。第二,报出的汇价具有竞争性。这要求:①所报汇价的买卖差价很小,一般应在5点以内,3点之内则更好;②报出的汇价基本上能反映出市场即时汇率的波幅和走势。第三,报价合理。所报汇价基本上能反映外汇市场供求状况。

(二) 入市技巧

(1) 掌握市场节奏。在外汇市场上,各种货币的走势变动,上升好比涨潮,下跌好比退潮,涨中有落,落中有涨。因此,外汇交易员在入市时必须摸清汇市的变动规律,不要把上涨中的回落当作退潮,也不要将退潮中的前涌当作上涨。买入时,可乘上涨中的回落之机介入市场。

(2) 把握入市时间。安全的入市位置并不等于买到最低点、卖到最高点,而是指入市之后的价格波动小于设定的止损范围。因此,确定止损的大小决定了交易员要求的入市精确程度。对重势不重价的外汇交易者来说,其入市时机要求不高,因为大止损有充裕的空间做防备;但对小止损的外汇交易者来说,捕捉到一个恰当的时机就成功了一半。

(3) 入市做好准备,进退要留有余地。市场变幻莫测,特别是一些突发事件,会扭转市场的整个走势。外汇交易员在入市时预计某种货币会上涨,大量买进,然而市场不涨反跌,或者某种货币开始上升但未入市,当涨到一定程度后,外汇交易员却鼓起勇气追涨入市,结果买入最高价。这都是入市时未给自己留有余地、交易量过满所致。

(4) 入市要果断,速度要快。外汇市场行情瞬息万变,波动很快,要求外汇交易员看准就入市,出手要果断,速度要快;犹豫不决,不敢入市,市场涨了又涨,错过良机,若亡羊补牢,很可能又被高位套牢。

(三) 出市技巧

选择一个好的入市时机是获利的首要条件。同样,出市时机的掌握也很重要,它直接影响盈利与亏损的数额。出市只有两条途径,一是平盘获利,二是平盘亏损,无论哪种途径,决定出市的时机都应注意掌握一些技巧。

(1) 持仓应有耐心。入市后,如果汇率朝着自己预期的方向变化,此时急于平盘,虽然可以获利,但只能获小利。如果坚信汇率会朝自己预测的方向发展,对汇率的短期变动泰然处之,持仓很有耐心,则最后可能会获利丰厚。

(2) 确定止损位。止损也称"割肉",指当某一投资出现的亏损达到预定数额时,及时斩仓出局,以避免形成更大的亏损。其目的是入市后若市场变动方向与预测相反,则将损失限制在某一幅度内,即一旦亏损达到止损点,外汇交易员要坚决止损,只有这样才能避免更大的亏损。

(3) 不要与市场争斗。入市后,心态要好,发现行情与自己的预测不符,应当机立断,采取措施停止亏损,而不是存侥幸心理,与市场争斗到底,这种做法是不可取的。投资外汇市场,判断失误难以避免,入市买入货币被套牢后,首先不必恐慌,冷静分析买入的汇价是在历史的高位水平、中间水平,还是在底部区域。当发觉买入的汇价处于上升很长一段时间的高价位时,应及时果断认赔卖出,以减少亏损。这样不但可以减少今后行情中的损失,同时还可以调整好自己的心态和资金,在接下来占据主动权。

第三节 外汇实盘交易

一、外汇实盘交易的概念及特点

外汇实盘交易与外汇保证金交易(外汇虚盘交易)相对应,是指个人客户在银行通过柜面服务人员或其他电子金融服务方式进行的不可透支的可自由兑换外汇(或外币)间的交易。外汇实盘交易是目前国内银行普遍提供的外汇理财产品,与国际上流行的外汇保证金交易相比,缺少外汇保证金交易的卖空机制和融资杠杆机制。

外汇实盘交易具有以下特点。

(1) 外汇实盘交易是将一种外汇货币等额转换成另外一种外汇货币的交易。它提供的是"1∶1"的资金交易方式,也就是说,100美元只能换成等额价值的其他货币,没有采用杠杆交易。这样的好处是资金管理非常安全,缺点是资金的使用效率相对较低。

(2) 外汇实盘交易是单边交易机制。例如,投资者看好欧元兑美元要上涨,需要先将手里的美元换成欧元,等欧元确实上涨之后,再在高点将欧元换回成美元。如果投资者判断欧元兑美元将要下跌,而这个时候持有的又是美元,则投资者将无法参与,错过赢利的机会,这是单边交易机制的缺点。

(3) 外汇实盘交易的成本比较高。外汇实盘交易的点差一般大约在10~40点,与其他外汇交易方式相比,交易成本是相当高的。这样的点差使得几十点左右的短线交易在实盘内几乎没有操作的空间和价值。

二、外汇实盘交易的内容

要了解外汇实盘交易,就需要了解外汇实盘交易的交易币种、交易时间、投资门槛等内容。

(一) 交易币种

在外汇实盘交易中,可以进行交易的币种有很多,目前是以"直盘"和"交叉盘"的形式对其进行分类的。在个人实盘外汇买卖中,英镑、澳大利亚元和欧元兑美元的报价,英镑、澳大利亚元和欧元是基准货币,其余货币兑美元的报价中,美元是基准货币。

(二) 交易时间

如果客户选择柜台交易或使用个人理财终端进行交易,则交易时间仅限于银行正常工作日的工作时间,多为北京时间周一至周五的9:00至17:00,公休日、法定节假日及国际市场休市日均无法进行交易。

而如果客户选择电话交易或者互联网交易,每个银行的交易时间各不相同。一般来说,交易时间将从北京时间周一8:00一直延续到周六5:00,公休日、法定节假日及国际市场休市日同样不能进行交易。

(三) 投资门槛

做个人实盘外汇买卖的投资者通过柜台进行交易,最低金额一般为10美元;电话交易、自助交易的最低金额略有提高,没有最高限额。

(四) 标价

一般来说,外汇实盘交易采用的是直接标价法。在查看价格时,需要对买入价、卖出价、最高价、最低价等内容有明确了解。

(五) 交易指令

外汇实盘交易的交易指令有市价交易和委托交易两种。市价交易又称时价交易,即根据银行当前的报价即时成交。委托交易又称挂盘交易,即投资者可以先将交易指令留给银行,当银行报价到达投资者希望成交的汇价水平时,银行电脑系统就立即根据投资者的委托指令成交,目前此种交易方式只适用于电话交易、自助交易。委托交易指令一经留出,就由银行的交易系统自动监控,市场水平一到,立即成交,因此可帮助客户在瞬息万变的外汇市场中捕捉到有利的价格水平。

(六) 外汇实盘交易的清算制度

外汇实盘交易实行T+0的交易方式。投资者进行电话交易或自主交易时,完成一笔交易之后,银行电脑系统立即自动完成资金交割。也就是说,如果行情动荡,投资者可以在一天内多次进出市场。另外,根据国际外汇市场惯例,外汇交易一旦成交,交易价格、交易金额、交易币种等细节随之确定,不可撤销。

三、外汇实盘交易的基本流程

凡持有有效身份证件且拥有完全民事行为能力的境内居民,均可进行个人实盘外汇交易。中国银行、中国农业银行、中国工商银行、中国建设银行、交通银行等商业银行都可办理个人外汇买卖业务。外汇实盘交易的基本流程主要包括开户、报价、交易、确认四个环节。

(一) 开户

外汇交易与股票交易一样,第一步必须开户。外汇实盘交易的开户程序如下:

(1) 选择开户银行。根据个人偏好选择开户银行。

(2) 开户并存入外汇。携带有效身份证明到银行开立外汇买卖账户,签署个人实盘外汇买卖协议书,存入外汇。也可以将已有的现汇账户存款转至开办个人外汇买卖业务的银行,再办理网上交易和电话委托交易开户手续。如果采用柜台交易,部分银行有开户起点金额的限制。

(二) 报价

开户后,要重点学会报价。外汇买卖的报价其实是两种货币的汇率,或者说是一种比率。银行的报价是参照国际金融市场的即时汇率加上一定幅度的买卖点差报价,所以汇率变化是随着国际市场的变化而变化的。

投资者在报价时要记住一条基本的策略:贵买贱卖。当投资者要买某种货币时,用的是这两个报价中不利于投资者的那个汇率,也就是比较贵的报价;当投资者要卖某种货币时,也要用这两个报价中不利于投资者的那个汇率,也就是比较便宜的报价。

(三) 交易

外汇实盘交易指令有市价交易和委托交易两种。外汇交易的方式有柜台交易、电话交易、自助交易和网上交易。投资者可以依据自己的实际情况,选择一种较为适合自己的方式进行交易。

(四) 确认

投资者在交易完成之后,须将个人外汇买卖申请书或委托书,连同本人身份证、存折或现金交给柜台经办员审核清点。经办员审核无误后,将外汇买卖证实书或确认单交投资者确认,成交汇率即以该确认单上的汇率为准。

投资者确认了交易的汇率、买卖货币的名称以及买卖金额之后签字,即为成交。成交后,该笔交易不得撤销,外汇交易的流程至此也就全部完成了。

第四节　外汇保证金交易

一、外汇保证金交易的概念

外汇保证金交易又称合约现货外汇交易、虚盘交易,是指投资者和专业从事外汇买卖的金融公司(银行、交易商或经纪商)签订委托买卖外汇的合同,缴付一定比例(一般不超过10%)的交易保证金,便可按一定融资倍数买卖十万、几十万甚至上百万美元的外汇的交易方式。这种交易方式的特点是能够放大交易倍数,并具有卖空机制。

外汇保证金交易兴起于20世纪70年代的伦敦,早期以银行等机构投资者参与为主,随着清算功能的完善和电子交易的普及,逐步拓展至个人投资者参与交易。它充分利用了杠杆投资的原理,是在金融机构之间及金融机构与投资者之间进行的一种外汇买卖方式。在交易中投资者只需支付一定的保证金就可以进行100%额度的交易,这使得那些拥有较少量资金的投资者也能参与外汇保证金交易。

按照发达国家的水平来看,外汇保证金交易的融资比例一般维持在10或20倍以上。换言之,如果融资比例在10倍,那么投资者只需要支付10%左右的保证金就能够进行外汇交易了,即投资者只需要支付10 000美元就能进行100 000美元的外汇交易。

例如,某投资者进行外汇保证金交易,保证金比例为1%,如果投资者预期欧元将上涨,那么该投资者实际投入 10 万美元的保证金,就可以买入合同价值为 1 000 万美元的欧元。当欧元兑美元的汇率上涨 1%,那么投资者就能够获利 10 万美元,实际的收益率达到了 100%。但是如果欧元下跌 1%,那么投资者投入的本金将全部亏光。

二、外汇保证金交易的优势和不足

投资外汇保证金,要明确交易的优点和缺点,才能在投资过程中扬长避短。外汇保证金交易的优势主要有以下几点:

(1) 点差低。一般外汇交易商提供的点差为 3~12 点,其中,主要货币的点差为 3~5 点,而且不根据资金量变化,相比实盘交易要低很多。

(2) 提供杠杆。由于使用了保证金机制,外汇保证金交易提供了资金使用杠杆。一般的杠杆比率有 20∶1、50∶1、100∶1、200∶1、250∶1、300∶1、400∶1。这样资金的使用效率就被大大提高了。

(3) 双向操作。保证金交易不仅可以买多货币(即看交易品种要涨,通过先买入后平仓而获利),也可以卖空货币(即看交易品种要跌,通过先卖出后平仓而获利)。

(4) 盈利空间大。例如,虽然英镑一年的波动幅度一般在 10%~20%,如果杠杆比率为 200∶1,在保证金交易提供的杠杆作用下,英镑的波幅相当于被放大了 20~40 倍,盈利的空间大大增加了。

(5) 灵活性高。外汇保证金交易是 24 小时不间断的交易(除周末全球休市),加上 T+0 的模式,投资者的交易变得非常便捷。投资者可以随时选择进出外汇市场进行买卖,交易具有非常高的灵活性。

外汇保证金交易既有优势,也有不足。外汇保证金交易最大的不足也是杠杆交易和双向操作带来的。外汇保证金交易的不足如下:

(1) 杠杆将投资资金放大,也将投资风险放大,价格风险变得更大。

(2) 因为外汇保证金交易的双向交易形式,许多投资者过分主观,喜欢猜测价格的头部和底部,这样不仅错过了最佳交易时间,而且更容易造成损失。

(3) 外汇保证金交易的投资者往往有赌博心理,过分选择较大比例的杠杆,从而无法承受后市的价格波动。

三、保证金相关的概念

(1) 保证金。保证金是交易商或者经纪商为了限制其所面临的风险而采取的措施,是投资者在经纪商处开立头寸所需要的保证,也称初始保证金。保证金通常被表示为头寸总金额的某个百分比。一般而言,绝大多数外汇经纪商要求 2%、1%、0.5% 甚至 0.25% 的保证金。根据经纪商所要求的保证金,可以计算出账户能够动用的最大杠杆。

保证金的计算公式为:

$$保证金 = 汇率 \times 手数 \times 合约(10 万基础货币) \times 保证金比例$$

需要注意的是,在所有的交易平台,所有的保证金都是以美元结算的。表 8-3 是外汇市场常见的保证金比例以及对应的杠杆。

表 8-3　常见外汇保证金比例及其最大杠杆

保证金比例	最大杠杆
5%	20∶1
2%	50∶1
1%	100∶1
0.5%	200∶1
0.25%	400∶1

(2) 账户保证金。账户保证金是指交易账户中所有的资金数量,也就是属于交易者的那部分资金。

(3) 已用保证金。已用保证金是指为了保证交易者当前开立的头寸而被经纪商锁定的那部分资金。虽然这些资金仍旧属于交易者,但是交易者不能动用它们,除非交易商将它们解除锁定。

(4) 可用保证金。可用保证金是指投资者账户中可以用来开立新头寸的那部分资金。

(5) 追加保证金通知。追加保证金通知指交易商向客户发出通知,为了保持已开设的仓位不被强行平仓,需要存入额外的保证金。

【例 8-3】 假设当前纽约外汇市场 EUR/USD 的行情如下:

即期汇率 EUR/USD＝1.081 0/1.081 6

保证金比率为 0.5%

请回答:

(1) 如果某客户以现价买入 10 手欧元,那么他必须向交易所支付多少保证金?

(2) 假设客户以现价买入 10 手欧元合约后,欧元汇率跌至 EUR/USD＝1.076 0/1.078 0,客户是否需要追加保证金?如需要追加,需要追加多少?

(1) 根据保证金的计算公式可以得到保证金:

$1.0816 \times 10 \times 100\,000 \times 0.5\% = 5\,408$(美元)

(2) 由于欧元汇率下跌,客户的浮动亏损变为:

$(1.0816 - 1.0780) \times 10 \times 100\,000 = 3\,600$(美元)

客户的保证金变为:

$5\,408 - 3\,600 = 1\,808$(美元)

客户需要将保证金补足为:

$1.0780 \times 10 \times 100\,000 \times 0.5\% = 5\,390$(美元)

所以客户需要追加保证金,追加的保证金为:

$5\,390 - 1\,808 = 3\,582$(美元)

四、外汇保证金交易与外汇实盘交易的区别

1. 点差不同

外汇保证金交易的点差一般在 3～5 点,投资者随时都有日内操作的机会;而外汇实盘交易的点差基本都在 10～40 点,如此大的点差使投资者的获利能力大打折扣,很难获

得日内交易的机会。

2. 交易方向不同

外汇保证金交易可以买涨或买跌,双向获利;而外汇实盘交易者只能在一定的方向中获利。例如,外汇实盘交易中,如果投资者的本金是美元,那么投资者买入其他货币后,只有在该货币价格上涨的时候才能获利;如果该货币继续下跌,那么投资者的头寸就会被"套牢",投资者要么斩仓止损,要么白白错过其他交易机会。

3. 操作方法不同

在外汇保证金交易中,交易者虽然也是赚取汇率波动的利润,但出资者实际上做的是买空、卖空交易,而保证金只是作为承担风险的资金,交易是在扩大若干倍的情况下进行的。以 100 倍份额的保证金交易为例,交易者最多能够把手中资金扩大 100 倍,这时只要市场波动幅度到达 1‰,交易者手中的保证金要么翻一番,要么悉数赔光。所以,外汇保证金交易是一种高风险、高回报的外汇交易方式。外汇实盘交易中,交易者在外汇市场上通过不断兑换外汇来赢利。

4. 收益率差异

相比外汇实盘交易,外汇保证金交易能够大大节约出资成本。外汇保证金交易的杠杆模式可以将投资人手中的资金放大到几百倍以上,所以外汇保证金交易投资人的利润也就被同步放大。外汇保证金很好地发挥了杠杆作用,投入较少的金额就能够达到较高的投资收益率,而且在保证金交易中即使有损失,其损失的最大金额就是保证金的金额。外汇实盘交易中,投资人参考银行提供的外汇牌价通过自己的外汇账户或者现钞来进行兑换,外汇实盘交易的收益率比较的低。

【例 8-4】 假设有甲、乙两个投资者,分别以实盘交易方式和保证金交易方式,同时投入 1 000 美元做交易。已知即期汇率 GBP/USD=1.300 0,保证金比例为 1‰,共有三种情况:

情况 1:假设英镑会上涨,英镑兑美元价格将涨到 GBP/USD=1.350 0,投资者甲和乙判断对了方向,认为英镑将会上涨,美元将会下跌。

情况 2:英镑下跌,英镑兑美元价格将跌到 GBP/USD=1.250 0,投资者甲和乙判断错了方向,认为英镑将会上涨,美元会下跌。

情况 3:英镑下跌,英镑兑美元价格将跌到 GBP/USD=1.250 0,投资者甲和乙判断对了方向,认为英镑将会下跌,美元将会上涨。

请比较三种情况下实盘投资者甲和保证金投资者乙的损益情况。

(1) 情况 1:

实盘投资者甲认为英镑会上涨,美元会下跌,使用 1 000 美元买入 1 000/1.300 0 英镑,在英镑上涨到 GBP/USD=1.350 0 时将手中的 1 000/1.300 0 英镑卖出,换回 1.350 0×1 000/1.300 0 美元,则其获利为:

$$1.350\ 0\times 1\ 000/1.300\ 0-1\ 000=38.46(美元)$$

保证金投资者乙使用 1 000 美元,经过 100:1 的杠杆放大,获得 1 000×100 美元的交易使用权。乙在 GBP/USD=1.300 0 时,认为英镑会上涨,美元会下跌,则做多该货币对,获得 1 000×100/1.300 0 的该货币对合约,再在 GBP/USD=1.350 0 时平仓,获得 1.350 0×1 000×100/1.300 0 美元,则其获利为:

$$1.350\ 0\times 1\ 000\times 100/1.300\ 0-1\ 000\times 100=3\ 846(美元)$$

(2) 情况2：

实盘投资者甲认为英镑会上涨，美元会下跌，使用1 000美元买入1 000/1.300 0英镑，再在GBP/USD=1.250 0时，将手中的1 000/1.300 0英镑卖出，换回1.250 0×1 000/1.300 0美元，则其亏损为：

1.250 0×1 000/1.300 0－1 000＝－38.46（美元）

保证金投资者乙使用1 000美元，经过100∶1的融资放大，获得1 000×100美元的交易使用权。乙在GBP/USD=1.300 0时，认为英镑会上涨，美元会下跌，则做多该货币对，获得1 000×100/1.300 0的该货币对合约，再在GBP/USD=1.250 0时平仓，得到1.250 0×1 000×100/1.300 0美元，则其亏损为：

1.250 0×1 000×100/1.300 0－1 000×100＝－3 846（美元）

但是由于保证金的特性，乙在保证金为零的时候就不再继续亏损，最大的亏损即为所有投入的保证金1 000美元。

(3) 情况3：

实盘投资者甲看对方向，认为英镑会下跌，美元会上涨，投资者甲不能入场。

保证金投资者乙看对方向，认为英镑会下跌，美元会上涨，投资者乙可以入场做空GBP/USD货币对，在GBP/USD=1.300 0时入场做空，再在GBP/USD=1.250 0时平仓，其获利为：

1 000×100－1.250 0×1 000×100/1.300 0＝3 846（美元）

以上情况皆忽略买卖差价、隔夜利息、追加保证金、保证金止损等情况。

综上，外汇保证金交易能够以小博大，用较少的投入资金获取较大的利益，最大的亏损也只是保证金本身，并且保证金具有双向投资的功能。但是不管是外汇保证金交易还是外汇实盘交易都可能有风险。相比之下，由于融资的放大作用，外汇保证金交易在盈利扩大的同时可能的亏损也扩大了。

 课程思政案例

加强跨境金融服务监管 以外汇保证金交易为例

近年来，在金融科技快速发展背景下，依托于互联网的金融活动不断出现，其中非法从事外汇保证金交易的活动也在增多。目前外汇保证金交易在我国为非法交易活动，为及时防范化解金融风险，国家外汇局在互联网金融风险专项整治工作机制下，在相关部门大力支持下，已处置非法外汇保证金交易平台600余家，取得阶段性成效。

……

外汇保证金交易市场探析

（一）我国尚未开放外汇保证金市场，目前在我国境内开展的外汇保证金交易均为非法交易活动。1994年《关于严厉查处非法外汇期货和外汇按金交易活动的通知》明确规定，未经批准，任何机构擅自开展外汇按金交易，属于违法行为；客户（单位和个人）委托未经批准的机构进行外汇按金交易，也属违法行为。2018年9月，人民银行、公安部、国家外汇局公开发布风险提示，再次强调外汇保证金交易在我国境内为非法交易活动，警示公众不要参与此类平台交易,避免财产损失。

(二)澳大利亚、英国、新西兰、美国等国已开放外汇保证金市场,但也对此实施较严格的监管。一是明确外汇保证金交易须"持牌经营"。例如,英国、美国、澳大利亚等均明确规定须申请牌照方可经营外汇保证金交易活动。美国明确规定无牌照机构开展的场外杠杆外汇交易属于非法行为。二是限定杠杆率。从全球看,出于防范金融风险的需要,近年来杠杆率呈下降趋势。例如,英国对"12个月以下投资经验的零售客户"设定的杠杆倍数最高为25倍,其他普通客户最高为50倍。美国将主要货币的最大杠杆倍数限定为50倍,次要货币的杠杆倍数为20倍。三是最低资本要求。例如,美国要求零售外汇经纪商至少持有2 000万美元净资本。四是保护客户资金。美国、英国、澳大利亚均要求,客户保证金账户与经纪商账户分离,资金须由第三方银行代为托管。五是客户适当性管理。例如,香港地区要求具有稳健性投资资质的客户方可办理外汇保证金业务。六是要求对客户进行风险提示。例如,澳大利亚要求经纪商在网站上明确提示,客户的损失可能会超过最初保证金金额,并列举关于客户损失超过其初始资金的实例。七是明确禁止通过互联网方式提供此类服务。例如,比利时明确禁止通过电子渠道向客户提供外汇保证金交易等场外杠杆产品交易。

(三)国际证监会组织(IOSCO)关注对外汇保证金交易等场外杠杆交易的风险管控,重点保护投资者利益。IOSCO在2018年2月提出的《零售场外杠杆产品咨询报告》(征求意见稿)中提出,应对场外杠杆交易(包括外汇保证金交易、差价合约和二元期权)实施以下管理措施:一是经营场外杠杆产品的机构,无论是国内还是跨国机构,均要持牌运营。二是要限制交易杠杆率。三是要将投资者损失控制在其初始资金以内。四是要加强对交易成本和费用的信息披露。五是要加强对盈利和损失比例等的风险披露。六是要提高报价和订单执行质量。七是要限制此类产品的销售、推广、营销活动,减少不当销售风险。

基于互联网的非法外汇保证金业务趋于活跃

(一)境外网站向我国境内非法提供外汇保证金交易。一是境内机构"披洋皮"在境外设立网站返程向境内提供跨境金融服务。我国有个别境内企业绕道境外获取牌照,再转以境外的"洋身份"利用互联网"返程"境内开展此业务。二是境外平台通过互联网跨境在我国境内开展外汇保证金交易,在我国境内乔装打扮为培训公司、咨询公司等,拓展市场,突破我国关于禁止开展外汇保证金交易的禁止性规定。有些"外汇交易平台"自称持有境外监管部门颁发的牌照(如自称已获得英国、澳大利亚、新西兰、塞浦路斯等金融监管部门颁发的牌照并受其监管等),杠杆率可达到一比数百甚至上千。

(二)投资者"曲线投资"式的资金运作风险大且涉嫌违法违规。目前我国境内的外汇保证金交易,资金运作一般采取"地下模式"。资金"跨境"的少,"不跨境"的多。一是资金"跨境"的,主要利用个人结售汇5万美元便利化额度、买卖虚拟货币等方式转移资金。二是资金"不跨境"的,境内主要通过支付机构收付人民币资金,境外通过地下钱庄、内存外贷等方式获得外币资金。上述"曲线投资"式的资金运作,涉嫌违反我国支付管理以及外汇管理规定。而且,投资者资金运作过程缺乏监管,处于风险状态,资金安全并不能得到有效保障。

(三)近期已处置几起典型案例。一是处罚为外汇保证金交易提供支付服务的支付公司。人民银行中支和国家外汇局分局发现,某支付公司为境外多家非法炒黄金、炒汇类平台提供支付服务,通过虚构货物贸易,办理无真实贸易背景跨境外汇支付业务,未能发现数家商户私自将支付接口转交给现货交易等非法平台使用,客观上为非法交易、虚假交易提供网络支付服务。人民银行中支和国家外汇局分局对其共处罚款3 044.28万元人民币,没收违法所得1 107万元人民币。二是对涉嫌诈骗、非法集资的平台,移送公安机关。例如,E平台宣称获境外监管牌照,在互联网平台上开展外汇保证金、货币指数、P2P等多种交易。2018年6月,当地公安以涉嫌诈骗对其立案侦办。F平台通过网站、手机APP客户端向我国境内居民提供外汇保证金交易、外汇理财产品、港美股交易、P2P理财等各类产品;与第三方支付机构签订合作协议,利用控制的壳商户收取境内个人人民币入金。2018年9月,当地公安以涉嫌非法吸收公众存款对其进行立案侦办。

从上述案例来看,非法外汇保证金交易严重损害消费者/投资者利益。除交易亏损外,网站"跑路"、诈骗等也是造成投资者受损的重要原因。近年来,IGOFX、万象国际外汇、恒星外汇等相继跑路,消费者损失惨重,哭告无门。

(四)外汇保证金交易存在的问题。一是新西兰金融市场监管局(FMA)日前发布风险提示,警告一家来自中国的零售外汇经纪商百华环球,冒用注册号,虚假宣传。二是澳大利亚证券投资委员会(ASIC)监管发现以下问题:①套牌经营。有机构"克隆"正规持牌机构官方网站开展业务,短租房屋用于拍照、带客户线下参观,而后通过网上误导提供交易服务。②混用业务牌照。部分机构在集团内安排多层级复杂的组织架构,各关联公司部分具有牌照,部分不具牌照,但名称类似,由此误导投资者。③获得本国业务牌照但被外国公司实际控制。难以追查资金链条,无法保护消费者利益。三是国家互金专委会发布的关于"互联网外汇理财"平台的巡查公告,发现如下问题:①业务牌照涉嫌造假,声称受权威机构监管或宣称拥有授权,实际查询信息不匹配。例如,亿鼎国际集团声称获得英国FCA认可并受其全面监管,但经查询,FCA的注册号显示的公司信息与其信息不一致。②承诺高收益,交易过程不透明。交易存在暗箱操作,客户资金被蚕食。③涉嫌利用"传销模式"发展客户。部分平台按层级返利方式吸引新投资者加入。④打着"外汇交易"旗号,持续高额分红。由于盈利具有不确定性,这很可能是"庞氏骗局"。

……

加强"跨境交付"模式下的跨境金融服务监管能力

(一)初期可要求外资以设立商业存在方式提供金融服务。本国作为服务接受国,出于维护本国市场开放程度及消费者权益保护的需要,初期可要求外资向本国提供金融服务必须设立商业存在,开展金融服务必须经过许可等。例如,12月7日俄罗斯国家杜马提出国家支付系统法律修正案,要求未在俄罗斯注册的外国支付系统运营商必须在俄罗斯开设代表处,并从俄罗斯中央银行获得转账许可。据此,我国支付宝和微信若未在俄罗斯设立商业存在并获得许可,根据该法案,将被禁止向俄罗斯公民提供转账服务。

(二)中长期来看,需逐步提高我国金融服务市场开放水平,同时完善建立一套与开放程度相匹配的监管体系。一是金融服务市场开放是未来趋势,封闭市场会失去参与全球竞争的机会。而且一些违法违规的跨境金融服务的出现,也是因为没有开放市场。与其故步自封,不如逐步对外开放,主动融入全球市场,增强主动性。二是要放得开,还要管得住。要强调互联网虽然无国界,但是金融牌照必须有国界,跨境金融服务不可"无照驾驶"。任何机构通过任何方式在本国境内提供金融服务,都需要遵守当地金融监管规则,不可游离在本国金融监管之外。三是要处理好金融创新和风险控制的关系,要完善建立一套与开放程度相匹配的监管体系。一方面,要对跨境向本国提供金融服务的境外机构实施牌照准入管理以及日常业务监管;另一方面,还要实时监测本国机构向境外跨境提供金融服务情况,并主动对本国机构在境外的展业行为实施管理。

(三)加强"跨境交付"模式下的跨境金融服务全球治理。一是要强调跨境金融服务的交易留痕。要实现境内境外穿透式监管、线上线下穿透式监管。二是要在双边和多边层面,加强国际监管合作,探索形成全球最佳监管标准,防范监管套利。缔结双边和多边协定时,可明确跨境提供金融服务需同时满足服务提供国和服务接受国的市场准入条件,获得两国的金融许可。三是联手打击非法交易活动,使非法跨境金融服务境内、境外无处遁形,线上、线下无处遁形。可通过签署谅解备忘录(MOU)的形式开展监管和执法合作,打击违法违规交易活动。

资料来源:孙天琦.加强跨境金融服务监管 以外汇保证金交易为例[EB/OL].(2018-12-24)[2022-09-03]. https://www.financialnews.com.cn/u/gdsj/201812/t20181224_151770.html.

本章小结

(1)外汇交易是指外汇买卖的主体为了满足某种经济活动或其他活动的需要,按特定的汇率和特定交割日而进行的不同货币间的汇兑行为。外汇交易具有以下特点:拥有全球最大最公平的市场;交易时间长,24小时可交易;交易成本低,没有任何佣金;可双向获利;可采用杠杆交易模式。外汇交易的规则包括统一报价、双向报价、小数报价、交易单位通常为100万美元、交易双方必须恪守信用、交易术语必须规范化等。外汇交易报价的术语包括货币对、做多与做空、手等。

(2)外汇交易室在整个银行的外汇交易中占有重要地位,是银行和金融机构联系外汇市场以及客户的纽带,具有一定的组织结构和功能。银行同业间的外汇交易程序通常包括询价、报价、成交、证实、交割等。作为一个优秀的外汇交易员,除了应熟练掌握外汇询价、报价技巧,还需要掌握交易对手的选择、入市以及出市技巧,以获得最大的收益。

(3)外汇实盘交易是指个人客户在银行通过柜面服务人员或其他电子金融服务方式进行的不可透支的可自由兑换外汇间的交易。要了解外汇实盘,就需要了解外汇实盘的交易币种、交易时间、交易方式等内容。外汇实盘交易的基本流程主要包括开户、报价、交易、确认四个环节。

(4)外汇保证金交易是指投资者和专业从事外汇买卖的金融公司签订委托买卖外汇的合同,缴付一定比例的交易保证金,便可按一定融资倍数买卖十万、几十万甚至上百万美元的外汇的交易方式。这种交易方式的特点是能够放大交易倍数,并具有卖空机制。因为杠杆交易和双向操作,外汇保证金交易存在优势,也有不足。保证金相关的概念有保证金、账户保证金、已用保证金、可用保证金等。外汇保证金交易与外汇实盘交易在点差、交易方向、操作方法、收益率方面存在差异。

第八章 外汇交易原理

关键概念

外汇交易　外汇交易规则　货币对　点差　外汇交易室　银行同业间外汇交易
外汇实盘交易　外汇保证金交易

本章习题

一、单项选择题

1. EUR/USD 的价格从 1.125 9 到 1.126 3 波动了（　　）个点。
   A. 3　　　　　B. 4　　　　　C. 5　　　　　D. 6
2. 下列各项中,属于交叉盘货币对的是(　　)。
   A. USD/JPY　　B. GBP/USD　　C. AUD/USD　　D. GBP/JPY
3. 某日市场上的昨日收盘价为 EUR/USD＝1.278 0,若今日开盘被报价货币下跌100 点,则其汇率为(　　)。
   A. 1.278 0　　B. 1.288 0　　C. 1.268 0　　D. 1.280 0

二、简述题

1. 什么是外汇实盘交易？外汇实盘交易的特点是什么？
2. 什么是外汇保证金交易？外汇保证金交易的特点是什么？
3. 简述银行同业间外汇交易程序。

三、计算题

1. 某一外汇交易系统的保证金比率为 1％,如果某客户以 GBP 1＝USD 1.387 5 买入 10 手英镑,那么他必须向交易所支付多少保证金？假设客户以 GBP 1＝USD 1.387 5 买入 10 手英镑合约后,汇率跌至 GBP 1＝USD 1.377 5,那么客户需要追加多少保证金？
2. 假设银行报价 GBP/USD＝1.492 6/1.494 6,某投资者欲进行多头英镑交易。
   请回答：
   (1) 该银行报价买卖价差是多少点？英镑汇率如何变化以及变化多少该投资者才有可能盈利？
   (2) 假设 3 天后,银行报价 GBP/USD＝1.496 6/1.498 6,汇率的变化情况如何？该投资者在此价位平仓,盈亏几个点？

第九章 个人外汇交易模拟

知识概括

- 国内银行个人外汇买卖业务
- MT5 外汇交易平台简介、界面及交易操作

第一节 国内银行个人外汇买卖业务

1993年年底,中国人民银行开始允许国内银行开展面向个人的实盘外汇买卖业务。自1993年中国银行率先推出个人外汇买卖实盘交易以来,除个别银行外,全国各大商业银行均开通了此项业务。国内的投资者可凭手中的外汇到有此业务的任意一家银行办理开户手续,存入资金后,即可通过互联网、电话或柜台等方式进行外汇买卖。本节主要简述中国银行等国内五大商业银行的个人外汇买卖业务。

一、中国银行个人外汇买卖业务

外汇宝产品是中国银行个人实盘外汇买卖业务的简称,是指符合本产品参与条件的个人客户在中国银行开立个人外汇储蓄账户且存有外币存款(包括现汇或现钞存款),并通过中国银行所提供的交易渠道,按照中国银行报出的买入/卖出价格,将某种外币现钞(汇)的存款换成另一种外币现钞(汇)的存款的一种外汇产品。

(一) 交易要点

1. 交易渠道

中国银行所提供的网上银行、手机银行、E融汇等电子渠道以及营业网点柜台渠道。

2. 交易品种

交易品种包括美元、欧元、英镑、日元、瑞士法郎、澳大利亚元、加拿大元、新加坡元、港币、新西兰元和澳门元等11种不同外币组成的46种货币对。

客户可交易的货币对以中国银行实际提供为准。中国银行有权根据法律法规、监管要求、客户需求、业务发展或风险管理等需要,不时调整交易品种。

3. 交易时间

营业网点柜台交易的有效时间为中国银行的柜台交易时间(根据中国银行各营业网点营业时间而定)。

外汇宝电子渠道交易的有效时间为:在纽约执行夏令时期间,为北京时间周一上午7:00～周六上午5:00;在纽约执行夏令时以外的期间,为北京时间每周一上午7:00～每周六上午6:00。

中国银行可以不时调整本产品交易时间,并通过在中国银行官方网站发布或其他方式通知客户。遇主要国际市场假期、国家法定节假日以及按国家规定调整后的实际休息日,或受不可抗力事件影响,或受国际上各种政治、经济、突发事件等因素的影响,或受通信故障、系统故障、电力中断、市场停止交易等意外事件或金融危机、国家政策变化等因素的影响,中国银行有权暂停全部或部分外汇宝交易,并在可行的前提下,通过在中国银行官方网站发布或其他方式通知客户。

4. 交易方式

本产品按照交易方式分为即时交易和委托交易。

即时交易是指按照交易指令生效时的最新交易报价成交的交易。客户只指定金额和买卖方向,不指定成交价格。客户最终成交价格以中国银行向客户展示的交易成交界面结果或营业网点柜台提供的交易凭证为准。

即时交易中,可能因通信线路等交易信息传输传送产生一定时滞,从而造成客户在交易系统中提交的价格与中国银行实时交易报价或最终将确认的成交价格之间存在一定范围的差异。因此,即时交易项下存在客户容忍点差机制。客户容忍点差是指客户在中国银行规定范围内设定的允许其通过电子渠道提交的价格与中国银行最终将确认的成交价格之间存在的差异。客户进行即时交易时,须在中国银行规定范围内选择容忍点差。确认交易时,系统比较价格差异是否超过了客户设置的容忍点差,如差异在客户容忍点差范围内,交易将基于确认时的中国银行交易报价成交,如超出客户容忍点差范围则不予成交。

委托交易是指客户提交委托指令,指定金额、买卖方向、价格或点数,等待成交的交易。委托交易类型包括获利委托、止损委托、二选一委托和追击止损委托,客户具体可发起的委托交易类型以各渠道实际提供为准。

在进行委托交易时,客户应指定委托有效时间,委托有效时间最长不超过7个自然日(精确到"时",最长委托交易有效时间以各渠道实际提供为准),在委托有效期过后所有的委托交易将自动失效。委托交易下中国银行与客户不构成委托代理关系,客户指定的要素仅为交易达成的条件。客户可以主动撤销委托交易有效时间内未成交的指令,委托到价时,若客户资金不足,委托将失效。

5. 投资门槛

客户单笔交易起点金额为50手,1手等于1面值的货币对基础货币,交易最小递增单位为0.01手。中国银行有权根据法律法规、监管要求、客户需求、业务发展或风险管理等需要,不时调整本产品的交易起点金额、交易最小递增单位,具体数额以各交易渠道提示为准,同时中国银行有权另行设置单笔交易上限、年累计交易限额或其他交易限额。

(二)查看外汇牌价

(1)进入中国银行官方网站(https://www.boc.cn/),在导航栏中点击"金融市场"(图9-1)。

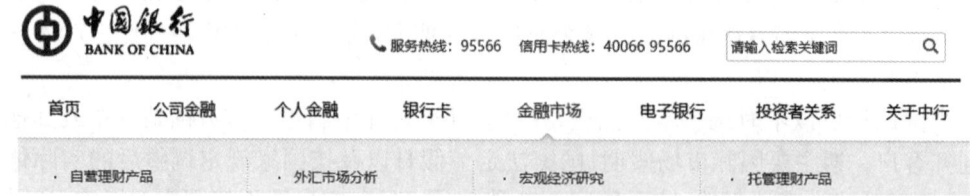

图9-1 中国银行首页导航栏

(2)下拉页面,在新打开页面的右侧可以看到外汇牌价信息,要想查看更多更详细的外汇牌价,可以点击"外汇牌价"(图9-2)。

图9-2 中国银行"金融市场"界面

(3)在新打开的页面中就可以查看到当时最新的外汇牌价(图9-3)。

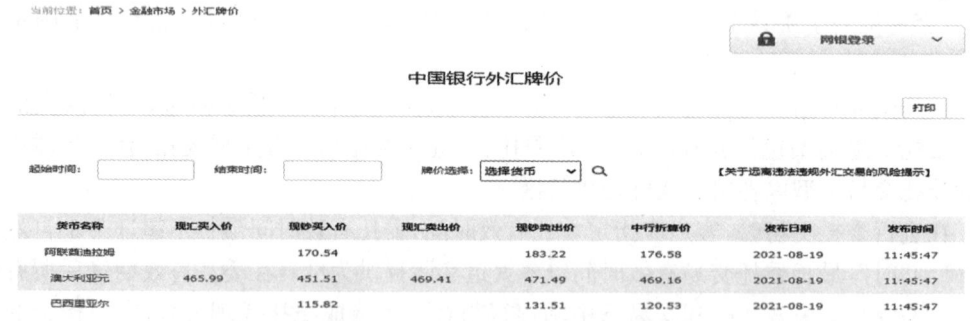

图9-3 中国银行"外汇牌价"界面

二、中国工商银行个人外汇买卖业务

中国工商银行个人外汇买卖业务指工商银行为个人客户提供不同外汇之间买卖的交易产品。该产品适用于具有完全民事行为能力且具备相应风险承受能力以及满足产品适合度评估的个人客户。客户在申请办理个人外汇买卖业务前,须认真阅读《中国工商银行外汇买卖产品介绍》《中国工商银行外汇买卖交易规则》等材料,充分了解外汇买卖的产品特点及相关风险,须接受中国工商银行风险承受能力评估和投资交易类产品适合度评估。符合相关要求的客户,可与中国工商银行签署《中国工商银行外汇买卖交易协议》,开通个人外汇买卖业务。

(一)交易要点

1. 交易渠道

客户可通过营业网点、自助终端以及电话银行、网上银行等电子银行渠道办理外汇买卖业务。

2. 交易品种

中国工商银行针对美元、欧元、日元、英镑、瑞士法郎、加拿大元、澳大利亚元、新加坡元、港币、新西兰元、挪威克朗、丹麦克朗和瑞典克朗等币种开办个人外汇买卖业务,最多共40种货币对(客户可交易的货币对以工商银行相应渠道实际提供为准,工商银行将根据客户需求和业务发展情况增加或调整交易币种)。

3. 交易时间

营业网点交易时间为周一至周五的各营业网点实际营业时间。电子银行渠道交易时间为:周一 07:00～24:00;周二至周五 00:00～24:00;周六 00:00～04:00。

遇主要国际市场假期、国家法定节假日以及按国家规定调整后的实际休息日,或受自然灾害、战争等不能预见、不能避免、不能克服的不可抗力事件影响,或受国际上各种政治、经济、突发事件等因素的影响,或受通信故障、系统故障、电力中断、市场停止交易等意外事件或金融危机、国家政策变化等因素的影响,中国工商银行可暂停全部或部分外汇买卖交易,并在可行的前提下,尽可能提前或在可行的合理时间通过官方网站或其他形式告知客户。暂停期间,实时交易和挂单交易无法办理,已生效的挂单指令不能执行,但挂单指令的有效期计算不受影响。

4. 交易方式

其外汇买卖交易按照交易方式不同,分为实时交易和挂单交易。实时交易是指客户按照工商银行的交易报价实时买卖外汇的交易。挂单交易是指客户提交挂单指令,当工商银行交易报价满足挂单条件时,按挂单价格成交的交易。挂单交易包括获利挂单、止损挂单、双向挂单、循环挂单、一对多挂单、触发挂单和追加挂单。循环挂单、一对多挂单、触发挂单及追加挂单仅适用于个人客户的先买入后卖出交易类型。

个人外汇买卖挂单的有效期包括24小时、48小时、72小时、96小时、120小时、当周有效和30天。挂单有效期连续计算,即若挂单期间遇节假日或其他原因,工商银行暂停开展外汇买卖业务,则暂停营业的时间仍计入挂单有效区间。例如,客户于周五上午8:00成功提交了一笔有效期为72小时的挂单,则该笔挂单将于下周一的上午8:00到期,周六和周日的非营业时间并不从挂单有效期中扣除。

客户的挂单交易可于暂停营业期间失效。例如,客户于周五上午8:00成功提交了一笔有效期为24小时的挂单,若期间始终未达到成交条件,则该笔挂单将于周六上午8:00自动失效,不受此时处于周末非营业时间的影响。

5. 投资门槛

外汇买卖先买入后卖出交易及先卖出后买入交易中,日元的单笔交易起始金额(仅指客户卖出外汇)为500日元,交易最小递增单位为1日元;挪威克朗、瑞典克朗的单笔交易起始金额(仅指客户卖出外汇)为100单位外币,交易最小递增单位为0.01单位外币;其他币种的单笔交易起始金额(仅指客户卖出外汇)为 10 单位外币,交易最小递增单位为 0.01 单位外币。

客户外汇买卖交易具体交易起点及最小递增单位以中国工商银行相应交易渠道实际提供为准。中国工商银行可根据需要调整交易起点金额和最小递增单位。

(二) 查看外汇牌价

(1) 进入中国工商银行网上银行首页(https://www.icbc.com.cn),在导航栏点击"外汇业务"栏(图 9-4)。

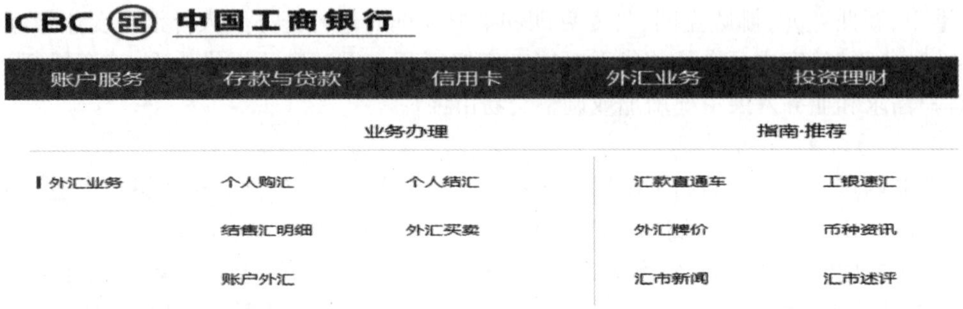

图 9-4 中国工商银行"外汇业务"界面

(2) 然后点击"外汇业务"下拉栏里的"外汇买卖",即可以看到最新的外汇牌价(图 9-5)。

图 9-5 中国工商银行"外汇牌价"界面

三、中国建设银行个人外汇买卖业务

中国建设银行个人外汇买卖业务是指建设银行接受个人客户委托,为其办理两种可自由兑换货币之间的买卖,以规避汇率风险,达到个人外汇资产保值增值目的的业务。在建设银行开立有外汇存款账户的居民个人,向建设银行申请并经审核同意,即可根据建设银行公布的外汇牌价,通过建设银行营业前台、电话银行、网上银行、手机银行进行两种外汇之间的实盘买卖。以下为建设银行个人外汇买卖业务的交易要点。

(一) 交易要点

1. 交易渠道

中国建设银行个人外汇买卖业务有五种交易方式,即柜台交易、自助终端交易、电话交易、网上交易和手机交易。

2. 交易币种

建设银行个人外汇买卖业务包括 9 种外汇：美元、日元、港币、英镑、欧元、瑞士法郎、加拿大元、澳大利亚元和新加坡元，可以直接进行共 36 种货币对之间的交易。

3. 交易时间

柜台、自助终端交易时间：周一至周五 9:00～18:00（中午不休息，国内外法定节假日及特殊交易时间见建设银行交易网点发布的公告，或可以收听 95533 电话银行语音提示）。

电话交易、网上交易、手机交易时间：周一上午 7:00～周六上午 4:00，其间无系统切换时间（国内外法定节假日及特殊交易时间见建设银行交易网点发布的公告，或可以收听 95533 电话银行语音提示）。

建设银行各分行具体的外汇买卖交易方式和时间可能存在差异，详细情况请登录分行网站查询。

4. 交易方式

客户可选择实时交易或委托交易两种形式。实时交易指按建设银行公布的个人外汇买卖牌价成交；委托交易指客户可选择委托牌价进行挂单，如某一时刻建设银行牌价符合挂单成交条件，则挂单成交，否则该笔挂单在客户指定的挂单有效时间内或周末交易结束时自动失效。客户在委托交易未成交时，可进行撤单，取消该笔委托。但若委托交易已成交，则不可撤销。委托交易分为获利挂单、止损挂单、双向挂单和追加挂单四种形式（止损挂单、双向挂单、追加挂单目前仅限于柜台、自助终端和电话交易）。

5. 投资门槛

实时交易和委托交易的起点金额由建设银行各分行根据当地市场情况自行确定。最低起点金额为 10 美元或其他等值外汇。

（二）查看外汇牌价

（1）进入中国建设银行网上银行首页（http://www.ccb.com），点击首页的"投资理财"栏，点击下方出现"外汇投资"栏（图 9-6）。

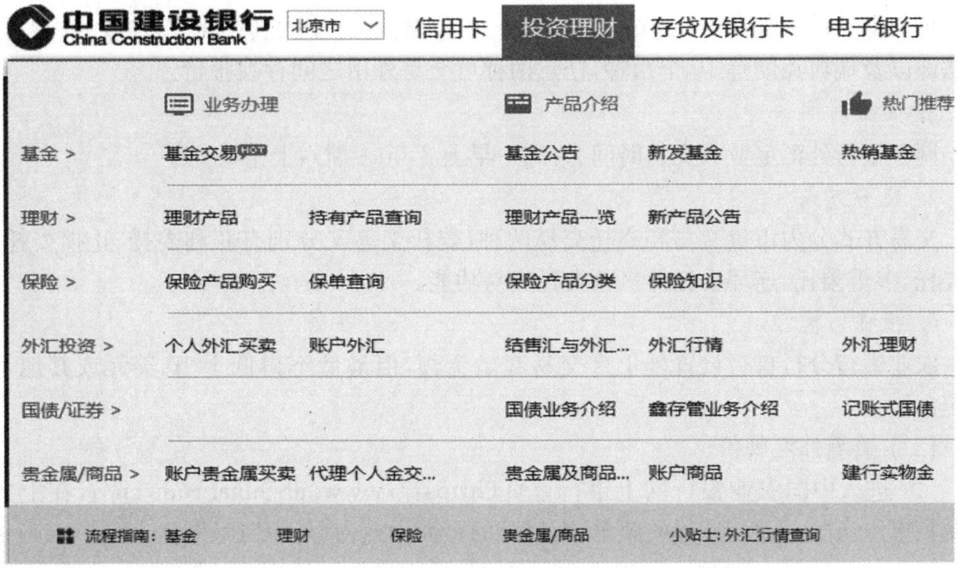

图 9-6 中国建设银行"投资理财"界面

(2)在新打开的页面中点击"外汇行情"就可以看到建设银行最新的外汇牌价,包括结售汇参考牌价和外汇买卖参考牌价(图9-7)。

外汇行情

币种	买入价	卖出价	发布时间	走势图	操作
欧元/美元	1.164	1.1756	2021-08-21 07:00:02		外汇买卖
美元/日元	109.26	110.36	2021-08-21 07:00:02		外汇买卖
英镑/美元	1.3555	1.3691	2021-08-21 07:00:01		外汇买卖

图 9-7 中国建设银行"外汇牌价"界面

四、中国农业银行个人外汇买卖业务

中国农业银行外汇宝是指个人客户以其在农业银行所持有的借记卡储蓄存款余额,在农业银行规定的交易时间内,通过指定的营业机构柜面或农业银行提供的其他交易途径,按农业银行对外公布的外汇宝交易报价,把一种外币买卖成另一种外币的业务。个人与农业银行签订《中国农业银行外汇宝交易协议》,在农业银行开立借记卡(理财卡)外币储蓄账户后,可利用账户内的活期外汇存款进行外汇宝交易。

(一)交易要点

1. 交易渠道

可通过柜台、自助终端、电话银行、网上银行等多个渠道进行外汇宝交易。

2. 交易币种

可交易的币种包括美元、英镑、欧元、日元、加拿大元、澳大利亚元、新加坡元、港币、瑞士法郎以及瑞典克朗等10个币种,任意两种可交易外币之间存在报价。

3. 交易时间

网上银行外汇宝业务交易时间为:周一早上8:00~周六上午6:00。

4. 交易方式

交易方式分为市价交易和委托交易两种,委托交易又分别有获利委托、止损委托、双向委托、多重委托、连环委托等多种委托交易功能。

5. 投资门槛

农业银行分行自行设置外汇宝交易起始金额,但最低不得低于10美元或其他等值外汇。

(二)查看外汇牌价

(1)进入中国农业银行网上银行首页(https://www.abchina.com/cn/),在上方的菜单栏里点击"个人服务"导航菜单,在打开的页面中点击"外汇"栏(图9-8)。

图 9-8　中国农业银行"个人服务"界面

(2) 进入中国农业银行外汇投资页面,在左侧的"外汇工具箱"栏中点击"外汇行情"(图 9-9)。

图 9-9　中国农业银行"外汇工具箱"界面

(3) 在打开的操作界面中即可查看最新的农业银行外汇牌价(图 9-10)。

货币对	走势曲线	买入价	卖出价	最低买入	最高卖出	操作
EUR/USD(欧元/美元)		1.1681	1.1697	1.1658	1.1751	取消
USD/JPY(美元/日元)		109.47	109.67	109.39	110.33	取消
AUD/USD(澳大利亚元/美元)		0.7147	0.7173	0.7141	0.7278	取消

图 9-10　中国农业银行"外汇牌价"界面

五、交通银行个人外汇买卖业务

交通银行外汇宝交易是指个人客户在交通银行分支机构受理其外汇宝签约申请,为其开立外汇宝业务外币储蓄账户的规定交易时间内,通过银行柜面或电子渠道办理的不同外汇币种之间的兑换,并同时完成资金交割的个人外汇买卖(实盘)交易。客户持有外币现金或在交通银行有外币储蓄存款,与交通银行签署《交通银行个人外汇买卖(实盘)交易守则》后,即可进行外汇宝交易。目前外汇宝签约已实现网上自助签约,客户可通过交通银行网上银行办理签约。

(一)交易要点

1. 交易渠道

可通过柜台交易、电话银行、网上银行、手机银行和自助终端系统等多个渠道进行外汇宝交易。

2. 交易币种

交通银行个人外汇买卖业务有美元、日元、港币、英镑、欧元、瑞士法郎、加拿大元、澳大利亚元共8个币种。

3. 交易时间

交通银行个人外汇买卖业务目前交易时间为:每周一上午6:00～周六上午4:00,视业务开展情况银行可能进行交易时间调整。

4. 交易方式

外汇宝的交易方式包括即时交易和挂盘交易。其中挂盘交易分为盈利挂盘、止损挂盘、双向挂盘和组合挂盘。

5. 投资门槛

最低50美元,客户可从事即时交易和挂盘交易。

(二)查看外汇牌价

(1) 进入交通银行网上银行首页(http://www.bankcomm.com/),查看首页左边"个人业务"的"外汇服务"界面(图9-11)。

图9-11 交通银行"外汇服务"界面

(2) 在"外汇服务"界面点击"外汇牌价",即可查看交通银行提供的外汇牌价(图9-12)。

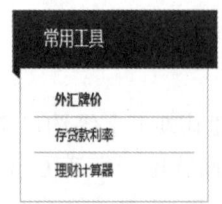

图9-12 交通银行"外汇牌价"界面

第二节 MT5 外汇交易平台

一、MT5 外汇交易平台简介

MT5 是 MetaTrade 5 的英文缩写,它是由迈达克软件公司编写的一款金融交易软件。MT5 外汇交易平台(以下简称 MT5 平台)提供了先进的金融交易功能以及更高级的技术分析和基础分析工具。该平台除了有桌面版和移动版,还有网页版。

(一) MT5 平台特点

1. 灵活的交易系统

MT5 平台提供了一个强大的带有市场深度的交易系统和一个独立的订单和账户交易系统。它支持传统的单边持仓和锁仓持仓两种持仓账户系统。四种订单执行模式即时执行、请求执行、市场执行和交易所执行可用于满足各种金融交易品种。平台支持所有类型的交易订单,包括市价单、挂单、止损单以及追踪止损。在这种多样订单类型和可用执行模式下,交易者可以使用任何适用的交易策略在金融市场获得成功。

2. 专业的技术分析

MT5 平台体现了一体化概念并提供了令人印象深刻的分析工具。它允许一次性打开最多 100 张外汇和股票报价图表。其提供的 21 种时间表可以实现对所有细微价格变动的全面详细分析。交易者可以利用 MT5 平台提供的 80 多种技术指标和分析工具,包括图形对象工具,进行更详细报价动态分析工作。

此外,程序端的可用分析资源并不局限于内置工具。交易者还可以从官方代码库选择数百种免费指标,或者从拥有 2 500 多种现有算法应用程序的市场中购买或租用,以及通过自由职业者服务聘请专业的程序员为自己定制自定义指标。所有这些功能强化了平台的分析能力和获取详细精确报价技术分析的能力。

3. 基础分析

基础分析是另一个可以用来预测金融市场价格动态的工具。基础分析的目标在于不断监测各种经济和工业指标。交易者可以直接从 MT5 平台获得发布的原始基础数据,来自国际新闻机构的新闻报告可在平台直接显示,提供必要的金融信息。经济日历具有提供不同国家主要宏观经济指标的功能,允许交易者分析这些指标对各种金融市场造成的影响。

4. 移动交易

通过 MT5 平台,交易者无需台式电脑就可以进行正常的金融市场交易,只需要在智能手机、平板或电脑上安装 MetaTrader 5 安卓或 iOS 移动版。移动应用程序支持所有交易功能,并通过使用技术指标和图形对象提供广泛的分析功能,用户可以监控账户状态,查看交易历史以及更多内容。

5. 网页交易

当无法安装桌面程序端或不能使用移动版时,网页版 MT5 平台是一个完美的解决方案。它能适配多种浏览器和操作系统(Windows/Mac OS/Linux),交易者可以通过网页版 MT5 平台从事外汇和交易所市场的交易,分析金融市场以及下订单。

6. 算法交易

算法交易是 MT5 平台最为重要的功能之一。自动交易操作无需交易者的参与,就可以根据设定好的算法分析报价和执行交易操作。

7. 虚拟主机

通过虚拟主机功能,MT5 平台在电脑关闭时也可以执行操作。点击几次,将平台虚拟化,并在一台远程服务器上自动运行它,自动交易和信号订阅将会以最小的延迟全天候运行。

(二) MT5 平台下载与安装

首先打开 MT5 中文网站(https://www.metaquotes.net/cn),在其界面上有多种下载方式,本教材后面的阐述都是以选择 PC 端下载方式为基础。下载 MT5 软件包进行安装,安装后打开,在主界面打开菜单栏里的文件"注册模拟账户",随意填写相关信息,但是不要留有空白。根据界面提示进行操作,最后系统会自动生成一个交易者指定金额的模拟账户,此时交易者就可以在外汇市场中进行模拟交易了。

二、MT5 平台界面

MT5 平台为使用者提供了一个简洁友好的界面。所有命令均可从菜单栏里访问,并且许多常用命令也在工具栏里(图 9-13)。

标题栏
菜单栏
工具栏
市场报价
数据窗口
导航
终端

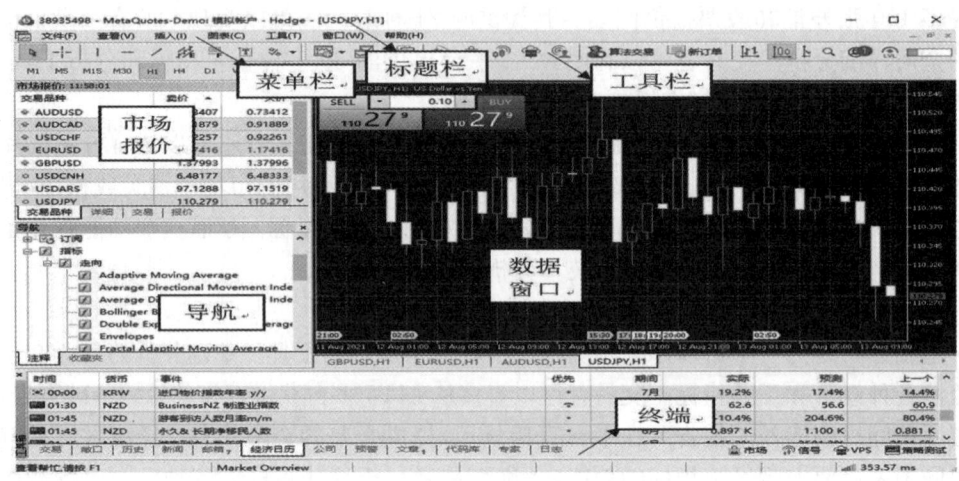

图 9-13 软件操作界面

1. 标题栏

软件的标题栏显示当前的账号、软件名称和当前激活的图表窗口的标题及其分析周期,如图 9-14 所示。

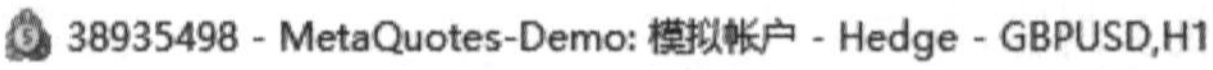

38935498 - MetaQuotes-Demo: 模拟帐户 - Hedge - GBPUSD,H1

图 9-14 标题栏

2. 菜单栏

菜单栏几乎包括 MT5 平台所有的功能入口以及能够在交易平台里执行的所有功能。

它可为图表操作、分析工具、平台设置和其他功能提供访问。如图 9-15 所示,菜单栏由以下项目组成:文件、查看、插入、图表、工具、窗口、帮助。通过"文件"菜单,可以选择"登录到交易账户",添加交易账户(账号、密码并选择服务器),也可以把整个软件窗口"保存为图像"生成图片保存到电脑里。通过"查看—Languages",可以将语言调整为自己常用的语言。通过"查看—交易品种",可看到交易商所有的产品类别,用户对要看的产品/产品组合可进行显示(在"市场报价"里可见),也可进行隐藏(在"市场报价"里不可见)。

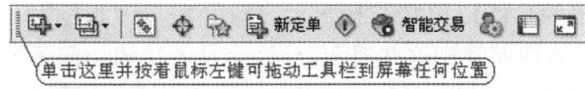

图 9-15 菜单栏

3. 工具栏

工具栏位于菜单栏的下方,如图 9-16 所示。工具栏有三种内置工具条:基本(常用基本操作)、线研究(走势图选择)和周期(时间)。工具栏包含与菜单栏重复的命令和功能。不过,这些命令是可自定义的,所以可以仅收集常用功能。

图 9-16 工具栏

4. 市场报价

在"市场报价"面板中(各选项卡如图 9-17 所示),"交易品种"选项卡显示有交易品种,包括欧元兑美元、美元兑英镑等;"详细"选项卡会显示当前币种的卖价、买价、最高(低)买价和卖价等;"交易"选项卡让用户可以选择交易品种进行买卖;"报价"选项卡会显示所选商品的实时信息走势。

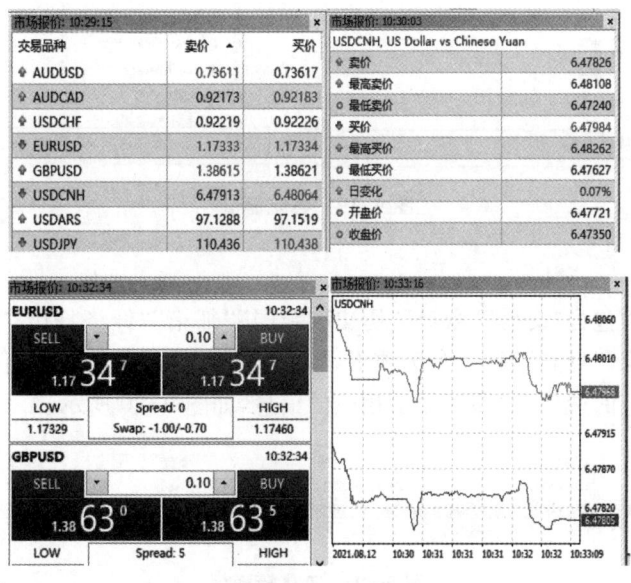

图 9-17 "市场报价"面板各选项卡

5. 数据窗口

"数据窗口"面板是该软件用于显示商品价格和走势的主要区域,这是最重要的部分。在相应的商品行情走势图(图 9-18)的标题栏上双击,即可放大显示该窗口。

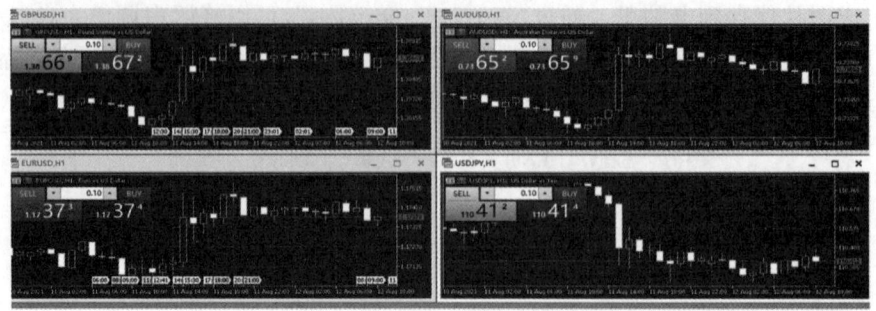

图 9-18　数据窗口

6. 导航

"导航"面板列出的功能以树状结构显示,包括"账户""指标""EA 交易""脚本"等。该面板能够帮助交易者快速管理这些对象,允许交易者快速访问不同的终端功能。这个窗口可以使用快捷键"Ctrl＋N"打开,或者使用主菜单中的"查看—导航"命令打开,在这里可以添加多种技术指标,如图 9-19 所示。

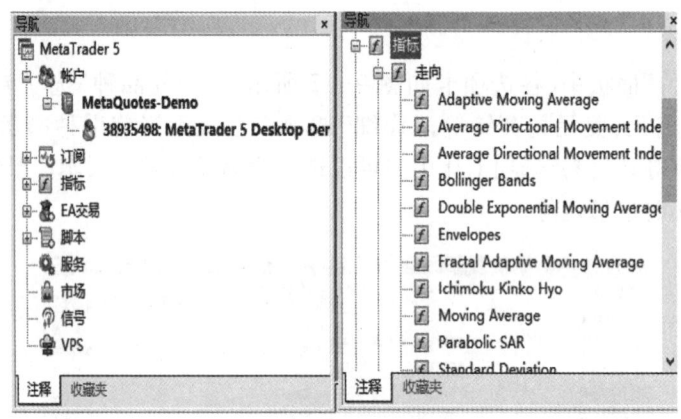

图 9-19　导航窗口

7. 工具箱

"工具箱"面板包含"交易""敞口""历史""新闻""邮箱""经济日历""公司""预警""文章""代码库""专家""日志"等 12 个选项卡,默认情况下,显示的是"邮箱"选项卡,显示邮件信息。单击相应的选项卡,即可显示相应的信息,如图 9-20 所示。

图 9-20　工具箱面板

三、MT5平台交易操作

(一) 开仓

开仓是交易的第一步,是根据市价单或挂单指令所做出的。

1. 市价单

市价单是指以当前的市场报价成交的订单。交易者下了一个市价单,就意味着允许外汇经纪商在市场当前的任何价格为交易者买入或者卖出。要强调的是,买价和卖价都是基于银行或金融机构的角度,而不是基于交易者的角度。在市价单中可以同时设置止损和获利订单。

例如,英镑兑美元(GBP/USD)当前汇率报价为1.380 55/1.380 58,如图9-21所示,如果此时想要做多英镑,可以点击交易平台上的"买入"键,系统会自动按照当前市价1.380 58卖出英镑,按当前市场价格建立一笔GBP/USD多头订单。

订单可通过订单控制窗口"新订单"发出执行指令。此窗口可以通过"工具—新订单"操作打开,也可以通过工具栏中的 按钮打开,或使用热键F9打开,或在"市场报价"窗口中使用右键菜单的"新订单"命令打开,也可以在"市场报价"窗口中鼠标左键双击金融品种的名称打开,如图9-21所示。

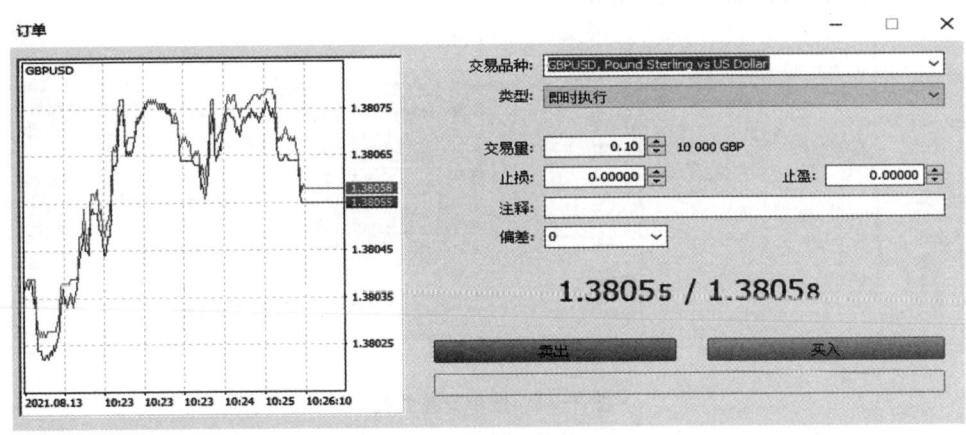

图9-21 市价单交易界面

图9-21右侧的选项比较多,交易者需要一一知晓。

(1) 交易品种:交易者选择的货币对,交易品种中的货币对就是左边趋势线中展现出来的货币对。

(2) 交易量:交易者选择交易的数量,表示交易者交易基准货币的手数,其最小变动幅度为0.01。

(3) 止损:止损挂单原则上是指挂单的价格劣于当前的市场报价,这主要是为了平仓截断亏损,防止更大的损失。如果交易者进行买入交易,止损挂单设定的卖价要低于当前的买价;如果交易者进行卖出交易,止损挂单设定的买价要高于当前的卖价。一旦市场价格变动,达到客户挂单时的价格,系统就会自动执行交易。

(4) 止盈:止盈挂单原则上是指挂单的价格优于当前的市场报价,这主要是为了让投资者盈利后及时获利了结,防止市场反向运行导致盈利回撤。如果交易者进行买入交易,止盈挂单(卖出)价格应高于当前的买入价格;如果是卖出交易,挂单(买入)价格应低于当前的卖出价格,如此才能实现最终盈利。

(5) 注释:填写注释内容。

(6) 偏差:滑点,即允许成交价和市场现实报价的最大偏差,1个点表示基准货币为1时,价格的0.01%变动。如果系统在执行指令时,发现市价超出了相应数额,该指令会被自动取消。不选或选择"0"表示不允许滑点成交。

(7) 卖出/买入:选择下单方向建立多仓或空仓。订单设定好以后,点击"卖出"或"买入"按钮后,即弹出成交信息窗口,点击"确定"关闭窗口。成交后的订单将显示在"工具箱—交易"窗口,图表上也将显示开仓部位的下单价格水平。有时在按下"卖出"或"买入"按钮后,遇价格波动剧烈,可能会出现"重新报价"窗口,要求对新价格进行确认。

2. 挂单

挂单交易指在未来的价格等于设定的价格水平时才以市价成交,挂单同时也可以设置止损价和获利价。在订单界面选择"挂单",订单界面就会出现与"即时执行"不完全相同的选项(图9-22)。"类型"右边有下拉菜单,包括六种类型:买入限价(buy limit)、买入止损(buy stop)、卖出限价(sell limit)、卖出止损(sell stop)、买入止损限价(buy stop limit)、卖出止损限价(sell stop limit)。

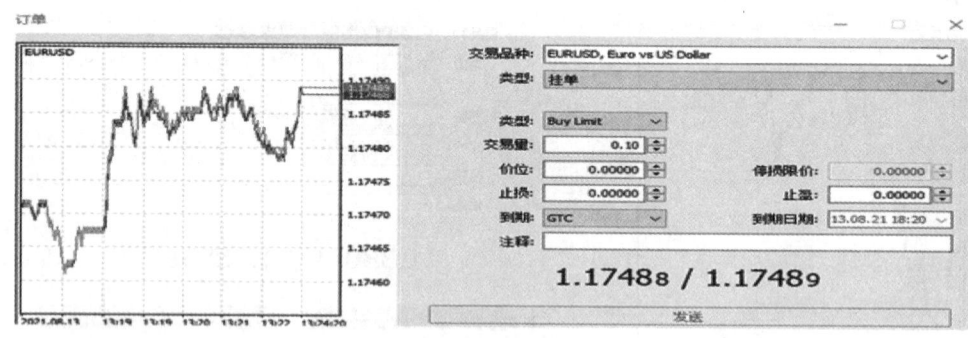

图9-22 挂单交易界面

1) 买入限价

买入限价指在当前价格下方某个价格挂买单(低价买入),即逢低做多,交易者希望在更低的价位时买入。交易者认为价位跌到某个点位,买入比较安全。通常这种订单预期市场价格会下跌到某个价位,然后再上涨。

假设目前市场上 AUD/USD 买入价是 0.772 55,交易者预估它下跌到 0.770 00 后会上涨,在 0.772 55 递交一份价格为 0.770 00 的买入限价单。如果此时 AUD/USD 交易价格降至 0.770 00,则该买入限价单会自动成交。

2) 买入止损

买入止损指以高于现价的价位限价买入,交易者认为当价位一旦突破某个价位时,就是向上突破了,故此买入,即突破追多。这在行情中表现为追涨,通常交易者在阻力位上设置这一挂单。通常这种订单预期市场价格会到达某个价位然后继续上涨。

假设目前市场上 AUD/USD 买入价是 0.772 42，交易者预估它上涨到 0.800 00 还会继续上涨，在价格为 0.772 42 时递交一份价格为 0.800 00 的买入限价单。如果此时 AUD/USD 的交易价格上涨至 0.800 00，则该买入限价单会自动成交。

3）卖出限价

卖出限价指在当前价格上方挂卖单（高价卖出），即逢高做空，交易者希望在更高的价位卖出。交易者认为价位涨到某个时候，卖出比较安全。通常这种订单预期市场价格会上涨到某个价位然后回落。

假设目前市场上 AUD/USD 卖出价是 0.772 57，交易者预估它上涨到 0.800 00 会下跌，在 0.772 57 递交一份价格为 0.800 00 的卖出限价单。如果此时 AUD/USD 交易价格上涨到 0.800 00，则该买入限价单会自动成交。

4）卖出止损

卖出止损指在当前价格下方挂卖单（低价卖出），即低位追空，交易者希望以比现价更低的价钱卖出。交易者认为当价位一旦突破某个价位时，就是向下突破了，故此卖出。通常这种订单预期市场价格会下跌到某个价位，然后继续下跌。

假设目前市场 AUD/USD 上卖出价是 0.772 97，交易者预估它下跌到 0.700 00 会继续下跌，在 0.772 97 递交一份价格为 0.700 00 的卖出限价单。如果此时 AUD/USD 交易价格下跌至 0.700 00，则该卖出限价单会自动成交。

5）买入止损限价

买入止损限价指当价格上涨，先达到 buy stop 价位，触发 buy limit 订单，之后达到 buy limit 价位时，执行多单建仓即突破回踩买入。设置挂单时，buy stop 价位必须高于现价，buy limit 价位必须低于 buy stop 价位。

假设目前市场 AUD/USD 上买入价是 0.772 31，交易者预估它上涨到 0.800 00 的时候会下跌，但下跌到 0.790 0 的时候会上涨。此时，可设置一个挂单：如果价位达到 0.800 00，则激活这个挂单，一旦价位达到 0.790 0 则买入。

6）卖出止损限价

卖出止损限价指当价格下跌，先达到 sell stop 价位，触发 sell limit 订单，之后达到 sell limit 价位，执行空单建仓即突破回踩卖出。设置挂单时，sell stop 价位必须低于现价，sell limit 价位必须高于 sell stop 价位。

假设目前市场上 AUD/US 卖出价 D 是 0.772 57，交易者预估它下跌到 0.760 0 的时候会上涨，但上涨到 0.780 0 的时候会下跌。此时，可设置一个挂单：如果价位达到 0.760 0，则激活这个挂单，一旦价位上涨达到 0.780 0 则卖出。

对于以上六种类型的指令，若交易者不能够做到实时盯盘，可以根据外汇市场的货币对趋势进行判断，选择其中一种指令进行设定。

"交易量"是按照手数计量的；"价位"是交易者选择不同指令交易时所设定的执行价格；"止损"和"止盈"与"即时执行"交易方式的含义一致，这里不再赘述，不论是"即时执行"交易还是预设新单交易，都能同时设置止损价位和获利价位。

"到期"栏分为三个选项：今天、指定和指定日。"今天"和"指定日"是让交易者在某个具体的日子里交易，但是对于在该日的具体什么时点进行交易不做限制；"指定"是要求交易者自己设定具体日子的时点，时间需要具体到某时某分。如果交易者不进行选择，系统显示 GTC(good till cancel,即直至取消),就意味着当市场价格达到指令设定的价格时,交易取消。设置日期时,一定要注意"期限日期"中的日期表示形式为"日/月/年"的顺序,与中国日期的习惯表示形式不一样。

(二) 平仓

平仓是交易的第二步,平仓以后才构成完整的交易。平仓有三种情况,分别是主动平仓、挂单平仓、强制平仓。

1. 主动平仓

主动平仓指根据对行情的判断认为平仓的时机成熟而选择手工市价平仓。在"已开仓订单"上点右键"平仓"或直接双击,打开"平仓"窗口,点"平仓"按钮即可完成以市价平仓。

2. 挂单平仓

挂单平仓指在"已开仓订单"设置了止盈和止损价格的前提下,当市价达到所设置的价格时,系统会自动平仓。挂单指令会在服务器端执行,无需人工干预。

3. 强制平仓

强制平仓指当浮动亏损导致账户净值低于平台规定的最低维持保证金水平时,系统会自动强制平掉所有仓位。要注意的是,如果遇市场价格剧烈波动,系统可能会跳过强制平仓点"平掉",导致实际亏损金额高于理论数值。

 课程思政案例

中国银行股份有限公司外汇宝产品风险揭示书

产品有风险、交易须谨慎

本产品相关过往市场变化不代表其未来走势,不代表

本产品实际收益或损失,交易须谨慎

尊敬的客户:

由于外汇宝产品(以下称"**本产品**")有可能包含各种风险因素,根据监管要求和投资者权益保护的需要,在您叙作本产品前,请仔细阅读以下风险揭示内容:

客户在叙作本产品之前,应充分认识并完全理解可能遇到的各类风险,并须自行承担有关风险及损失。**鉴于本产品存在外币资金兑换潜在损失的可能性,客户应确认其参与本产品交易活动的损失将不会对客户的个人财务状况和生活产生重大影响;否则,客户将不适合也不应叙作本产品。**

在叙作本产品之前,客户应仔细阅读《产品说明书》,了解产品的具体情况;**客户应确保已认真阅读并充分理解《外汇宝产品协议》《产品说明书》《风险揭示书》及其他销售文件项下内容,自愿开展相关交易,并同意承担全部风险。**

以下仅为中国银行基于目前市场情况和本产品特点列举的主要风险种类和对风险因素的客观分析,本产品可能还存在其他未能预知的风险,《风险揭示书》并不保证涵盖本产品的全部风险种类,同时也不代表中国银行对市场情况的预测。

一、主要风险

(一) 政策风险

本产品是根据当前相关法律法规、国家政策和监管规定设计的产品,如遇法律法规、

国家政策或监管规定发生变化,可能影响到客户正常交易,也可能造成本产品的交易规则调整或业务暂停,可能给客户造成损失。

（二）市场风险

受全球相关外汇市场影响,如本产品交易价格发生不利波动,可能导致客户受到损失。

（三）交易成本变动风险

1. 止损委托：客户进行止损委托交易或包含止损委托的组合委托交易时,由于银行买入价和银行卖出价之间的价差非完全固定,市场剧烈波动、流动性匮乏等原因可能导致买卖价差的临时性扩大,并触发客户委托成交。例如：假设银行的欧元/美元报价为1.199 5（银行买入价）/1.199 7（银行卖出价）,此时客户下达一笔买入止损委托,止损价格为1.200 0,但某一时刻因外汇市场流动性的变化,银行报价买卖价差临时扩大,变为1.199 1/1.200 1（触发止损委托）,尽管市场随后回稳又恢复为1.199 5/1.199 7,但客户的止损委托已经按银行买卖价格（即银行卖出价）的触发机制,以客户委托价格1.200 0的价格被执行。

2. 客户容忍点差：客户确认即时交易时,系统将比较客户提交价格与中国银行最终将确认成交价格之间的差异,如差异在客户设置的客户容忍点差范围内,交易以确认时的银行价格成交,如超出客户容忍点差范围则不予成交。

（四）流动性风险

如因市场流动性原因中国银行交易报价价差扩大或停价,客户交易可能无法完成或潜在损失扩大。

（五）电脑系统和通讯风险

由于外汇市场价格和交易传输均依赖于计算机系统、互联网为基础的电子通讯技术,互联网之间的信号、接收或线路、设备配置或其连接系统之可靠度、网路不畅、系统故障、黑客攻击、病毒皆非由中国银行所能预见、控制和解决,如中国银行未能接收到完整、正确的信息或系统不能正常运行,可能导致中国银行暂停报价或发生错误报价。暂停报价时,客户将无法交易；对于客户基于中国银行错误报价而成交的交易,中国银行将有权撤销该错误交易。

（六）操作风险

客户通过电子渠道提交交易申请,须按照各电子渠道系统预设条件指示正确、完整、真实地填写电子指令信息,可能因客户人为原因造成操作失误,导致客户损失。

（七）转账限制风险

客户的资金转账等操作受到系统维护等因素影响,客户叙作交易前应关注中国银行就系统维护等情况的相关公告,保持适当充足的资金满足交易叙作。

（八）不可抗力及突发事件风险

受不能预见、不能避免、不能克服的不可抗力事件影响,或受国际上各种政治、经济、突发事件等因素的影响,或受电力中断、市场停止交易等意外事件或金融危机等因素的影响,可能对客户正常买卖本产品造成影响,进而可能使客户受到损失。

……

资料来源：中国银行网. 中国银行股份有限公司外汇宝产品风险揭示书[EB/OL]. [2022-09-05]. https://pic.bankofchina.com/bocappd/pbservice/202105/P020210520662929504783.pdf.

 **本章小结**

　　(1) 国内主要国有商业银行均开通了个人外汇买卖业务,国内的投资者可通过商业银行的营业网点、自助终端以及电话银行、网上银行等电子银行渠道办理个人外汇买卖业务。个人外汇买卖业务交易品种主要包括美元、欧元、英镑、日元、瑞士法郎、澳大利亚元、加拿大元、新加坡元、港币等币种;各个银行营业网点的交易时间、电子银行渠道交易时间存在差异;各个银行的客户都可选择实时交易、委托交易等形式的交易方式,起点金额由各银行分行根据当地市场情况自行确定。

　　(2) MT5 是 MetaTrade5 的英文缩写,它是由迈达克软件公司编写的一款金融交易软件。MT5 平台提供了先进的金融交易功能以及更高级的技术分析和基础分析工具。MT5 平台为使用者提供了一个简洁友好的界面,所有命令均可从菜单栏里访问,并且许多常用命令也可在工具栏里找到。MT5 平台交易操作过程中,开仓是交易的第一步,是根据市价单或挂单指令所做出的;平仓是交易的第二步,平仓以后才构成完整的交易。平仓有三种情况,分别是主动平仓、挂单平仓、强制平仓。

 关键概念

中国银行　工商银行　建设银行　农业银行　交通银行　个人外汇买卖业务　市价单　挂单　平仓

本章习题

一、名词解释题

1. 委托交易
2. 买入止损限价
3. 强制平仓

二、简述题

1. 简述中国银行个人外汇买卖业务的操作要点。
2. MT5 平台的挂单方式有哪几种,分别有什么特点?

三、操作题

1. 整理一家国内银行外汇实盘业务信息(包括产品特色、交易币种、申办条件、操作步骤、注意事项等)。
2. 登录 MT5 平台,选择某一货币对分析其外汇行情,做出该货币对的即时交易或委托交易决策并进行下单操作。

交易分析篇

JIAOYI FENXI PIAN

第十章 外汇交易基本面分析

知识概括

- 外汇交易基本面分析的概念及优缺点
- 影响汇率变动的中长期因素
- 影响汇率变动的短期因素
- 主要经济数据分析

第一节 外汇交易基本面分析概述

一、外汇交易基本面分析的概念

外汇交易基本面分析(以下简称基本面分析)是指以外汇的内在价值为依据,通过分析宏观经济基本因素的状况、发生的变化及其对汇率走势造成的影响,得出货币之间供求关系变化的结论,以此判断汇率走势的分析方法。其研究的对象一般涉及经济数据、政治、突发事件等方面。例如,美国的非农就业数据就是外汇市场每月重点关注的经济数据之一,该数据一经公布就可能会成为外汇市场方向的一个转折,甚至可能带给外汇市场剧烈的波动。外汇基本面分析一般用于判断中长期汇率变化的趋势。

二、基本面分析的优点和缺点

(一)基本面分析的优点

(1)帮助投资者把握市场趋势。很多投资者认为外汇交易非常复杂,其原因在于投资者无法把握外汇市场复杂多变的形势,而基本面分析可以让投资者从影响外汇市场的因素出发,逐一判断各因素可能对外汇市场产生哪些影响。投资者只有对外汇市场判断较为准确,才能紧紧跟随市场的变化,随时调整自己的交易计划。

(2)帮助投资者摆脱主观判断。脱离了基本面分析的投资者,对外汇市场的判断很容易掺杂自己的主观意见,同时也很容易受到其他投资者的影响。投资者进行基本面分析的时候,应紧紧围绕市场的变化来进行,从各项数据来分析外汇市场可能会发生的变化,这样得到的结果会更加准确。

(3) 配合技术分析指标帮助投资者综合判断外汇市场波动情况。有些投资者觉得技术分析指标很好用,就单一地利用技术指标去判断外汇市场,这存在一定的片面性。应该配合基本面分析去综合判断外汇市场波动情况,这有利于投资者把握外汇市场的发展趋势,从而制定出更好的交易策略。

(二) 基本面分析的缺点

(1) 具有片面性。基本面包括很多内容,除了商品的供求关系,还有本国及全球经济情况、政策、政治、军事、安全等因素,同时还包括天气、自然灾害等内容。可以说,没有一个人,甚至也没有一家机构能够全面了解基本面情况,市场上永远存在对价格有影响而投资者又没掌握的基本面情况。

(2) 具有变化性。基本面本身是动态的、变化的,而不是静止的。基本面未来的变化和市场价格一样无法被预测。未来的市场价格由未来的基本面情况决定,而不是由目前的基本面情况决定,投资者无法用目前所掌握的静态的基本面情况来分析预测未来动态变化的市场。

(3) 具有滞后性。这是因为投资者对基本面变化的了解速度永远赶不上市场价格的变化速度。

第二节　影响汇率变动的中长期因素

影响汇率变动的因素有长短期之分。中长期因素以购买力平价理论为基础,包括经济增长率、通货膨胀、国际收支等,主要反映的是基本面的变化,决定了汇率的长期趋势。短期因素以利率平价理论为基础,包括短期利率的波动、市场需求变化、汇率预期的变化以及央行的干预等,主要反映的是技术面、市场面以及政策面的变化,决定了汇率的短期波动。

一、经济增长率

经济增长率对一国货币汇率的影响是多方面的:①一国经济增长率高,意味着国民收入增加,国内的总需求水平提高,将增加该国的进口,导致经常账户逆差,本国货币汇率下跌。②一国经济增长率高,意味着劳动生产率提高很快,成本降低,因而改善本国产品的竞争地位有利于增加出口,抑制进口,并且经济增长率高会增强人们在外汇市场上对该国货币的信心,因而该国货币汇率会有上升的趋势。

二、通货膨胀

通货膨胀是指物价的持续增长。这里面所说的物价指的不是某种商品的价格,而是指一般的总体物价水平。通货膨胀的概念有两个关键点:①它指的是总的物价水平;②在相对较长时期内保持持续的增长,不是一个短期的增长。

通货膨胀一般从以下三个方面对汇率产生影响。

(1) 商品、劳务贸易方面。如果某国发生通货膨胀，那么该国出口商品、劳务的国内成本就会提高，这必然影响其国际价格，进而削弱该国商品和劳务在国际市场的竞争力，影响出口外汇收入。同时，在汇率不变的情况下，该国的进口成本会相对下降，且能够按已上涨的国内物价出售，这使进口利润增加，进而刺激进口，使外汇支出增加。由此，该国的商品、劳务收支关系会恶化，同时这扩大了外汇市场供求的缺口，推动外币汇率上升和本币汇率下降。

(2) 国际资本流动方面。一国发生通货膨胀，该国的实际利率（即名义利息率减去通货膨胀率）必然降低，投资者为追求较高的利率，就会把资本移向海外，这又会导致资本账户收支关系恶化，不利于该国的资本账户状况。资本的过多外流会导致外汇市场外汇供不应求，外汇汇率上升，本币汇率下跌。

(3) 心理预期方面。一国通货膨胀不断加重，会影响人们对该国货币汇率走势的心理预期，继而产生惜售、待价而沽与无汇抢购的现象，这会刺激外汇汇率上升，本币汇率下跌。

三、国际收支

国际收支指一国在一定时期内对外国的全部经济交易所引起的收支总额的系统纪录，这是影响汇率短期变化的重要因素。当国际收支出现顺差时，外汇供给大于需求，外国货币与本国货币的比值就会下降，本国货币升值。当国际收支出现逆差时，外汇需求大于供给，外国货币与本国货币的比值就会上升，本国货币就会贬值。

在国际收支中，国际贸易的数据更为重要。如果贸易盈余不断增长，本国货币在国际市场上的信心以及需求都会增加，汇率随之上升；相反，庞大的贸易逆差不断增加，市场对货币的信心和需求就会下降，最终导致货币贬值。外贸数字连续逆差或逆差大幅增加，这对市场心理的影响最强烈。

在分析经济发展对于汇率的影响时，需要注意两个方面：①贸易数据不会每时每刻影响汇率走势，不是一国出现逆差就会给该国货币带来贬值压力，而是当逆差达到一定幅度，才会给货币带来贬值压力。②需要注意进行纵向和横向对比：纵向对比，即进行一段时间的数值比较，观察数据恶化的程度；横向对比，即留意该国逆差值中的别国因素。

四、宏观经济政策

宏观经济政策指的是一国为实现充分就业、价格稳定、经济增长和国际收支平衡的目标而实施的经济政策，主要是货币政策和财政政策。

(一) 货币政策

货币政策的主要形式是改变经济体系中的货币供给量。货币政策可以分为紧缩和宽松两种情况。紧缩的货币政策是指通过中央银行提高再贴现率、提高商业银行在中央银行的存款准备金率以及在市场上卖出政府债券，减少社会上的货币供给量，限制社会过热的投资现象，这将造成该国货币升值；反之，宽松的货币政策的目的则是增加社会上的货币供给量，以吸引投资和消费，这将造成该国货币贬值。

(二) 财政政策

国家通过调整财政政策，即通过财政支出的增减和税率调整影响外汇供求关系。紧缩的财政政策通常会减少财政支出和提高税率,这会抑制社会总需求与物价上涨,有利于改善一国的国际收支,使一国货币对外汇率上升。此外,一般而言,若一国政府减税,将导致市场中货币流通量增加,货币贬值;若一国政府增税,将导致市场中货币流通量减少,货币升值。

第三节　影响汇率变动的短期因素

从长期来看,外汇价格是由外汇市场上的供求关系决定的。但是从短期来看,外汇的现货价格会与外汇的长期均衡价格发生背离。自20世纪70年代浮动汇率制占主导的外汇市场出现以来,外汇市场的行情每天都在变动,其变动幅度甚至超过股票、债券等。造成外汇市场行情波动的短期因素有经济、政治方面的,也有心理方面的。

一、利率

根据利率平价理论,汇率由利率差异决定,即一国货币即期汇率与远期汇率之间的差异近似等于该国利率与所兑换国利率的差异。在开放经济条件下,利率通过作用于资本流动影响汇率的变化。当一国提高利率水平或本国的利率水平高于外国时,这意味着本国金融资产的收益率更高,对投资者更具有吸引力,此时资金流入增加,外汇市场上对本国货币的需求增加,本国货币汇率趋向上升;相反,当一国降低利率水平或本国的利率水平低于外国时,这意味着本国金融资产的收益率较低,此时资金流出增加,外汇市场上对外国货币的需求增加,本国货币汇率趋向下降。

二、中央银行的直接干预

中央银行进行直接干预的目的是要稳定汇率,各国政府利用外汇储备干预外汇市场,影响货币走势。如果本币汇率上升过快,中央银行就会抛出本币收购外币,使本币汇率回落;如果本币汇率下降过快,中央银行就会抛出外币收购本币,使本币汇率回升。

中央银行进行直接干预的方法有:根据世界经济变动情况选择适当的汇率制度;通过设立外汇平准基金影响和控制市场;通过行政手段直接控制各种外汇业务,典型的办法是由政府指定国家外汇管理部门或银行集中经营外汇买卖,以维持外汇市场的稳定。

三、政治

影响外汇交易行情的政治因素包括政权更替、选举、战争、重大政策变更等。某些政治事件即将发生时,由于涉及不确定性因素,该国外汇汇率通常会走软。在某些情况下,市场可能对事件结果有相当把握,汇率也会预先反映相关的预期,或是上升,或是下降。一般来说,影响汇率变动的政治因素包括以下几种。

(1) 政权更替。国家政权更替对经济发展的影响是巨大的,对外汇市场产生的影响更是不可估量的。最让人印象深刻的就是苏联政局的变动对外汇市场的重大影响。苏联的货币单位是卢布,在其鼎盛时期1卢布可以兑换2美元。可是在苏联解体后,1美元可以兑换几十卢布。而后新的俄罗斯卢布发行,苏联的卢布就像废纸一样了。

(2) 政变。当一个国家发生政变时,该国货币的汇率就会大幅下跌,局势的动荡永远是打击货币的重要原因。例如,东南亚地区的政治局势一直不太稳定,像菲律宾、泰国、印度尼西亚等国,军人和不同的党派经常发起政变,每一次政变都会使其货币遭到沉重打击。

(3) 政府重要官员的遇刺或意外死亡。政府重要官员的遇刺或意外死亡也会给政治局势带来不安定的因素,并导致该国货币汇率急跌。例如,在美国总统里根当政时,里根突然遭到刺杀,生死未卜,市场上的投机商听到这个消息,立即大量抛售美元,买入瑞士法郎和德国马克,令美元大幅下挫。

(4) 政治丑闻和官员下台。一个国家的政治家、政府官员被牵扯到桃色事件、金融丑闻、选举舞弊、引咎辞职等事件中,也会造成该国货币的剧烈波动。例如,曾经有美国财政部长辞职,引发了许多投资者对在美国投资的不信任,致使大量的资金流出美国,美元汇率大幅下跌。

(5) 战争。战争也是导致参战国汇率大跌的重要因素,因为投资者都担心该国是否经得起战争的拖累,是否会引发参战国经济衰退等。例如,2022年1月初,1美元可兑换75卢布,1欧元可兑换80卢布。俄乌开战之后,卢布大幅贬值,2022年2月28日一度达到1美元兑换113卢布、1欧元兑换127卢布的水平。

四、新闻

汇率的决定因素可以分为预期因素和非预期因素,一般来说,新闻因素为非预期因素。具体而言,新闻是指那些不可预料的事件,包括经济统计数据的发表、政治事件、谣言等。

需要说明的是,外汇市场对于新闻的反映不是取决于新闻本身是好是坏,而是取决于新闻比市场预期的是"更好"还是"更坏"。因为外汇交易本身包含对未来汇率走势的判断,所以预期的信息已经包含在现有的市场汇率之中了,汇率只是根据未预测到的信息发生变化。

黑天鹅事件通常是指非常难以预测且不寻常而一旦发生通常会引起市场连锁负面反应甚至颠覆的事件,像对世界产生重大影响的9·11事件、东南亚海啸、美国的次贷危机、英国脱欧等都被人称为黑天鹅事件。2015年1月15日(周四),瑞士央行意外宣布降息,并放弃自2011年9月以来一直维持着的欧元兑瑞士法郎1.20汇率下限,使瑞士法郎和欧元脱钩。瑞士央行声明之后,外汇市场上瑞士法郎兑欧元暴涨近30%,美元、欧元跳水。假使瑞士央行在突然宣布放弃汇率下限之前,官员的态度不那么强烈或者提前透露一些风声或讨论,市场的波动可能就不会那么大了。

五、心理预期

在影响外汇汇率走势的各种因素中,最难以把握的就是心理预期,它是影响汇率短期走势的重要因素。汇兑心理说是法国学者阿夫达里昂(A. Aftalion)于1927年提出的。他认为,人们需要外币是为了满足某种欲望,如支付、投资、投机等。这种主观欲望是使外国货币具有价值的基础,人们依据自己的主观欲望来判断外币价值的高低。根据边际效用理论,外汇供应增加,单位外币的边际效用就递减,外汇汇率就下降。在这种主观判断下,外汇供求相等时所达到的汇率就是外汇市场上的实际汇率。汇兑心理说后来就演变成心理预期说,即外汇市场上人们的心理预期对汇率变动产生重大影响。

在国际金融市场上,外汇价格在很大程度上是被多、空方的势力所左右的,而多、空方的势力又是受投资者对汇率走势的预期影响的,尤其是一些短期资金投资者和投机者,当交易者预期某种货币的汇率将会上涨时,他们会大量买进;反之则相反。

六、投机

在外汇市场中,投机是指通过买卖货币从市场波动中获取预期利润的行为,投机性交易的出现有时会造成外汇市场的剧烈波动。在外汇市场上有两种不同类别的投机者:散户和对冲基金。投机活动所用的资金有时被称作"聪明的钱"或"热钱",这是因为有任何的风吹草动这些资金总是第一个流入或流出某国。如果投机者认为一个国家的经济扩张过度,有过热的危险,他们可能会选择离开,以防政府采取紧缩的货币政策使本国货币降温,这将导致货币供应超过需求,从而促使该国货币贬值。

发生在1992年9月16日的投机行为是外汇市场有史以来最令人印象深刻的投机行为之一,那一天也被称为黑色星期三。在那一天,货币投机者乔治·索罗斯(George Soros)疯狂做空英镑,并从中获取了10亿美元的利润。在那天之前的两周里,索罗斯以及其他的货币投机者出售了数十亿英镑,他们希望能够以更低的价格买回英镑,从而利用之间的差额来获取利润。之后英国政府决定通过提高利率至12%对外汇市场进行干预,财政部还试图通过利用270亿英镑的外汇储备支撑,防止英镑贬值。然而,政府所有的措施都是徒劳的。9月16日晚,英国保守党政府宣布退出欧洲汇率机制,承认无法继续支持1英镑兑2.778德国马克的最低汇率。在宣布消息后的几个小时内,英镑大跌3%,在三周内累计下跌超过12%。1997年,英国财政部估计黑色星期三共造成了约34亿英镑的损失。

第四节　主要经济数据分析

在实际市场操作中,对基本经济因素的分析,都是通过收集、整理和分析各国反映经济发展各个方面的经济数据进行的。一些重要经济数据的公布会令市场产生大幅波动,甚至可能会改变市场短期的走势。由于美元在外汇市场中地位超然,以及绝大多数的外汇交易都以美元为中心,本节就影响美元汇率变动的主要经济数据进行说明。

一、GDP

GDP(gross domestic product)即国内生产总值,是指在一定时期内(一个季度或一年),一个国家或地区的经济所生产出的全部最终产品和劳务的价值,其被公认为衡量国家经济状况的最佳指标。它不但可反映一个国家的经济表现,而且可反映一国的国力与财富。GDP一般是由消费、私人投资、政府支出和净出口额四个部分组成。用公式表示为:

$$GDP = C + I + G + NX$$

式中，C 表示消费，I 表示私人投资，G 表示政府支出，NX 表示净出口额。

一个国家或地区的经济究竟处于增长抑或衰退阶段，从这个指标的变化便可以观察到。一般而言，GDP 采用总额和百分比率两种形式公布。当 GDP 的增长百分比数字处于正数时，即显示该地区经济处于扩张阶段；反之，如果处于负数，即表示该地区的经济进入衰退阶段。

一国的 GDP 大幅增长，反映出该国经济发展蓬勃，国民收入增加，消费能力也随之增强。在这种情况下，该国中央银行将有可能提高利率，紧缩货币供应，国家经济表现良好及利率上升会提升该国货币的吸引力。反之，如果一国的 GDP 出现负增长，显示该国经济处于衰退状态，在这种情况下，该国中央银行将可能减息以刺激经济再度增长，利率下降加上经济表现不振，该国货币的吸引力也就随之降低了。因此，一般来说，高经济增长率会推动本国货币汇率上涨，而低经济增长率则会造成该国货币汇率下跌。

例如，从美国经济来看，2014 年起美国经济复苏态势明显，美国经济在稳定增长、充分就业和温和通胀的良性状况下运行。截至 2019 年年末，美国经济已实现连续 126 个月正增长，为有记录以来的最长增长期，2019 年经济增长率预计为 2.9%。而根据国际货币基金组织 2020 年 1 月《世界经济展望》的数据，欧盟、日本、英国和加拿大 2019 年经济增长率分别为 1.2%、1.0%、1.3% 和 1.5%，经济表现均不如美国。相对更好的经济表现使得美元资产比其他市场更具吸引力，能够吸引全球资金涌入美国，从而推高美元汇率。

美国 GDP 是季度数据，第一季的先期(advance)报告公布于 4 月底，其余各季分别公布于 7 月、10 月与隔年的 1 月。对于任何一季的报告，第一次修正报告称为初步(preliminary)报告，第二次修正报告称为修正后(revised)报告或最终(final)报告。

二、联邦基金利率

联邦基金利率是指美国商业银行之间的隔夜拆借利率。联邦基金利率是美国经济中最重要的利率，是商业银行将超额准备金借给其他资金短缺银行的计息标准，它通过影响整个货币和金融环境，进而影响就业、经济增长以及通货膨胀等关键经济面。该利率还影响短期利率，因此间接影响从房屋、汽车贷款到信用卡的各个方面，因为这些交易的贷款方通常根据联邦基金利率确定贷款利率。

美国联邦储备系统(简称美联储)把联邦基金利率作为经济调节的重要杠杆，调节联邦基金利率目标(通常所说的加息或减息)是美联储主要货币政策之一。银行间拆借利率由市场供需决定，美联储设定联邦基金利率目标后，通常通过公开市场操作和调节准备金等市场参与手段引导有效利率向目标利率靠近。这里所说的有效利率指的是整个银行间拆借利率的加权平均值，是由供求决定的市场利率。

美联储利率的调整是影响美元汇率的重要因素之一。理论上而言，上调联邦基金利率目标(加息)意味着美元价值的增加，将有利于美元汇率走强。反之，下调联邦基金利率目标(降息)意味着美元价值的下降，将令美元汇率承压。不过从历史上来看，联邦基金利率目标与美元的关系并不像理论上那么完美，不同时期加减息对美元的影响程度各异。

因为决定美元强弱的因素众多，除了美联储的绝对利率水平，还应该考虑与其他央行的相对利率水平，此外美国的赤字水平、金融市场情绪等都是美元走势的驱动因素。

影响联邦公开市场委员会（Federal Open Market Committee，FOMC）做出决定的，主要有通胀和就业两个方面目标的发展状况，可能还有金融市场的状况。当通胀和就业低迷时，FOMC将通过调降联邦基金利率目标增加货币供应以提振经济，货币供应增加，将使美元汇率走弱；而当通胀和就业过于强劲时，FOMC则通过调升联邦基金利率目标削减货币供应以防止经济过热，货币供应减少，将有利于美元汇率走强。

联邦基金利率目标由联邦储备系统下的联邦公开市场委员会投票决定。美联储议息会议正常情况下每年举行8次，时间不固定，若公布，一般为每月某一周的周四，特殊情况下可能会召开临时紧急会议。以2018年为例，公布时间分别为2月1日、3月22日、5月2日、6月14日、8月2日、9月27日、11月9日、12月20日。

三、就业报告与失业数据

就业报告（the employment report）包括与就业相关的信息，分别由企业调查和家庭调查两个独立的调查组成。其中，企业调查提供有关非农业部门的就业情况，平均每小时工作和总小时指数；家庭调查提供有关劳动力、家庭就业和失业率的情况。就业报告通常被誉为外汇市场能够做出反应的所有经济指标中的"皇冠上的宝石"，它是市场最为敏感的月度经济指标，投资者通常能从中看到众多市场信息。

就业报告中的一个项目为非农业就业数据，该项目主要统计从事农业生产以外的职位变化情形，该数据与失业率一同公布，公布时间通常为每月第一周的周五。非农就业数据能反映出制造行业和服务行业的发展及其增长。非农业就业数据大幅增加，表明经济状况健康，理论上对汇率有利，并可能预示着更高的利率，潜在的高利率可促使外汇市场更多地推动该国货币价值，反之亦然。因此，该数据是观察社会经济和金融发展程度和状况的一项重要指标。

失业率是美国就业报告中的另外一个项目，是指失业人口占劳动人口的比率（一定时期全部就业人口中有工作意愿而仍未有工作的劳动力数字），通过失业率数据可以判断一定时期内全部劳动人口的就业情况。一直以来，失业率被视为一个反映整体经济状况的指标，而它又是每个月最早发表的经济数据，所以外汇投资者喜欢利用失业率指标对工业生产、个人收入甚至新房屋兴建等其他相关的指标进行预测。一般情况下，失业率下降，代表整体经济健康发展，利于货币升值；失业率上升，代表经济发展放缓衰退，不利于货币升值。将失业率与同期的通胀指标结合起来分析，则可知当时经济发展是否过热，是否构成加息的压力，或是否需要通过减息以刺激经济的发展。美国劳工部每月都会对全美国家庭进行抽样调查，该月美国公布的失业率如果较上月下降，表示雇佣情况增加，整体经济情况较佳，有利美元上升；如果较上月上升，表示美国经济可能出现衰退，这对美元有不利影响。

美国劳工部于每个月第一个星期五公布前一个月非农就业数据的统计结果。

2022年8月5日美国劳工部对外公布了7月非农就业数据，该数据显示，7月新增非农就业人口达到52.8万人，远远高于39.8万的前值，是市场预期值的2倍，并创下2022年2月以来最大增幅。数据还显示，7月美国失业率回落至3.5%，创2020年2月以来新低。在意外"爆表"的7月非农就业数据出炉之后,作为市场的回应,周一(8月8日)美元指数短线走高,并在盘中一度突破106.80关口,其涨幅一度超0.1%。面对此种行情,投资者普遍认为,强劲非农就业数据将提振加息预期,美元大涨行情或不可避免。

每周失业救济申请人数是美国劳工部每周公布的一项统计数据,其中,每周失业救济申请对象分为两种:①首次申请失业救济,即新失业的人;②持续申请失业救济,即正在领取救济金的已经失业的人。由于每周的数据有可能差异非常大,通常数据会监控四个星期的失业申请平均值。

每周失业救济申请人数同样是市场上最受关注的经济指标之一。就业涉及未来经济发展动力,这是一个前瞻性的指标。该数据每周都会公布,是投资市场的焦点所在,若失业人数大幅增加,美国政府的财政压力也就随之增大。目前美国是一个完全消费型的社会,消费意愿是经济的最大动力所在,如果每周都有不少美国人丢掉工作而申请失业救济,会严重打击消费信心。

美国劳工部于每周四美国东部时间上午8:30公布每周失业救济申请人数统计结果。

受新冠肺炎疫情影响,美国经济正陷入困境,没有什么能比周四的首次申请失业人数指标更能说明问题了。2020年3月底,超过660万人申请失业救济,比预期高出一倍。这是有史以来最糟糕的失业申请报告,反映了经济的严峻形势。虽然许多投资者预期数据疲软,很少人对逾600万的实际数据感到意外,但这一重磅新闻仍然推动美元兑日元汇率走低。

四、通货膨胀数据

通货膨胀是指货币供给大于货币实际需求,也就是现实购买力大于产出供给,导致货币贬值,引起一段时间内物价持续而普遍上涨的现象。衡量通货膨胀变化的指标主要有PPI(producer price index,生产价格指数)、CPI(consumer price index,消费者价格指数)。

(一) PPI

PPI即生产价格指数,是指衡量工业企业产品出厂价格变动趋势和价格变动程度的指数,是反映某一时期生产领域价格变动情况的重要经济指标。在美国,劳工部向各人生产商搜集各种产品的报价资料,再通过加权换算成百进位形式,以方便比较。例如,美国是将1967年的指数当作100进行比较的,该指标由劳工部每月公布一次,对未来(一般在3个月后)价格水平的上升或下降影响较大,也预示着今后市场总体价格的趋势。

PPI是一个通货膨胀的先行指数,该指数上升,即生产原料及半制成品价格上升,数个月后,便会反映到消费产品的价格上,进而引起整体物价水平的上升,导致通货膨胀加剧;相反,该指数下降,即生产资料价格在生产过程中有下降的趋势,也会影响到整体价格水平的下降,减弱通货膨胀的压力。但是,该数据未能包括一些商业折扣,所以无法完全反映真正的物价上升速度,以致有时出现夸大的效果。另外,由于农产品是随季节变化的,而且能源价格也会有周期性的变动,对该价格指标影响很大,使用该指标进行分析时,需整理或剔除食品和能源价格。对外汇市场而言,市场更加关注的是最终产品PPI的月度变化情况。

美国劳工部在每月中旬的美国东部时间上午8点30分发布PPI数据。

(二) CPI

CPI即消费者价格指数,是指衡量所选定的一篮子消费品购买价格的指数,主要反映消费者支付商品和劳务的价格变化情况,是一种度量通货膨胀水平的工具,以百分比形式表示。在美国,构成该指标的主要商品共分八大类:食品酒和饮料、住宅、衣着、教育和通信、交通、医药健康、娱乐、其他商品及服务。在美国,CPI由劳工统计局每月公布,有两种不同的CPI:①工人和职员的CPI,简称CPI-W;②城市消费者的CPI,简称CPI-U。

CPI表明了消费者的购买能力,也反映了经济的状况。该指数下跌,反映经济衰退,必然对货币汇率走势不利。该指数上升,要看其升幅状况:升幅温和,表示经济稳定向上,对该国货币有利;升幅过大,则有不良影响,因为CPI与货币的购买力成反比,指数越大,货币的购买力越低,必然对该国货币不利。如果考虑对利率的影响,则该指标对汇率的影响作用更加复杂。

美国劳工部在每月中旬的美国东部时间上午8点30分发布CPI数据。

2022年8月10日晚间,美国劳工部公布的数据显示,美国7月未季调CPI同比增长8.5%,预期增长8.7%,前值增长9.1%;7月未季调CPI环比上涨0%,预期上涨0.2%,前值上涨1.2%。当月,美国剔除能源和食品的核心CPI同比上涨5.9%,好于市场预期的6.1%,与前值持平;核心通胀环比上涨0.3%,好于市场预期的0.5%,较前值0.7%大幅回落。数据公布后,美元指数持续下挫,跌破105,为7月4日以来新低。非美货币普遍走强,欧元兑美元短线上扬60点,英镑兑美元短线上扬120点,美元兑加拿大元短线下挫70点,美元兑日元短线下挫110点。

五、消费销售类数据

(一) 消费者信心指数

消费者信心指数(consumer confidence index,CCI)是反映消费者信心强弱的指标,由消费者满意指数和消费者预期指数构成。消费者满意指数是指消费者对当前经济生活的评价,消费者预期指数是指消费者对未来经济生活发生变化的预期。消费者信心指数是预测经济走势和消费趋向的一个先行指标,是监测经济周期变化不可缺少的依据。美国密歇根大学消费者信心调查以其时效性著称,被认为是美国消费者信心中最及时的指标之一。密歇根大学研究人员利用对500至600名成年人原始调查数据,计算出经过季节调整后的消费者信心指数现况(包括财务状况和购买状况)和预期指数(包括未来一年和五年的预期财务状况和经济状况),将被调查人对问题的回答分别归类于"肯定"或"否定"并计数,继而用其平均数计算出消费者信心指数值。出于指数计算的需要,研究人员设定1966年第一季度的结果为100。

长期以来,该数据为把握消费者态度变化提供了一个有价值的指引,有利于较好地预测消费行为。消费者因为经济状况的改变而发生心态变化,会导致消费习惯的改变。个人消费是美国经济的支柱,消费习惯的改变会对美国经济产生较大的影响,所以消费者信心指数的加大对美元是个利好因素,反之则是利空因素。

美国密歇根大学每月公布两次消费者信心指数,一次是在月初,一次是在月末。

(二) 零售销售指数

零售销售指数(retail sales index,RSI)是以现金或信用卡方式支付的零售商品的价格指数。在美国,商务部每个月进行一次全国性零售业抽样调查,其调查对象为各种形态和规模的零售商(均为商务部登记备案的公司)。因为零售业涉及范围太广,其多采取随机抽样的方式进行调查,以取得较具代表性的数据资料。

零售销售指数对于判定一国的经济现状和前景具有重要指导作用,因为零售销售指数直接反映出消费者支出的增减变化。美国70%的GDP是靠消费拉动的,该数据对判断美国经济现状和前景有非常重要的作用。很多投资者、分析师等都十分重视零售销售指数。零售销售指数提升,代表个人消费支出的增加,经济情况好转,利率可能调高,对美元有利;反之如果零售销售指数下降,则代表景气趋缓或不佳,利率可能调低,对美元偏向利空。在历史上,该数据公布时,往往会引发汇市剧烈的波动,因而该数据也被戏称为"恐怖数据"。

美国一般在每个月11日至14日公布前一个月的数据。

2019年9月13日,周五,美国最新出炉的零售销售和密歇根大学消费者信心指数均高于预期。美国商务部称,2019年8月零售额增长0.4%,前值为0.7%,市场预期为0.2%。扣除汽车,销售自2019年2月份以来首次持平。由于美国企业削减了投资和扩张计划,这使得消费者成为经济增长的主要来源。而同时,据密歇根大学的消费者调查数据显示,9月消费者信心指数从8月的89.8升至92,预期为91。数据公布之后,美元指数短线一度拉升约25点至98.31。

六、投资类数据

(一) 耐用品订单

耐用品订单(durable goods orders)代表未来一个月内对不易耗损物品的订购数量,该数据反映了制造业活动情况。就定义而言,订单泛指有意购买、预期马上交运或在未来交运的商品交易。一般来说,耐用品一般是指能够持续使用三年及三年以上的产品,如国防设备、飞机等运输设备,企业机器等资本设备,汽车、家电用品等一般消费性耐久财物品。

一般来说,耐用品订单基本上有以下两个缺点:①在数据在公布后,事后修正幅度很大;②常有某一个月订单金额大幅提升而下两个月却大幅下降的事情发生,主要原因是美国国防部有时会有大订单产生。另外市场也需注意扣除运输部门的数据,因为运输部门的轮船、飞机等都属于高单价的产品,该数据的变化对整体数据有很大的影响,易使耐用品订单数据失真。

耐用品订单是制造业出货、存货及新订单报告里相当重要的一项,被视为制造业景气的领先指针。从该指标的增加或减少可以看出制造业生产情形的好坏,判断整体经济的表现,从而预测和判断外汇汇率的走向。耐用品订单大幅下降,可反映出制造业疲软,制造业疲软将会令失业率增加,经济表现较淡,这对该国货币不利;反之,当经济表现蓬勃时,耐用品订单亦会随之而上升,会利好该国货币。

美国一般在每月的22号至25号公布耐用品订单。

(二) 工业生产指数

工业生产指数(industrial production index, IPI)是衡量制造业、矿业与公共事业实质产出的重要经济指标,是反映一个国家经济周期变化的主要标志,该指数上升或者下降的幅度可以体现经济复苏或者经济衰退的程度。

工业生产指数由美国联邦储备银行搜集资料,因资料搜集不易,其引用数据不是确实生产数据,绝大部分是估计数据。样本为250家个别企业,代表27种不同的工业,以1987年为基期。内容有三种不同类别:①所有工业;②市场分类,包括最终产品、中间产品和原料市场;③工业类别,包括制造业(耐用品与非耐用品)、矿业及公用事业。

工业生产指数上扬,代表经济好转,利率可能会调高,对美元应是偏向利多,反之则为利空。

美国于每月15号公布上个月工业生产指数的统计结果。

(三) PMI

PMI(purchasing management index)即采购经理人指数,是衡量美国造业的体检表,可衡量制造业在生产、新订单、商品价格、存货、雇员、订单交货、新出口订单和进口等八个范围的状况。非官方的供应管理协会针对上述八大制造业的成本项目设计一份问卷,再对50州21个产业的300多家公司的采购经理的回答进行整理,通过计算所统计的数据,得出PMI数据。每一个产业的比重是根据该产业在国民生产总额中所占的比重计算。

PMI通常以50%作为经济强弱的分界点。当指数高于50%时,这是经济扩张的信号;当指数低于50%,尤其是非常接近40%时,则有经济萧条的可能。

PMI是一项全面的经济指标,概括了美国整体制造业状况、就业及物价表现,是全球最受关注的经济数据之一。PMI为美国每月公布的第一个重要数据,加上其所反映的经济状况较为全面,市场十分重视数据所反映的具体结果。一般来说,PMI上升,会使美元汇价上涨;PMI下降,会使美元汇价下跌。

美国一般在每月的第一个星期公布前一月份的PMI数据。

(四) 新屋开工和营建许可

在美国,新屋开工(housing starts)和营建许可(building permits)是建筑类指标中较为重要的两个,考察的基本上是居民住宅或非工业用途的建筑范畴。建筑类指标在各国公布的数据体系中一般占有较重要的地位,因为房地产业在现代化经济中具有举足轻重的地位,而且一国经济景气与否也往往会在建筑类指标上反映出来。房屋建设属于投资,是拉动国民经济增长的重要动力。住宅动工的增加将使建筑业就业人数增加,新近购房的家庭通常会购买其他耐用消费品,通过乘数效应,其他产业的产出和就业随之增加。可见,建筑业对商业循环非常重要,房屋建设的变化将直接关系到经济状态。

通常而言,新屋开工和营建许可增加,理论上对该国货币形成利好因素,将推动该国货币走强;新屋开工和营建许可下降或低于预期,将对该国货币形成压力。

美国于每月的16号至19号公布新屋开工和营建许可数据。

七、贸易类数据

(一) 经常账户

经常账户(current account)为一国国际收支表上的主要项目,经常账户记录的是因商品和服务进出口以及收入转移等交易活动产生的外汇收支的情况。经常账户包括三个子项:货物和服务、初次收入、二次收入。货物和服务是经常账户中最重要的项目,既包括了有形贸易,如中国向美国出口纺织品等,也包括了无形贸易,如运输、旅游、通信服务,建筑服务,保险服务,以及咨询、广告等商业服务。初次收入指的是由于提供劳务、金融资产和出租自然资源而获得的回报,包括雇员报酬、投资收益和其他初次收入三个部分。二次收入指的是居民与非居民之间的经常转移,包括现金和实物。

通常来讲,一国经常账户逆差扩大,该国货币将贬值;顺差扩大,该国货币将升值。在西方国家,通常每月或每季度都会公布经常账户数据,但一个月的贸易数据对市场的参考作用并不大,每个季度经过调整的经常账户才较为重要。

美国经济分析局每年3、6、9、12月公布前一季度经常账户的数据。

(二)贸易差额

贸易差额(balance of trade)是指一国在一定时期以本国货币衡量进口和出口的差额,也称净出口额,是构成经常账户的一部分。它反映了国与国之间的商品贸易状况,不仅是判断宏观经济运行状况的重要指标,而且是外汇交易基本面分析的重要指标之一。一个国家如果进口总额大于出口总额,便会出现贸易逆差;如果出口总额大于进口总额,便会出现贸易顺差;如果出口总额等于进口总额,就称之为贸易平衡。

通常来讲,一国贸易逆差扩大,该国货币将贬值;顺差扩大,该国货币将升值。

美国商务部每月的月中或月底公布前一个月贸易差额数据。

(三)预算赤字

预算赤字(budget deficit)是一个专有的经济名词,表示一个国家在每一年年初进行预算的时候在收入和支出上出现了赤字,这是一种收支不平衡的表现。因为在会计核算的时候会用红字表示,所以预算赤字也叫作财政赤字。

一国会出现预算赤字,有的是因为降低了税率或增加了政府支出以刺激经济发展,有的则是因为政府管理不当,这导致超大量逃税或过分浪费。一个国家累积过高的预算赤字,对该国货币属于长期的利空,日后为了解决预算赤字,只有靠减少政府支出或增加税收。这两项措施对经济或社会的稳定都有不良的影响。一般来说,若预算赤字加大,美元会下跌;反之,若预算赤字缩小,美元会上扬。

美国财政部一般在每个月的第17个政府工作日会公布上个月联邦政府预算执行情形。

八、领先指标

领先指标(leading indicators)通常是指对贸易投资、市场需求变化、订单、企业信息等多个指标进行统计处理后形成的一个综合指标。美国的领先指标由11个金融和非金融指数综合组成,若该指标连续3个月上升,表示经济即将繁荣;反之,则表示经济即将衰退。

领先指标每月公布,指标如较上月有增加,便代表经济持续增长,若连续上升10个月以上,就表示有通货膨胀的压力;但若出现连续3个月的下跌,甚至出现负增长,则表示经济增长放缓或经济衰退。领先指标上升,表示该国出现经济增长,有利于该国货币表现。此指标下降,则表示该国经济有衰退或增长放缓的迹象,对该国货币构成不利的影响。

美国领先指标由美国商务部在每个月中或靠近月底公布。

美国经济数据情况如表10-1所示。

表 10-1 美国经济数据情况表

排名	经济指标	公布机构	公布时间(美国东部时间)
1	非农就业数据	美国劳工部	每月第一周周五 08:30
2	GDP	美国商务部	每季度月底 08:30
3	联邦基金利率	美联储	视美联储议息会议结果
4	CPI	美国劳工部	每月中旬的 08:30
5	PPI	美国劳工部	每月中旬的 08:30
6	零售销售指数	美国商务部	每个月 11 日至 14 日公布前一个月的数据
7	每周失业救济申请人数	美国劳工部	每周四上午 8:30
8	新屋开工和营建许可	美国商务部	每月的 16 号至 19 号
9	消费者信心指数	密歇根大学	每月初公布初值,月末公布终值
10	PMI	美国供应商管理协会	每月的第一个星期公布前一月份数据
11	预算赤字	美国财政部	每个月的第 17 个政府工作日公布上个月联邦政府预算执行情形
13	经常账户	经济分析局	每年 3、6、9、12 月公布前一季度的数据
13	贸易差额	美国商务部	每月月中或靠近月底 21:30
14	工业生产指数	美联储	每月 15 号公布上个月结果
15	耐用品订单	美国商务部	每月的 22 号至 25 号公布
18	领先指标	美国商务部	每个月月中或靠近月底

课程思政案例

为何近期人民币汇率与美元指数双双上涨?

自 2015 年"8·11 汇改"以来,人民币兑美元汇率与美元指数之间的负相关性显著增强。换言之,当美元指数下行时,人民币兑美元汇率通常会升值;而当美元指数上升时,人民币兑美元汇率通常会贬值。然而,近期以来,人民币兑美元汇率与美元指数却呈现出较为少见的双双上涨态势。例如,2021 年 8 月底至 2021 年 11 月 15 日,美元指数由 92.65 上升至 95.52,升值了 3.1%;同期内人民币兑美元汇率中间价则由 6.467 9 上升至 6.389 6,升值了 1.2%。在美元走强的背景下,人民币兑美元汇率继续升值,这意味着人民币兑一篮子货币的有效汇率升值得更快。在上述同期内,人民币兑 CFETS 篮子汇率指数由

98.65上升至101.08,升值了2.5%。

近期美元指数显著上升的最重要因素,是在史无前例的扩张性政策刺激下,近期美国国内通货膨胀率显著上升,最终导致美联储不得不开始缩减量化宽松政策,并在未来可能提前加息。在新冠肺炎疫情冲击下,2020年美国政府实施了极其宽松的财政货币政策。2020年美国财政赤字占GDP比率超过15%。从新冠肺炎疫情暴发至今,由于大规模量化宽松政策的实施,美联储资产负债表总规模几乎翻了一番。

一方面,由于美国的宏观政策刺激偏向于需求面(例如财政大规模向中低收入家庭发钱),美国国内需求面的复苏显著快于供给面;另一方面,全球疫情大暴发导致大宗商品供应与远程运输能力显著下降,推升了全球大宗商品价格。此外,在美国经济增速已经显著复苏的前提下,美国政府的财政货币政策化明显滞后。以上三股力量导致美国的通货膨胀率自2021年年初至今快速攀升。2021年1月至2021年10月,美国CPI同比增速由1.4%上升至6.2%,这是美国自1991年11月以来的最高通胀水平。同期内美国核心CPI同比增速也由1.4%上升至4.6%。

美联储在新冠肺炎疫情后更改了货币政策规则,将通胀目标制改为平均通胀目标制,这意味着美联储对暂时性通货膨胀的容忍度有所提高。然而,考虑到从2021年4月至10月,美国核心CPI同比增速已经连续7个月超过2.0%的目标水平,且仍处于上升通道,美联储也不得不开启货币政策正常化的步伐。近期美联储宣布,将从2021年11月起开始缩减量化宽松政策的规模。在此之前,美联储每个月购买1 200亿美元的债券(包括800亿美元国债与400亿美元MBS),从2021年11月起,每月缩减150亿美元购债规模。按照这一进度,美联储将在2022年6月底结束本轮量化宽松。目前市场的普遍预测是,美联储可能在2022年下半年启动加息。

简而言之,随着国内通货膨胀率迭创新高,美联储不得不开始货币政策正常化(先是削减量化宽松规模,待退出量化宽松之后,开启加息步伐)。而货币政策正常化无疑会导致美国短长期利率上行,从而推动美元指数上升。事实上,美国10年期国债收益率已经由2021年8月初的不到1.2%上行至2021年11月15日的1.63%。

美元指数上行意味着美元总体上对欧元、日元、英镑、瑞士法郎与瑞典克朗等发达国家货币升值。既然如此,在美元指数上行的背景下,人民币对美元汇率为何仍能保持升值状态呢?笔者认为,这背后至少有如下几个方面原因。

首先,在2021年下半年,中国出口增速继续保持强劲,带动货物贸易顺差创出阶段性新高,而贸易顺差推动了人民币汇率走强。2021年8月至10月,按美元计价的中国出口月度同比增速连续3个月超过25%,这3个月的货物贸易顺差不断攀升,分别为584亿美元、668亿美元与845亿美元。845亿美元甚至创下了有史以来中国月度货物贸易顺差的新高!事实上,2021年上半年,由于基期效应,中国出口同比增速就已经出现超高速增长。原本市场预期,2021年下半年出口增速会显著回落,但受全球疫情再度加剧,尤其是东南亚地区疫情显著加剧的影响,中国出口的不可或缺性再度增强,从而推动出口增速与贸易审查持续保持强劲。

其次,由于新冠肺炎疫情后中国经济的复苏早于其他国家,且中国长期利率显著高于主要发达经济体,中国对短期资本流动的吸引力较强。货物贸易顺差加上跨境资本流入,值得总体上中国面临跨境资本净流入。例如,2021年7月至9月的银行代客结售汇顺差分别为 129 亿美元、181 亿美元与 268 亿美元,3 个月累计 578 亿美元,显著高于 2020 年同期的 107 亿美元以及 2019 年同期的－132 亿美元。跨境资本净流入意味着国内外汇市场上美元供过于求,这也会推动人民币兑美元汇率的升值。

最后,中国外汇储备规模稳中有升,增强了国内外投资者对人民币汇率的信心。2017 年至 2020 年,中国外汇储备的月度平均规模分别为 3.07 万亿美元、3.11 万亿美元、3.10 万亿美元、3.13 万亿美元。2021 年 1 月至 10 月,中国外汇储备的月度平均规模达到 3.21 万亿美元,显著高于之前数年的平均水平。尤其值得一提的是,2021 年年初至今美元指数总体走强,这会对中国外汇储备形成负向估值效应,在这一背景下,2021 年 10 月中国外汇储备规模依然稳定在 3.22 万亿美元,这说明外汇储备的流量增长可能更快。

展望未来,随着美联储货币政策正常化的推进,美元指数仍有一定的温和上升空间,但在 2022 年破百的可能性依然较小。考虑到目前人民币兑 CFETS 汇率指数已经处于自 2015 年 12 月以来的新高,预计下一阶段人民币有效汇率继续升值的空间较为有限。如果在美联储持续收紧货币政策的外部环境下,为了提振国内经济增长与防控系统性金融风险,中国货币政策出现边际放松的话,那么人民币兑美元汇率有望温和回落。

资料来源:张明.为何近期人民币汇率与美元指数双双上涨?[J].金融博览,2021(12):36-37.

 **本章小结**

(1) 外汇交易基本面分析是指以外汇的内在价值为依据,通过分析宏观经济基本因素的状况、发生的变化及其对汇率走势造成的影响,得出货币之间供求关系变化的结论,以此判断汇率走势的分析方法。其具有帮助投资者把握市场趋势、摆脱主观判断、配合技术分析指标综合判断外汇市场波动情况的优点,以及片面性、变化性、滞后性的缺点。

(2) 影响汇率变动的中长期因素主要有增长因素、通货膨胀、国际收支、宏观经济政策等经济因素。

(3) 影响汇率变动的短期因素主要有利率、中央银行的直接干预、政治、新闻、心理预期和投机等。

(4) 基于美元在外汇市场的重要地位,本章重点分析了影响美元汇率变动的主要经济数据,包括 GDP、联邦基金利率、就业报告与失业数据、通货膨胀数据、消费销售类数据、投资类数据、贸易类数据以及领先指标等。

 关键概念

外汇交易基本面分析　经济增长率　通货膨胀　中央银行的直接干预　心理预期因素
联邦基金利率　非农就业数据　零售销售指数　PPI　消费者信心指数　PMI

本章习题

一、名词解释题

1. PPI
2. CPI
3. 贸易差额

二、简述题

1. 简要分析影响汇率变动的中长期因素有哪些。
2. 简要分析影响汇率变动的短期因素有哪些。

三、操作题

1. 查找最近一次美国就业数据公布前的预测值、前值及其公布值,观察相应期间美元汇率的变动情况,并做简要分析。
2. 选择一个货币对,根据该货币对特性和重要指标判断影响汇率的重要因素,根据各因素的信息和数据,通过其影响机制对货币汇率走势进行判断,同时参考网上的汇评报告,形成自己的汇评报告,并进行模拟交易。

第十一章 外汇交易技术分析

知识概括

- 外汇交易技术分析的概念和特点、目的和作用、优缺点、常用术语、主要假设与逻辑以及要领
- 走势图的概念及原理;单根K线分类与K线组合
- 价格形态分析概念;主要价格形态的类型
- 技术指标的概念和特点;技术指标分析相关术语;技术指标的类型

第一节 外汇交易技术分析概述

一、外汇交易技术分析的概念和特点

外汇交易技术分析(以下简称技术分析)是指利用图形和技术指标,解读市场走势,预判汇率趋势的分析方法,其在基本面分析的基础上,针对是否应该交易、何时建立头寸以及平仓(或者说何时进入和退出市场),也就是交易择时问题提供决策依据。

运用技术分析需要根据一定周期内的外汇市场的交易数据,构建图形或将其换算为技术指标数值用以分析市场的强弱和趋势,推测参与者对经济、政治等各种基本因素的预期以及其产生的市场博弈结果,利用形态分析、统计学甚至是算法和人工智能对市场汇率的未来变动的可能方向、幅度进行分析,进而为外汇交易员提供参考。

二、技术分析的目的和作用

技术分析通过相对成熟的技术分析理论和手段,对历史走势和当前的市场状态进行分析和判断,对汇价后续可能的变动方向、幅度进行分类,但其提供的预测结论并非百分之一百准确。技术分析的主要目的是基于基本面分析,对是否应该交易、何时建立头寸以及平仓(或者说何时进入和退出市场),也就是交易择时问题给出决策依据。

虽然外汇市场难以被少数参与者操纵,包容性强,但是由于信息不对称的客观存在,以及多种不确定因素共同发挥作用,汇率短期变动方向或幅度往往与基本面分析的预期波动方向或幅度有较大出入。因此,在中短期汇率分析中,技术分析所得结论的参考价值超过了基本面分析所得结论,成为各类专业机构和人士倚重的决策依据。

三、技术分析的优缺点

(一) 技术分析的优点

(1) 便捷直观。技术分析通过将市场交易数据转化为以时间、价格波动空间为基础的二维走势图形或绘制专门的技术指标,从特定角度呈现汇价与其背后市场因素之间的关系,分析员既可以利用图形、指标直接快速筛选、过滤交易信号,也可以进一步利用可视化图表进行深入研究。

(2) 实事求是。技术分析所呈现的市场状态和交易信号是客观唯一的,不存在令人误解的空间,不会因为分析员或者交易员的主观意愿和个人偏好而改变。同时,这也避免了基本面分析中常见的含糊的分析结论。

(二) 技术分析的缺点

(1) 不能准确分析长期汇价的变动。技术分析观测的主要是市场参与者产生的直接数据,但是同一阶段的市场交易数据无法单独反映出短、中、长期因素对汇价的影响,因此技术分析不能对外汇市场长期供求关系的变化进行有效分析。大多数情况下,进行长期趋势分析必须同时考虑进行基本面分析。

(2) 不能有效分析市场的变化路径。这主要是因为技术分析的图形和技术指标并不能体现汇率的动态影响机制。

(3) 不能准确估计变动方向和幅度。汇价的变动仍然服从随机漫步,在信息不充分以及发生突发事件的情况下,用技术分析判断中短期趋势仍然存在较大的失误率,即使判断准确趋势,也无法精确估计波动的幅度和持续时间。

四、技术分析常用术语

(一) 市场状态常用术语

1. 趋势与趋势线

汇价的运动类似于波浪的起伏,其主要运行方向称为趋势。每一轮上涨和下跌都会产生相对高点和低点,这些关键点有助于研判趋势。

上涨趋势指市场价格运动中,汇价波动低点一次比一次高。上涨趋势表明市场多头占优,看好后期形势,不断在汇价回落后做多,并导致低点不断抬高,汇价处于强势市场状态。分析员常绘制辅助性的上涨和下跌趋势线以直观展现趋势。上涨趋势线是把两个及以上的逐次抬高的低点连接形成的直线。该趋势线向右上方倾斜,汇价都在该趋势线上方运行。上涨趋势中,每一个回调低点有很大可能出现在该趋势线附近,成为做多的机会。

下跌趋势指市场价格运动中,汇价波动高点一次比一次低。下跌趋势表明市场空头占优,看空后期形势,不断在汇率反弹后做空,并导致高点不断降低,汇价呈现弱势市场。下跌趋势线是把两个及以上的逐次下降的高点连接起来形成的直线。其特点是向右下方倾斜,汇价都在趋势线下方运行。该趋势线可以预判下跌趋势中每一次反弹可能达到的高度,适合于做空。

一般而言,构成趋势线的关键点越多,形成的周期越长,说明其起到的支持或压力作用越明显。但是,趋势线的有效作用不会一直存在。当汇价运行破坏了原趋势线(也就是上涨后的回调中,汇价跌破上涨趋势线,没有再次回到上涨趋势线上;或者汇价下跌后的反弹升破了下跌趋势线,没有再次跌回下跌趋势线下),这是多头或空头平仓的重要时点。

此外,判断趋势时,过于依赖分析员主观绘制的趋势线,往往会导致判断失误,因此其不宜被单独使用,而常与走势图、形态和指标分析相结合。

2. 通道与上下轨

通道指利用多条平行的趋势线连接上涨或下跌趋势中的高低点,其直观地展示出在汇价上涨或下跌趋势中的波动极限以及方向。运用技术分析过程中,常用上升通道来表示上涨趋势,用下降通道表示下跌趋势。

上升通道由两条向右上方倾斜的平行趋势线组成,分别称为上轨和下轨。在一个上涨趋势里,汇价的上涨高点逐次抬高,但都落在通道上轨下方;汇价的上涨低点也逐次抬高,但落在通道下轨上方,这样可以看到一个上涨趋势的波动呈现向右上方倾斜的波浪式运动,但波动幅度都在上下轨之间。显然,在上涨趋势中,汇价波动达到上轨,是多头阶段性平仓的时机;而汇价触及下轨,则是多头再次回补的时机。下降通道方向则正好相反,由两条向右下方倾斜的平行趋势线连接下跌趋势中的高点和低点,作为波动幅度的判断依据。

3. 盘整

盘整(或横向整理)指汇价经过一段时间的上涨或下跌后,在一定的水平区间反复波动,波动中的相邻高点或相邻低点水平比较接近,但未形成新的上涨或下跌趋势。在盘整期内,多空双方的力量比较接近,达成了一种市场平衡状态。但当某一方积累了压倒性的优势后,汇价会向占优势一方的持仓方向突破,盘整转变为上涨或下跌趋势。盘整突破,其实质是原多空双方的平衡被打破,这会产生大幅度的波动。

一般情况下,汇价突破盘整后,继续顺应之前趋势运动的可能性较大,但也存在盘整后沿着相反方向波动的可能。

4. 反转

反转指汇价在保持了一段时间和幅度的上涨或下跌趋势后,突然在较短的时间内,向原趋势相反的方向运动,原有趋势就此结束。反转经常出现在某一趋势运行的末段,这是因为相反的市场力量短期内大幅度增强,或者原来的获利仓位短期内大量平仓。根据反转所经历的时间,反转可以分为单日反转和岛形反转。

(二) 汇价关键点位常用术语

1. 支撑位与支撑线

支撑位是指汇价上涨后回调的最低极限水平。当汇价经历了一段时间的快速上涨后,短期内空头占优,汇价回调并下跌到接近上涨起点的水平,但不再继续下跌,反而发展为新的一轮上涨。汇价达到这一低点附近但不创新低,证明多头力量在此水平开始强于空头力量,用直线连接前后两个相近的低点得到的水平线,则称支撑线,可以用于判断上涨趋势中回调的极限低点,并作为上涨趋势中在短暂回调阶段再次增加多头仓位的依据。

一旦汇价跌破该支撑线,上涨趋势有减弱的可能性。而后期汇价如果不能回到支撑线上,则该支撑线性质转为阻力线,成为以后反弹的压力。

2. 阻力位与阻力线

阻力位是指汇价下跌后反弹的最高极限水平。当汇价经历了一段时间的快速下跌后,多头力量有所增强,汇价回升到接近下跌前的水平,但不再继续反弹,此后展开了新一轮的下跌。该高点探明了多头弱势中能够达到的最大做多。用直线连接前后两个相近的高点得到的水平线,则称阻力线,可以用于判断下跌趋势中反弹的极限高度,并可作为下跌趋势中利用反弹阶段再次增加空头仓位的依据。

阻力线一旦被有效升破,需要考虑下跌趋势减弱的可能性。而如果后期汇价不再跌回阻力线,则该阻力线转化为支撑线,可能成为以后上涨的起点。

此外,在盘整行情中,汇价虽然没有出现明显的上涨或下跌趋势,但也会存在幅度有限的上下波动,并形成位置接近的多个低点或高点,同样起到了对汇价的支撑或阻力作用,因此也可以利用水平连线分别构建支撑线和阻力线。但在盘整行情中,除非其高低点构成的波动空间足够大,多数情况下不适合在支撑线上建立多头仓位或者在阻力线下建立空头仓位;更合适的做法是观察盘整期的支撑位或者阻力位是否被有效突破,沿着盘整被突破的方向建立仓位。

3. 回撤位

回撤位主要是指上涨(下跌)趋势中,短期回调(反弹)可能达到的汇价水平。与支撑位有所不同,回撤位一般通过分析软件提供的黄金分割线确定:以前一次上涨(下跌)的幅度为基数,以 0.382、0.5 或者 0.618 的比例估计回调(反弹)可能达到的幅度,并计算出回撤位的绝对水平。

4. 心理点位

心理点位是指市场参与者或分析人士公认的重要汇价水平。该点位往往与重要的市场变动或者重要的事件相关。心理点位的作用类似于支撑位或阻力位。在市场多空力量未根本性地改变之前,心理点位不易被突破;但是一旦心理点位被突破,往往会出现市场的一致性预期,并产生单边大幅度波动。

五、技术分析的主要假设与逻辑

1. 信息作用于外汇市场供求,进而决定汇价变动

外汇汇率会受到各国政治、经济因素的影响,同时也会受到突发事件、央行的临时干预以及参与者心理预期等多方面因素的影响。相比其他金融市场,外汇市场信息透明度和传导速度较高,市场规模巨大,各类研究机构和外汇交易员可以据此提供相对客观的分析报告,外汇市场汇率也不容易被操纵。

2. 汇价变动趋势具有持续性

上涨或下跌趋势一旦形成,表明多空双方力量对比已经明显偏向于某一方,短期内不会改变,而且随着市场参与者的认知分歧逐渐统一,趋势会进一步加强,直到推动汇价的主导因素影响变弱。

3. 历史行情有重复的可能

技术分析是建立在过去的市场行情会重演的基础上的。由于参与者在相似的环境条件下对于类似的基本面信息以及行情走势会做出与过去相似的判断,类似的行情走势可

能再次出现。但是,信息和各种分析对市场供求的影响路径和影响时间点不可能每次都相同,因此,在相似的条件下,过去的走势不会被简单地复制。对此,外汇交易员往往需要做好充分的预案,应对各种变化。

六、技术分析的要领

1. 分析方法要结合市场行情的性质

外汇市场波动可分为趋势和盘整行情,分析方法也分为趋势分析和震荡分析两大类型。

对波动方向和幅度明显的上涨或下跌行情,应重在判断趋势的产生、力度以及持续性,常用趋势分析工具有趋势线、移动平均线和艾略特波浪等。

对波动方向不明、幅度有限的盘整行情,需要判断小幅波动的频率、幅度以及衰竭时机,常用震荡分析工具有 MACD(指数平滑移动平均线)等。

当然在不同的观测周期下,短周期的上涨或下跌趋势在更高一级的周期内可能只是一段盘整行情,因此,必须结合适当的周期进行分析和交易,而不能随意跳转周期进行分析和交易。

2. 各周期下的技术分析优先级不同

长周期下的市场趋势或盘整往往是由重要的经济周期下各种因素综合作用形成的,其持续时间长,波动幅度也大,交易员常用周、月甚至是年度等长周期单位的分析结果,以建立长期、大规模的多空仓位,交易频次低。

中短周期趋势主要由各种中短期信息引发的预期以及突发事件推动形成,其变动方向和幅度会随着观察周期改变和缩短,其分析难度随着不确定性变大而增加。

但一般而言,当低一级的周期分析结果与高级别的周期分析结果出现矛盾时,仍然以高级别的周期分析为主,原因在于后者往往代表了更重大的市场状态。例如,按照小时级别分析汇价,在汇价可能下跌时,却观察到日线级别的市场行情处于上涨趋势,此时应按照日线行情,尽可能持有多头仓位;如果必须利用小时级别的下跌机会,也只可建立少量空头仓位或少量削减原来的多头仓位,操作周期不可过长,一旦短期下跌结束,仓位调整仍然要顺应高级别行情的主要方向。

第二节 走势图分析

一、走势图的概念及原理

(一) 走势图的概念

走势图(main chart)是指在行情主要图形显示区域,利用成交价格的关键信息绘制的点、线或者柱状图形,用以直观地展示某一个交易时段的市场运行状态(副图则常用于各类技术指标的表示)。比较常见的走势图类型有折线图(line chart)、美国线(bar chart)、K线图(candlestick,国内俗称"蜡烛图")。在外汇交易技术分析中,走势图分析是基础。在运用技术分析时,既需要针对单独一个交易日或时段的线型(如日K线或小时K线)进行分析,也需要针对一段时期内多个交易日或时段的图形组合进行研判;既可以利用K线进行独立分析,也可以结合其他技术分析方法进行综合判断。

(二)走势图的绘制以及原理

走势图常用纵横坐标系绘制。横轴一般为时间,向右延展,而纵轴表示汇价点数,向上延展。因为线型不同,绘制方法也稍有不同。

全球外汇市场由多国外汇市场和金融机构组成,成交量难以被综合统计,因此多数外汇软件不提供国际市场成交量,只有少部分国外货币经纪平台会提供本地平台成交量,并在副图中用垂直柱状图例表示成交量。

目前,欧美市场参与者主要使用美国线进行分析,亚洲市场参与者更倾向于使用K线图,两者在分析成功率上没有差异。此外,也有少数市场人士更青睐于折线图。

1. 折线图

折线图是最简单的线型,主要利用线段连接每一交易时段(周期从分钟、小时、日、周、月、季,最长可以以年为单位)的收盘汇率,用以表示汇价变动的历史信息(图11-1)。在分析中,折线图的转折、高低点通常是研判的重点,用于分析市场行情是否发生重大改变。预判波动幅度、汇价的运行区间时,通常将折线图分析与其他技术分析手段以及基本面分析相结合。

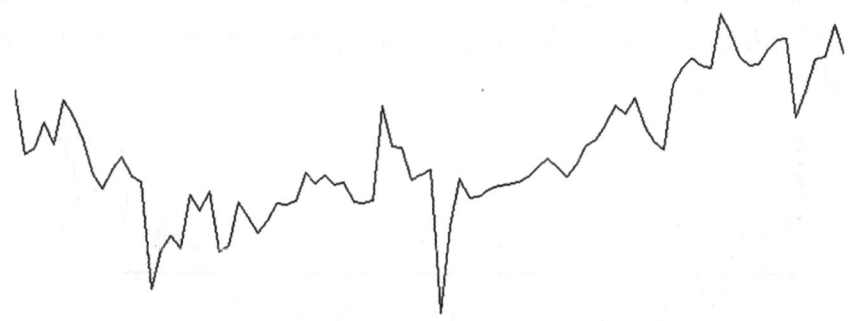

图 11-1　GBPUSD 1 小时折线图

2. 美国线

美国线常用3根线的组合图形表示一个交易时段的价格信息(图11-2)。以日线为例,用一根竖直方向的线段表示的当日出现的汇价高点和低点的连线,代表日内波动最大幅度。竖直线段左侧的水平短线段表示开盘汇率,竖直线段右侧的水平短线段表示收盘汇率,两根水平线段之间的垂直距离,就代表了开盘和收盘的汇价差。实际运用中,单根美国线的作用不大,经常用多根美国线进行形态分析,或者结合阶段行情中出现的趋势线进行趋势判断。这两类分析方法将在第三节、第四节探讨。本节重点讨论基于K线图进行的技术分析。

3. K线图

K线多为狭长的垂直柱状图,称为K线实体,有时其顶底两端中点会有长短不一的垂直线段,称为上下影线。在表达外汇交易价格要素时,需要体现开盘价、收盘价、最高价、最低价,因此在绘制K线时,分别用K线实体的上下两根水平线表示开盘价和收盘价。开盘价低于收盘价时,多头强于空头,体现出将收盘价推升到高位的上涨走势,用红

图 11-2　GBPUSD 1 小时美国线

色或空心绘出(欧美市场用绿色表示)K 线,称阳线;反之,阴线是指开盘价在上、收盘价在下的 K 线,反映了下跌走势,往往用绿色或实心表示(欧美市场用红色表示)。存在影线时,上影线的最高点为最高价,下影线的最低点为最低价。

这种表示方法起源于日本德川时期大米交易的记录方法,后逐渐演变成为现在的 K 线图。K 线图能够反映当天行情的重要变动,体现出多空双方的力量对比,并可用于预判下一时段可能的汇价变动(图 11-3)。其局限性在于不能反映汇价过去变动的路径。此外,K 线图虽然比较直观,但无法用于定量分析,通过 K 线图进行行情分析要多依赖主观分析和推测。

图 11-3　GBPUSD 1 小时 K 线图

二、单根 K 线分类与 K 线组合

(一) 单根 K 线分类

1. 按照单根 K 线的周期划分

根据 K 线表示的市场交易周期以及对应的价格数据,可按照周期由短到长将 K 线分为分钟 K 线、小时 K 线、日 K 线、周 K 线、月 K 线、季 K 线、年 K 线等。每一个高级别周期 K 线的价格要素以及图形都来自于该低级别周期,例如,1 小时 K 线的开盘价来自于这 1 小时第一根 1 分钟 K 线的开盘价,1 小时 K 线的收盘价则与这 1 小时最后一根 1 分钟 K 线的收盘价一致;1 小时 K 线的最高价、最低价则是这 1 小时中 60 根 1 分钟 K 线组

合中的最高价和最低价。如图 11-4,箭头所指的最后一根 1 小时 K 线的开盘价和收盘价分别对应 11-5 中第一根 K 线的开盘价、最后一根 K 线的收盘价,而图 11-4 所示 1 小时 K 线的最高价、最低价分别由图 11-5 中第 29 个 K 线实体的最高价和第 2 个 K 线实体的最低价体现。

图 11-4　EURUSD 箭头所指最后 1 小时 K 线的价格要素

图 11-5　EURUSD 1 小时 K 线图与 1 分钟 K 线图的价格要素的对应关系

长周期的 K 线,如日、周、月 K 线等,常用于中长期交易的技术分析,但对于短期汇率预测不够准确;小时 K 线经常用于当日以及隔夜的短期交易的技术分析;分钟 K 线则常用于日内的超级短线交易,后两者不适合用于中长期走势的研判。当不同周期 K 线体现的市场信号出现矛盾时,一般需要上升到高级别周期进行研判,并顺应高级别周期的趋势进行交易。

2. 按照单根 K 线的形状划分

1) 无影线的 K 线

(1) 无影线阳线。开盘价同时就是最低价,收盘价也是最高价,K 线呈现低开高走的态势。由于没有上下影线,无影线阳线也俗称光头光脚。按照 K 线实体长度,无影线阳线可以分为大阳线、中阳线、小阳线三种(图 11-6)。

大阳线。K 线实体狭长,开盘价与最低价二线合一,收盘价即最高价,远高于开盘价。这种 K 线常见于多头力量远远超过空头的市场,如果以最低价开盘后,空头没有力量将汇价压制到开盘价以下,反而被多头将汇价推动到最高位收盘,此时的 K 线是多头力量最强的 K 线。一旦出现大阳线,往往说明当时市场已经形成单边走势,不可贸然对抗上涨趋势随意做空。

中阳线。其形状与大阳线类似,但实体长度稍短。中阳线意味着开盘价即最低价,收盘价与最高价相同,代表多方在整个时间段内占优,但相比大阳线而言,力度稍小。

小阳线。其是实体长度最短的阳线,性质与前两者相同,但属于多头力量最弱的一种。

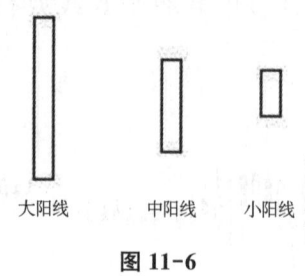

图 11-6

(2) 无影线阴线。这种阴线的构成与无影线阳线正好相反。无影线阴线意味着开盘价即最高价,收盘价即最低价。这种高开低走的 K 线代表了空头占据市场主导地位,并且将最低价一直维持到收盘。根据 K 线实体的长度,按照多头的相对强弱,无影线阴线可以分为小阴线、中阴线和大阴线(图 11-7),空头的力量也按序增强。

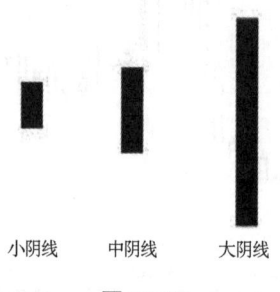

图 11-7

在实际应用中,大阳线和大阴线常出现在上涨或下跌加速阶段,该 K 线后很少出现立即反转的情况;中阳线和中阴线则常延续原有的趋势;小阳线和小阴线不适合用于单独判断,需要结合阶段走势进行研判。一般而言,在趋势的末端出现的小阳线或小阴线,往往代表着原趋势有一定程度的减弱,上涨或下跌的速度变缓。

但值得注意的是,在盘整行情中,通过单根 K 线进行研判意义不大,应结合支撑线、阻力线、趋势线、形态和技术指标进行分析。

2) 带影线的 K 线

大多数市场走势中,光头光脚的 K 线比较少见,大多数 K 线往往带有影线。上影线一般意味着多头推动汇价达到最高水平,但不能继续维系高价,汇价有所回落;下影线则与此相反,往往体现出空头力量的极限。

(1) 短影线 K 线。较短的影线虽然意味着多头或空头略占优势,推动达到了最高价或最低价,但往往不具有指示意义;通常还是按照 K 线实体的幅度、阴阳性质以及在行情中的相对位置进行研判(图 11-8)。

(2) 长影线 K 线。长影线一般指 K 线影线长度大于或等于 K 线实体的长度。上影线的长度长,意味着多头能够在短时间内快速推动汇价达到较高水平,但该冲击力量不够持久,最终汇价出现大幅回落,通常说明最高价超过了短期内市场正常运行能达到的水

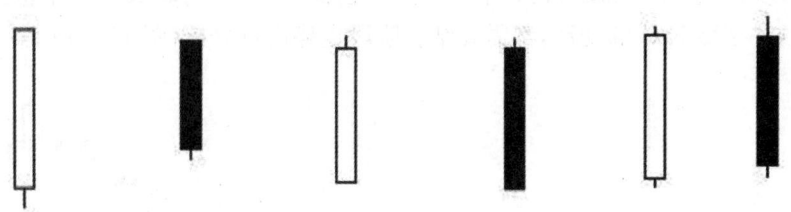

图 11-8 常见的短影线 K 线

平。下影线的长度长,意义正好相反。在 K 线分析中,长上下影 K 线如果在一段上涨或下跌趋势末端出现,则代表原趋势的推动力量有减弱的可能,趋势可能无法延续。有时某根 K 线实体长度很短,但同时具备长上下影线,此时以较长的影线作为判断某方力量较强的依据(图 11-9)。

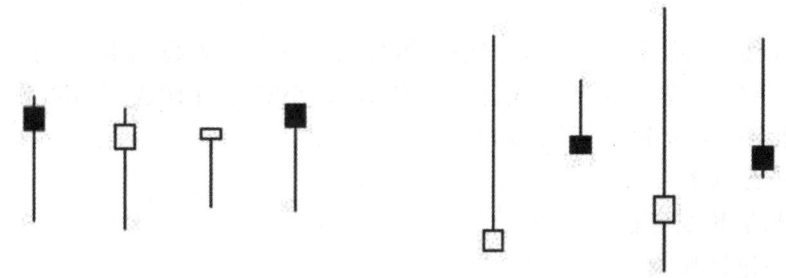

图 11-9 常见的长上下影线 K 线

(3) 十字星 K 线。十字星 K 线指汇价的开盘价与收盘价一致或者差价很小,K 线同时具备上下影线。这种 K 线往往意味着当时多空力量相近,双方都尝试将汇价推到有利于己方的最高或最低价格,但未能维持这一极限水平,最终收盘价回到开盘价附近的水平。它可以分为两种,一种是标准十字星 K 线,开盘价与收盘价一致,上下影线长度基本相同(图 11-10)。这种十字星 K 线意味着多空力量非常接近,无法通过 K 线单独预判以后的方向,如果在趋势运行一段时间后出现十字星 K 线,往往意味着趋势衰竭。另一种是准十字星 K 线,其上下影线长度不对称,甚至只有一根影线,K 线为一字或者实体非常小。其研判意义与标准的十字星 K 线类似。

图 11-10 标准十字星 K 线和准十字星 K 线

(4) 一字型 K 线。一字型 K 线表现为开盘价、收盘价、最高价与最低价都成交于同一汇价水平。该 K 线体现出当时多空力量对等,短期无突破方向。这种线型在中长周期

K线图中极少出现,在短周期K线图中经常出现;此外,在短周期K线图中也经常出现影线非常短的一字型K线的变形,都需要结合阶段走势进行分析(图11-11)。

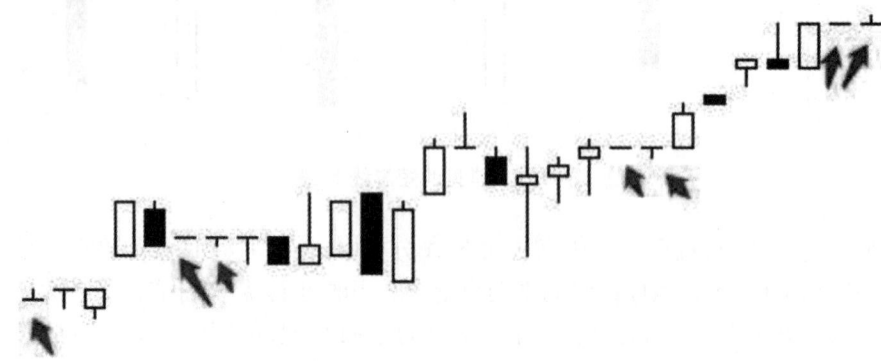

图11-11　1分钟K线图中的一字型K线及其变形

按照K线代表的多头强弱递减次序,可将K线按照大阳线、中阳线、小阳线、长下影线K线、十字星K线、一字型K线、长上影线K线、小阴线、中阴线、大阴线排列。这一排序也代表了空头力量由弱变强的次序。

(二) K线组合

1. 反转型K线组合

1) 反向包容K线

反向包容K线(图11-12)(在国内证券分析中常被译作"反包线")一般由2根性质相反的K线组成,并主要出现在趋势运行了一段时间后。在上涨趋势末端,若最末端的阳线紧随着一根实体更长的阴线,该组合通常代表前期多头力量由强转弱,后期空头力量占据主导,并使上涨趋势有可能就此转向。而下跌趋势末端出现的反向包容K线,次序正好相反,由趋势最末端的阴线和反包的阳线组成。

此外,这种组合也可变形为多于2根的K线构成的反包组合,表现为在趋势末端,多根K线组成的价格区域,被一根反向K线包容。这种变形的关键特征是后一根K线实体的大小,大于或等于之前的波动幅度,而该K线价格变动方向正好相反。在重要行情临近转折时,该组合具有强烈的指示意义;但在盘整行情中,该组合无法提供参考。

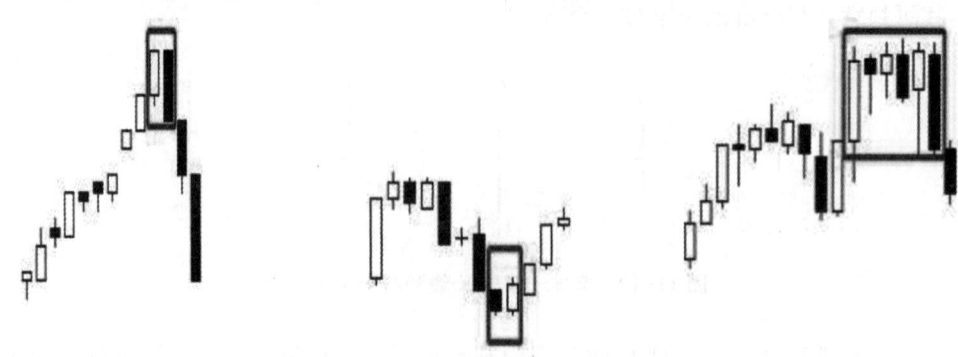

图11-12　标准反向包容K线及其变形

2）孕育线

孕育线由前长后短的两根 K 线组成,前后两根 K 线实体中心位置基本在同一水平,但后一根 K 线实体较小,视觉上像是悬挂在前一根 K 线中间(图 11-13)。这一组合常见于趋势运行一段时间之后,前一根 K 线以较大实体收盘,代表了占优势一方的力量;但其后续动能不足,而对手盘力量相对增强,这使得次日成交价格区间返回到前一根 K 线的区间。该组合出现的频率低于反向包容 K 线,一旦出现,则暗示原趋势有减速甚至转向的可能。在研判时,重点是比较 K 线实体大小以及位置。除此之外,该组合在盘整行情中没有研判意义。

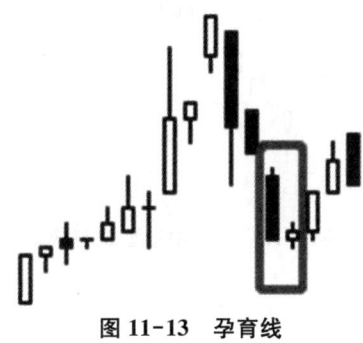

图 11-13　孕育线

3）跳空 K 线

跳空 K 线指上涨或下跌趋势在运行了一段时间后,伴随了一个实体位置明显违反原趋势的 K 线。该 K 线实体与前一个 K 线实体(甚至其影线)不存在重合,存在明显价格差距,这使得 K 线的连续走势就此出现了断裂,该价格差距被称为跳空缺口。根据缺口和趋势的相对位置,跳空缺口可以分为向上跳空缺口和向下跳空缺口。向上跳空缺口常出现在下跌趋势末端,其 K 线实体高于前一天的 K 线实体,体现出多头强烈的向上动力,而空头处于绝对劣势,以至于 2 根 K 线之间出现了价格断档(图 11-14)。向下跳空缺口的原理正好相反,暗示了上涨趋势可能就此结束。跳空缺口的出现往往与突发事件和超乎市场预期的信息披露有关。

图 11-14　向上跳空缺口

此外,在上涨或下跌趋势暂缓阶段,市场进入盘整行情,而此时出现的跳空缺口,大多是盘整结束、趋势延续的重要信号。在这种中继型走势中,制造跳空缺口的 K 线实体常常脱离整个盘整行情的价格区间,出现在顺应原趋势的位置。这种跳空缺口不再起到反转的指示作用,却具有助涨助跌的作用,因此称为中继型跳空缺口。图 11-15 即展示了上涨中继型跳空缺口的 K 线。

图 11-15　上涨中继型跳空缺口

2. 中继型 K 线组合

1) 并列 K 线

并列 K 线包括位置和实体大小接近的 2 根阳线或阴线(图 11-16)。并列 K 线出现在上涨或者下跌趋势中,往往代表暂时性的盘整,一旦盘整结束,原趋势将延续。在研判时,可以忽略 2 根 K 线的影线以及阴阳性质,主要观察 K 线实体及其位置。此外,这种并列 K 线可以表现为多根性质不同的并列 K 线变形,其仍属于中继型 K 线组合。

图 11-16　中继型并列 K 线

2) 连续台阶型 K 线

连续台阶型 K 线一般包括 3 根或以上 K 线,这些 K 线实体大小接近,位置不断持续上升或者下降(图 11-17)。其中,最具代表性的是 3 根以上的上升阳线组合和下降阴线组合,体现出市场多空双方已经形成一致预期,单边趋势出现;这些 K 线实体位置接近,说明推动趋势的力量没有被充分释放,走势未到衰竭阶段。

这种组合常出现在趋势早期和中期阶段,有时多根 K 线中会夹杂性质相反的 K 线,如 1 根阴线后伴随着 2 根阳线,但是 K 线实体仍然呈上升台阶状,说明经过短暂博弈,多头仍然占优,原趋势得以延续。

此外,连续台阶型 K 线也会有一些变形,主要体现为连续 K 线实体逐渐放大或缩小,这往往意味着其延续的趋势加速或放缓。

图 11-17　连续台阶型 K 线组合

在实践中,外汇分析人员总结出很多 K 线组合的分析经验,但这些结论大多具有较强的主观性,影响了准确性。因此在外汇市场中,为了提高分析的质量,更加客观地观察市场走势,需要将以 K 线为主的线型分析方法与其他分析方法相结合。

第三节　价格形态分析

一、价格形态分析的概念

价格形态分析是技术分析的重要组成部分,是指利用较长时间段内走势图构建的形态特征研判市场走势,为外汇交易提供决策依据的分析方法。

在以 K 线图为主的图形分析中,研究判断基于少量 K 线的市场信号进行,其观察时段过短,视角不够多样化;而形态分析重在观察周期更长、更宏观的图形组合而成的形态,根据以往形态代表的历史走势,判断当前市场运行阶段、后续变化方向以及变化幅度,为交易和风险管理提供了重要依据。

二、主要价格形态类型

价格形态按照其代表的市场运行走势可以分为反转形态、中继形态以及盘整形态。考虑到反转和中继形态具有方向指引意义,最具有分析价值,而盘整形态的运行方向难以确定,一般不作为技术分析重点,下文仅对价格形态中的反转形态、中继形态展开介绍。在观察价格形态时,分析人员往往利用 K 线或美国线密集排列形成的图形形状判断市场状态,并根据汇价是否突破关键的点位确定后续的市场走势。

1. 反转形态

反转形态指特定形态出现后,市场原有的上涨或下跌趋势不再延续,转为相反方向运行(市场长期盘整后的随机性假突破往往很快失败,不属于此列)。比较常见的反转形态有V型反转、W底与M头、头肩型反转、圆顶与圆底、岛形等。

1) V型反转

V型反转包括V型底和尖顶两种类型。

V型底常见于下跌趋势末端。它是由连续加速下跌的K线、近期的最低点以及快速反弹的K线组合形成。V型底的出现,代表前期空头力量快速释放,并在达到做空的极限水平后快速衰竭,此时,多头订单在低点后迅速增加,推动了快速反弹,最终将汇价推升到加速下跌的起点汇价附近,形成类似V型的对称反弹走势。

其图形特征一般包括:①只有一个最低点;②下跌或上涨中形成的趋势线的正负斜率角度都比较大;③汇价变动速度快,而且幅度、角度接近对称。它常常反映出某些突发事件的短期影响,或者某一方获得了短暂的压倒优势,对市场价格形成了短期冲击,但后期冲击又被市场快速消化,优势方力量很快衰竭的状况。因此,形成V型反转的时间比较短。V型底在日内分钟级的快速行情中比较常见,但在日线及以上周期的行情中较少出现。

尖顶则正好相反,其形态呈现倒置的V字(图11-18),常出现在上涨趋势的末期,即汇价经历最后阶段的快速上涨后又快速回落。尖顶代表了一种快速衰竭的市场态势:当多头力量快速释放后,最终上涨动力被空头力量抵消,汇价很快回到快速上涨起点。

图11-18 尖顶

2) W底与M头

W底形成于下跌趋势之后,图形构成类似于字母W(图11-19)。当汇价出现加速下跌,在第一个近期低点,形成第一次快速反弹后,又出现第二轮下跌,当达到第一低点附近后,形成第二低点并出现第二次反弹,这种W形的运动轨迹往往代表着底部形态。

W底的形成原因在于下跌趋势末端,空头力量快速释放后,初次最低点形成,后因多头力量增强或空头部分减仓,第一次反弹出现;但随后空头力量再次增强,加上多头在第一次反弹中存在减仓行为,第二次下跌出现。此后,由于空头未能将汇价推动到更低水平,多空力量逆转,因此出现二次快速反弹。该信号常常暗示在此价格区域,原下跌趋势可能终止,并转为上涨的可能。

在研判中,应注意前后两个低点水平比较接近。同时为了帮助识别,将第一次快速下跌的起点与第一次反弹的高点的连线作为颈线,当第二次反弹突破颈线,但短期内不再回落到颈线之下时,可以认为 W 底形态出现。后续的上涨幅度将可能大于或等于颈线到最低点的垂直距离。

如果第二次反弹失败,汇价未能突破颈线,反而继续回落;或者短暂突破颈线后又回落到颈线下方,则认为 W 底形态形成失败,将会出现更复杂的形态,这不能作为底部信号。

图 11-19　W 底

M 头的形状和位置与 W 底正好相反(图 11-20)。它常出现在上涨趋势的末端,汇价上涨回落后,二次上涨到同一高点,最终回落下破颈线。M 头体现出多头力量二次冲击高位,后续动力不足,是常见的头部信号。实际分析中,也有汇价形成短暂 M 头,后续又出现第三次上涨,并回到此前高点,甚至还创出新高的情况,该形态不能被视作 M 头,也不能代表原上涨趋势终结。

图 11-20　M 头

此外,在研判 W 底和 M 头时,两个低点或高点之间水平距离越远,也就是形成两个相似极点的时间跨度越长,代表后续转向的动力越大。一旦该形态有效完成,会出现幅度更大、时间更长的市场转折运动。

3) 头肩型反转

头肩型反转包括头肩顶和头肩底。

头肩顶类似于低、高、低的山峰,常出现于长期上涨趋势的最后阶段。其结构包括汇价第一次上涨后回落形成的左肩,第二次上涨并创出最高点后回落形成的头部,第三次上涨接近第一次高点后回落形成的右肩。左肩和右肩的回落低点连线可作为颈线,左右肩的高点水平接近,整个头肩顶的形态确认是以汇价第三次上涨后回落,并跌破颈线为标志的。

头肩顶体现了典型的市场头部的博弈过程:左肩阶段意味着多头推动汇价上行后,短期受阻,汇价回落低点时得到支撑;头部阶段意味着多头第二次入场增持,推动汇价达到趋势的最高点后,回落到左肩的低点获得支撑,形成头部;右肩阶段意味着少量多头以及前期空头减仓共同作用形成第三次上涨,但因多头力量不足,当汇价接近左肩最高点水平时,持有长期仓位的多头开始平仓,在前两次低点入场的短期多头大量减仓,这导致汇价下跌并进一步跌破颈线,空头也在向下突破颈线位时大量增仓,最终右肩形成,市场转向熊市。一般而言,跌破颈线后的跌幅不少于头部高点到颈线的幅度。

在实际分析中,汇价常常在头肩顶的右肩形成过程中,也就是第三次的回落中发生暴跌。跌破颈线速度过快,会引发短暂的反抽。如果汇价反抽后未能回到颈线上方,则头肩顶的形成得到进一步确认,汇价还会大幅度下跌。如果汇价未有效跌破颈线或者是反抽回到颈线上,则头肩顶形态未能形成,上涨趋势尚未结束,后续市场动态仍有待观察。

此外,也会出现相对复杂、时间跨度较长的复合头肩顶,即在整个形态结构中出现了对称的 2 个左肩、2 个右肩,甚至是 2 个高点接近的头部。在研判时,需要结合时间周期、颈线位以及波动幅度进行识别。

头肩底的结构、形成过程以及研判意义与头肩顶正好相反,头肩底一旦形成,往往意味着下跌趋势结束,这是多头正式开始入场的信号。

4) 圆顶与圆底

圆顶常常形成于上涨趋势或者盘整持续一段时间后。当出现汇价上涨速度先快后慢和上涨幅度先大后小,多个相邻 K 线实体位置先上升后回落时,对多个相邻 K 线实体高点进行连线,可以画出一条近似凸型的曲线,此时这一 K 线形态称为圆顶。该形态一旦形成,往往意味着后续会出现明显的下跌趋势。仔细观察可以发现,圆顶曲线的切线斜率逐渐由正变负,代表后期的上涨速度不断变慢,多头的能量逐渐衰竭;汇价达到阶段高点后,多空力量逆转,空头能量不断增强,出现明显下跌趋势,下跌过程中常常伴随着向下的突破缺口或者大阴线。

而圆底形态则正好相反,相邻 K 线实体低点的连线形成了凹型的曲线,通常意味着空头力量逐步衰竭。一般会以明显的突破缺口或者大阳线作为该形态形成的标志。在实际分析中,圆顶比较常见,而圆底出现概率相对较低。

5) 岛形

岛形是一段时间内汇价小幅度波动形成的价格区域以及后续出现的脱离该盘整区域

的跳空缺口的组合形态。其常表现为汇价经历一段稳定的小幅度上涨或下跌趋势后,已经形成一定的价格盘整区间,突然以跳空缺口形成加速向上或向下变动,脱离原有价格区域,形成价格断层,并在一段时间内维持较小幅度的价格波动,类似于悬浮在上涨趋势上方或者悬挂在下跌趋势下方的价格浮岛;但经历一段时间的盘整后,汇价最终又以缺口形式,向相反方向突破,并形成对原趋势的逆转。

在研判中应注意,第一个缺口属于原趋势的消耗性运动,代表推动原趋势的某方力量的最后释放。但由于缺乏后续推动力量,原优势方往往在岛型价格区间内开始降低仓位,汇价只能在消耗性缺口后进行盘整。然而,当暂时性平衡最终被打破,反向力量占据绝对优势后,汇价发生强烈的转向,并以跳跃式的价格波动,形成第二个反向缺口,也即逆转缺口,最终汇价往往回到跳空缺口前汇价附近,原趋势不再延续。

作为经典的反转信号,岛形经常在中长期趋势的末端出现。如果在第二个缺口出现后,汇价未能很快回到岛形价格区域,则意味着岛形形成,可将其视作上涨或下跌趋势的终结信号。

此外,其他反转形态还包括喇叭口形态、钻石形态等,喇叭口形态表现为波动区间内相邻高点和低点连线方向相反,角度扩大;钻石形态是喇叭形状与三角形形态的组合。它们主要出现于趋势运行的末端,一旦形成,往往意味着原趋势终结。研判时也需要结合汇价运行所处的相对位置、时机进行分析。

2. 中继型形态

中继型形态是两段同向价格运动趋势之间的连接形态,它并不改变原有趋势的运行方向,常因原市场推动力量的暂时休整而形成,其比较常见的形式包括三角形、楔形、旗形以及矩形等。

1)三角形与楔形

三角形常被视作一种中继形态,即汇价的上涨下跌趋势运行一段时间后,汇价会进入短期的盘整阶段,而后延续。三角形形态常表现为:汇价运行的区域逐渐收敛,区域内上下波动的幅度逐次缩小,分别连接区域内相邻波动高点和低点后形成的两条趋势线,类似于三角形某个夹角的两条边。

该形态往往说明,当某一个趋势运行到特定汇价水平时,多空双方在此水平达成了短期平衡,汇价在这个水平附近出现往返波动,但原趋势的单向运动暂时无法延续。在三角形形态末端,汇价整理结束,多空力量分出胜负,原趋势的推动因素往往继续主导市场,运行方向恢复,趋势得以延续。

根据三角形形态向右上、右下倾斜的两条趋势线的角度,可以将三角形形态划分为对称三角形、上升三角形、下降三角形。

对称三角形是指上下趋势线斜率对称的收敛区间。其常表现为:波动区间中多次上涨的高点逐渐降低,连接高点,可绘制出向右下方倾斜的下降趋势线;而每次下跌形成的低点却逐渐抬高,连接这些低点,绘制出上升趋势线;这两根趋势线与水平线形成的夹角正好呈现对称。而汇价的每次上下波动幅度不断缩小,没有突破两根趋势线形成的三角区域。汇价运行到趋势线围成的三角形末端时,常常继续沿原来的趋势运行。判断突破后的最小幅度时,首先要区分对称三角形是出现在上涨趋势后还是下跌趋势后。汇价上涨一段时间后,汇价波动在对称三角形区间继续向右方运行,波动幅度越来越小,但到形态末端,汇价向上突破,向上波动幅度一般会接近三角形的第一个高点;反之,下跌趋势后的对称三角形形态末端,汇价向下突破后,向下的波动幅度会接近三角形的第一个低点。此外,对称三角形的有效性要看汇价后续表现。例如,汇价向上或向下突破后,短暂回调或反弹,但不再回到突破点汇价水平附近,这种情况下,三角形形态的中继性质得以确认,汇价会继续按原有趋势运行。

上升三角形和下降三角形是对称三角形的变形。上升三角形指在一段时间内,汇价多次波动形成的波动区间内,相邻高点位置比较接近,可以将其连接成一条水平压力线;如果连接汇价波动形成的低点,可得到向右上方倾斜的上涨趋势线。这种上升三角形通常在原趋势暂时受阻的情况下出现,该形态突破后,汇价大多延续原趋势。而下降三角形形态及其研判正好与此相反。这两种三角形形态的形成也以后续汇价未能快速回到原三角形价格区间为标态。

此外,所谓的楔形由上升和下降三角形形态演化而来,即三角形形态的上下两条趋势线都同时向右上或右下倾斜,不再出现水平趋势线,但两线斜率稍有不同;当汇价波动逐步收敛后,在三角形末端往往出现突然的快速突破,突破方向大多顺应原趋势。这种形态与三角形形态类似,可以被视作上涨或下跌趋势中的暂时休整。

2) 旗形

旗形形态主体类似于平行四边形,但该形状左右两边接近垂直角度,相邻高低点趋势线形成的上下两边呈现有一定相同斜率的平行关系,外观类似于向右上或向右下摆动的旗帜。根据不同的延续趋势,旗形可分为上升旗形和下降旗形。

如旗形出现之前上涨趋势存在着,则旗形上下两边向右下倾斜,该旗形称为上升旗形,代表上涨趋势暂时休整。上升旗形有以下特点:①该形态往往出现在汇价快速连续上涨之后,因此会形成接近90度的向上"旗杆";②旗形区域由小幅度的回调和反弹形成,而区域的相邻高点连线和相邻低点连线呈现平行关系,构成一个短暂的下行通道;③旗形盘整结束时,出现大幅度快速的连续上涨。

上升旗形往往意味着在一个快速上涨的趋势里,由于汇价短期涨速、上涨幅度过大,多头力量不能继续推动上涨的趋势,但空头在此阶段也仅仅是试探性做空,未能形成绝对优势,汇价在短暂下跌后,又会出现由空头受阻导致的小幅反弹,在旗形区域形成多头与空头的短暂拉锯;当最后整理结束后,多头再次推动汇价上涨,使汇价突破旗形区域并不再回到旗形的价格区域,后延续此前的上涨趋势。

下降旗形的形态正好相反,下降旗形被视作下跌过程的中继。

在研判旗形形态时,需要注意盘整时间一般不会过长,例如,日线级别出现的旗形,其时间跨度在10个交易日左右;如果盘整时间过长,往往会出现更复杂的市场形态,构不成旗形形态。

3) 矩形

矩形形态指汇价反复波动,形成长方形价格区域,区域内相邻高低点连线呈现水平平行状。作为中继形态,矩形同样被视作原趋势的盘整,多空双方在此区域形成幅度接近、短暂的双向波动,但该拉锯式运动并未导致某一方获得压倒性优势,双方都在等待突破时机。最终,由于推动原趋势的市场力量爆发,汇价继续延续原趋势突破。突破后的上涨或下跌幅度往往与矩形的宽度接近,与此段盘整时间积累的市场力量相对应。

【专栏11-1】

波 浪 理 论

20世纪30年代,拉尔夫·纳尔逊·艾略特(R. N. Elliott)根据市场中重复出现的价格运动模式创立了价格波浪理论。

波浪理论主要概括了价格在连续变动过程中高低点的相对位置、轨迹变化规律,因而常常被专业人士用于分析市场运行阶段以及趋势。

艾略特认为,各种基本面因素影响着市场参与者的预期和决策,当他们做出决策后,所产生的交易数据也包含市场交易信息,会被反馈给其他正在观察市场的交易者,并激发他们的反应,类似于波浪运动的群体性市场运行模式。

波浪理论的内容可被概括如下:市场运行类似于波浪运动,由两种浪形组成,一共8个波浪。其中能够代表上涨或下跌主要趋势的有5个波浪,称为驱动浪;同时有3个波浪会逆主要趋势运行,为调整浪,是原来趋势的调整,方向与驱动浪相反,但不会影响原有趋势的运行方向。

以一轮完整的上涨趋势为例:其完整过程由5个上升浪及3个下降浪组成,共8浪,其中5个上升浪的推动,使每一次高点比一次高,而每一个上升浪结束后,紧随的3个波浪为调整浪。

第1浪大多属于汇价底部区域的驱动浪,常见于空头趋势终结或暂时休整后的反转或反弹。开始阶段由于多头力量不强,因此上升幅度不大,时间较短,达到第1浪高点后,出现的第2浪调整幅度较大。

第2浪为第1浪的调整浪,往往是第1浪中多头减仓所致,当汇价回调到第1浪起点附近,做空力量减弱,第2浪结束。

第3浪是5浪中幅度最大的驱动浪,时间跨度长。在此阶段,由于市场参与者强烈看多,做多力量推动汇价攀升,并突破第1浪高点。

第4浪是第3浪长时间运行后的调整浪,回调低点不会低于第1浪的高点。

第5浪是最后的上升驱动浪,其持续时间不长,往往多头力量变弱,导致涨幅有限。

第5浪结束后,转而进入下跌过程,一般分为A、B、C共3浪。

A浪常被认为是原来5个波浪的正常调整浪,市场参与者并没有意识到做多力量已经减弱,因此A浪下跌比较缓慢,幅度不大。

B浪是对A浪的调整,表现为时间不长的一段反弹,并易于造成一轮新的上涨的错觉。并常常会构成形态上的双头,甚至创出新高。

C浪是主要的下跌浪,幅度大,时间长,幅度可能接近此前第4浪起点。

因此,对于一个完整的上涨阶段而言,八个波浪表现为五上三下的特点。而完整的下跌阶段则正好相反。此外,各阶段的波浪可向更高级别合并,也向低级别分解。

资料来源:艾略特.波浪原理[M].王建军,译.北京:中华工商联合出版社,1999.

第四节 技术指标分析

一、技术指标的概念和特点

（一）技术指标的概念

技术指标指利用特定的统计和度量方法，将外汇市场的汇价等关键数据进行处理，编制成量化指标。技术指标的原始数据来自于主图的价格要素，分析人士也常将技术指标作为辅助手段，结合主图的 K 线等图形进行综合研判。大多数外汇软件都把技术指标展示在副图区域，也可以将根据技术指标绘制的曲线叠加在主图区域。

技术指标分析指利用技术指标，将汇价运动的幅度、时间以及成交量等变量转换为精确的数值，进而从市场波动的强弱、能量的变化、参与者心理等角度进行研判。此外，为了提供更直观的分析手段，也可以将大部分技术指标转为可视化的技术图形，为外汇交易员提供多角度的决策依据。由于国内外交易与分析涉及的技术指标种类繁多，差异很大，本节主要介绍使用频次和接受度最高的几类经典指标。

（二）技术指标的特点

1. 历史性

技术指标的基础数据来自于外汇市场的成交数据，在此基础上，根据需要观察的变量，利用特定的公式或者方法计算。与某些预测模型不同，技术指标不使用未来函数，不利用虚拟数据获得结果。因此，技术指标主要从某一角度反映了过去一段时间内外汇市场的变动以及市场参与者的行为。

2. 客观性

技术指标的数据来源和结果都是数值形式，不存在模糊的表述，这排除了分析者的主观推测以及个人偏好，因此分析结论相对客观。

3. 唯一性

虽然技术指标有很多类型，其观察维度、统计和计算方法也存在非常大的差异，但就单一指标而言，在每一个时点计算生成的结果都是唯一的，不会误导分析或自相矛盾。

当然，在实际运用中，为了防止分析人员仅依据单一技术指标或者单一周期观测下片面的结论，常常需要将若干相关性低的指标组合在一起分析，同时也需要结合不同周期的结果作出判断。

二、技术指标分析相关术语

与传统的技术分析手段类似，技术指标分析的主要目的还是研判市场状况是否处于某种趋势或者盘整状态，进而为外汇交易和风险管理提供依据。在技术分析中，可以根据技术指标的结果和判定标准，为趋势的延续和反转提供预判；也可以基于适当的技术指标，为市场盘整期间的波动幅度、节奏提供参考结论，便于为盘整结束时可能的意外做好预案。

解读技术指标时，会涉及以下特殊术语。

1. 指标值的强弱

分析人员针对需要研判的变量,利用计算公式或统计方法,设定了特定的指标区间以及强弱标准,进而用于判断市场价格变动以及参与者预期的强弱。

2. 指标图形的走向、转折与交叉

分析人员将计算结果转化为可视化图形,图形轨迹会随着不同时间汇价的变动而上移或下行甚至转折,这些图形特征常被用于研判市场力量和市场运行状态的变化;而利用长短周期计算敏感度不同的多个变量,所绘制而成的多个图形会出现交叉的现象,常用于市场转向时机分析。

3. 指标的背离和钝化

指标背离指在用技术指标表达汇价波动幅度和力度时,指标计算值的变动幅度、极大值或极小值与汇价的波动幅度会出现不对称关系。这种汇价变动幅度与指标数值的异常现象就称为背离,常代表市场力量可能衰减。

指标钝化指当上涨或者下跌趋势不断延续时,用于测度市场强度的指标往往由于其计算结果很早就达到了强弱极限,而无法继续随汇价变动。这种指标极限值无法反映汇价波动极限值的异常现象称为钝化,常说明该指标不足以反映极端的市场情绪。

实际运用中,需要根据技术指标的类型、特点以及适用范围进行选择。例如下文介绍的,震荡指标敏感度较高,常用于日内的波动分析,趋势性指标常常用于中长线技术分析,而多重背离可以在研判反转方面发挥作用。

三、技术指标的类型

(一) 趋势指标

趋势指标(trend indicators)是指通过特定公式计算产生的数值或者通过利用此结果绘制而成的图形信号,判断汇价上涨下跌方向的指标。

1. 移动平均线

移动平均线(moving average,MA)常结合走势图显示,是利用若干连续交易周期内的收盘价算术平均值绘制而成的一条曲线,常常伴随在 K 线或美国线的上下方。移动平均线的计算周期基数可以根据需要设定,最短的可以为 1 分钟,长的可以为 1 年或者自定义周期,用于测算对应周期内的平均收盘汇价。此外也可以利用软件的公式编辑功能,将统计对象改为自定义价格要素(如最高价等),并可以选择计算简单算术平均值、加权算术平均值。在某个时点,移动平均线上的数值体现了此前一段时间汇价的平均值,也代表了这段时间内多空双方的平均成本。

在技术分析中,移动平均线的运用分为两种类型。

1) 移动平均线的单独使用

移动平均线在一段时间内的斜率会因这段时间内的汇价上涨或下跌而变化。一般而言,移动平均线向右上方倾斜,斜率大,说明这一段时间内多头力量越强,而且推升了汇价平均水平,暗示着上涨趋势的开始。反之,则代表着下跌趋势可能开始。

2) 移动平均线与 K 线的组合使用

移动平均线可以被视作在当前周期下的多空分水岭,当 K 线收盘价高于移动平均线时,意味着市场参与者做多意愿强烈,并愿意用高于平均成本的价格建立仓位,可以认为此时市场处于强势;反之,则被视作做空信号。而 K 线实体与均线同一时点的垂直距离越大,代表上涨或下跌的短期力量越强(图 11-21)。

图 11-21 均线与 K 线的组合使用

多根不同周期的移动平均线组成的多重平均线系统也常与 K 线组合使用(图 11-22)。

图 11-22 多重均线的排列与交叉

首先,多重平均线的排列常用于判断市场多空状态。在常见的均线多头排列中,短期均线位置高于长周期的均线,短中长期均线呈现由上至下的排列,此外各条均线都向右上方倾斜,同时 K 线收盘价高于长短期均线。此种图形代表了短期和长期看多者的市场力量都强于空头,可将其视作典型的多头信号。而短期与长期均线的距离越大,代表短期趋势的涨跌速度越快,短期市场力量越强。

其次,多重平均线的交叉,常用于判断市场的转折,成为多空信号的代表。以代表多头信号的均线金叉为例,在汇价经历了一段下跌趋势之后,原来不同周期的移动平均线多呈现空头排列,也就是短中长期均线分别由低到高排列,所有均线都向右下方倾斜,而 K 线收盘价居于所有均线的下方。然而,某天多头力量突然增强,使得 K 线首次收盘于短期均线上方,并在其后的几天内保持这种态势,进而短期均线也开始上升,并在其后某天向右上方穿越了仍然继续下跌的中期均线,甚至还穿越了下降中的长期均线。这种短期均线与中期和长期均线的交叉,代表了短期多头力量的强势,以及短期多头成本的上升,是典型的多头信号,俗称"均线黄金交叉"。反之,典型的空头均线交叉,也就是均线死叉,其图形和意义正好相反。

【专栏 11-2】

葛兰维尔移动平均线的 8 条判断原则

美国投资分析专家葛兰维尔(Joseph Granville)对移动平均线的运用总结出了以下常用经验:

(1) 移动平均线由降转平并上升,汇价向上穿过移动平均线时做多。

(2) 汇价上涨后远离移动平均线,发生快速下跌,而移动平均线保持上升,可以继续做多。

(3) 汇价向下跌破移动平均线并距离移动平均线有较大空间,有反弹做多的机会。

(4) 汇价与移动平均线同步上涨,均线对汇价有支撑作用,可以继续做多。

(5) 移动平均线由上涨变为水平,汇价下破均线,出现做空机会。

(6) 汇价在连续下跌后距离移动平均线有相当大的空间发生了反弹,但当汇价接近均线后再次下跌,此时可被视为做空机会。

(7) 汇价上涨并突破移动平均线后,继续上涨,与均线距离扩大,会出现汇价向均线的回归,此时可被视为做空机会。

(8) 汇价与移动平均线保持同步下降,均线对汇价有压制,可以继续做空。

资料来源:约翰·墨菲.金融市场技术分析[M].丁圣元,译.北京:地震出版社,2010.

2. 指数平滑移动平均线

指数平滑移动平均线(moving average convergence and divergence, MACD)是一种综合了均线功能以及震荡指标功能的中期趋势性指标。其图形构成要素包括快线 DIF、慢线 DEA 以及 MACD 柱状值:DIF 可通过计算短期移动均线(常用 12 日)与长期移动均线(常用 26 日)的离差(或者说偏移程度)得到;DEA 可通过计算若干日内(常用 9 日)离差的平均值得到;MACD 由 DIF 与 DEA 的差额乘以 2 得到。此外,观察位于副图的 MACD 图形,还会发现有一条水平的零轴将 DIF、DEA 分割,而 MACD 柱状图则根据 MACD 数值的正负状态,分列于零轴的上下方。

在 MACD 的应用中,可以分别利用其强弱值、均线方向以及 MACD 柱状图进行分析。

首先,根据 DIF 线和零轴的关系可以判断多空状态。当 DIF 上穿零轴,并经过回踩确认在零轴上方时,可以确认此时市场处于短期强势区,适合做多策略,而一旦 DIF 下穿,则应看空短期市场。此外这一原则也可以用于 DEA 线穿越零轴的情况,只不过适用于周期稍长的市场强弱和趋势分析。

其次,DIF 与 DEA 的走向与交叉可以用于判断当前汇价趋势的起点以及方向。类似于移动平均线,当 DIF 由右下方上穿 DEA 时,可将其视作短期多头力量变强的信号,称 MACD 金叉,其后往往会出现一段多头趋势;反之,MACD 死叉则是短期空头趋势的信号。其中,零轴上方出现的 MACD 金叉和零轴下方出现的 MACD 死叉代表的多空信号,意味着此时做多或做空,成功率较高(图 11-23)。

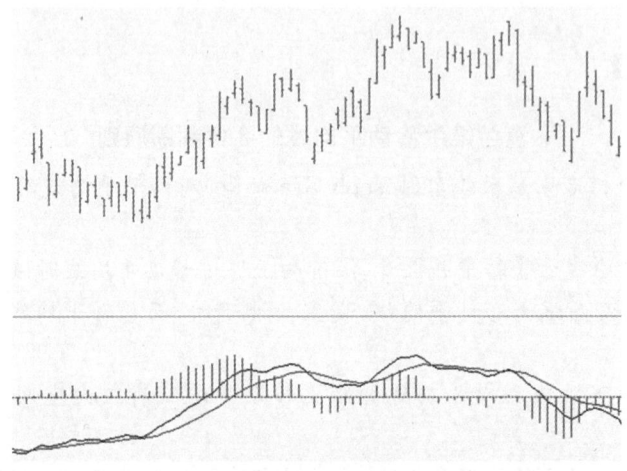

图 11-23　MACD 的强弱、快慢线交叉与 K 线的对应关系

最后,MACD 柱状图也常用于分析多空力量的增减以及背离。当下跌趋势告一段落,出现一段上升趋势时,原来位于零轴下方的 MACD 柱状会因汇价上涨而出现 MACD 值的负值变小、零轴下方柱状缩短的情况,而随着汇价继续上涨,MACD 的数值会由负变正,柱状图会反转到零轴上方,并不断变长;当上涨趋势受阻,并转为下跌趋势时,常可观察到 MACD 的数值由正变负,零轴上方的柱状缩小,转变为零轴下方的柱状变长。因此,柱状的此消彼长也常用于短期多空力量的判断。

MACD 柱状图也常与 K 线结合,被分析人员用作顶底背离判断,以辅助判定趋势的衰减。例如,在一个上涨趋势的初期,MACD 柱状出现在零轴上方,但随着汇价的盘整,该 MACD 柱状有所缩短,并出现了 MACD 柱状图的第一个高点;其后汇价运动变缓,MACD 柱状出现在零轴下方;当盘整结束后,汇价继续上涨,MACD 柱状也从零轴下方反转到上方,并不断变长;当汇价又一次休整时,第二个 MACD 柱状的高点出现;分别将汇价两次上涨形成的高点连线,与零轴上 2 个 MACD 柱状的高点连线进行对比,如果两组连线出现了类似于逆时针旋转 90 度的"八"字形状时,意味着第二次汇价上涨的趋势与 MACD 体现的动量出现了顶背离(图 11-24),上涨趋势有可能结束。MACD 与汇价的底背离条件和意义则正好相反。

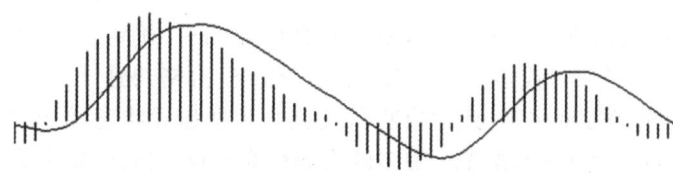

图 11-24　MACD 与汇价的顶背离

此外,在使用 MACD 进行分析时,也会出现 DIF 线或 DEA 线短暂突破零轴后又回到原来方向的情况;其后汇价往往会延续原趋势继续运行。例如,汇价上涨过程中,MACD 指标的 DIF 线上穿零轴后,回落到零轴附近又继续向右上方运行,此后汇价常会延续原来上涨的趋势。

（二）震荡指标

震荡指标(oscillators)是指通过指标计算公式所得的结果或图形,表达出汇价波动的强弱变化,进而为趋势的转向和盘整行情提供研判依据。最常用的有 KD 指标、相对强弱指标以及顺势指标。

1. KD 指标

KD 指标即随机指标(stochastic oscillator),用于短期价格波动的分析。KD 指标主要用于测定价格波动的幅度,进而判断汇价的强弱和超买超卖,提供价格转向信号。

KD 指标的计算原理如下：根据统计数据,通过计算期内的最高价、最低价、最后一个计算周期的收盘价及三者的关系,计算最后一个计算期的未成熟随机值,然后根据 MACD 的计算原理来计算 K 值和 D 值,绘点连成 KD 曲线。与国内证券分析常用的 KDJ 指标不同,KD 指标主要计算 K 值和 D 值。

第一步,要计算若干个观察周期内的未成熟随机值(raw stochastic value,RSV),即未成熟随机值,然后再计算 K 值、D 值等。

以日 KD 指标的计算为例,RSV 公式如下：

$$RSV = \frac{C-L}{H-L} \times 100$$

公式中，C 为若干交易日的收盘价；L 为这几日内的最低价；H 为这几日内的最高价。

第二步，计算当日 K 值与当日 D 值：

$$当日\,K\,值=\frac{2}{3}\times 前日\,K\,值+\frac{1}{3}\times 当日\,RSV$$

$$当日\,D\,值=\frac{2}{3}\times 前日\,D\,值+\frac{1}{3}\times 当日\,K\,值$$

当初始计算缺少前日 K 值与 D 值时，则可分别设 50 的初始值。

当 KD 指标用于实际分析时，可以分别判断市场多空强弱、超买超卖以及背离情况。

首先，可以利用 KD 指标数值，结合 KD 指标的强弱标准进行判断：50 为 K 值、D 值的中值，代表多空平衡区域；当 K 值、D 值大于 50，代表多头占优；K 值、D 值低于 50，即空头占优。

其次，K 值、D 值在 20～80 的范围，视作汇价变动方向不确定区域，无明显指示信号。K 值小于 10，D 值小于 20，代表空头在短期大量做空，价格快速下跌的市场状态，导致 K 值、D 值快速下跌到较低水平，此时可将其定义为短期超卖状态，汇价在以后有反弹可能；K 值大于 90，D 值大于 80，由多头做多的市场行为所致，可将其定义为短期超买状态，汇价在以后有回落可能（图 11-25）。

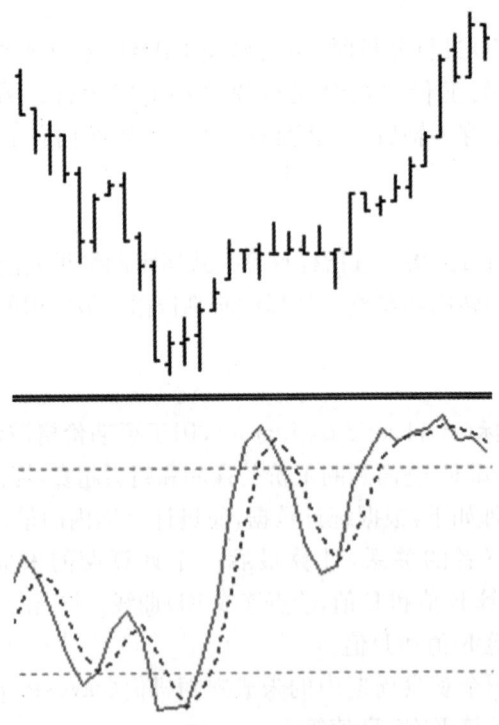

图 11-25　KD 指标的超买、超卖、徘徊状态以及与 K 线对应关系

最后，还可以利用 K 值、D 值绘制曲线，得到快慢线，用于短期转向分析。当汇价经过一段时间上涨后，快线由右上方向右下方转向，常代表短期上涨趋势有变弱的可能，如

果随后慢线也向右下方转向,则此趋势可被进一步确认。反之,下跌趋势的衰减常常伴随着快线和慢线自右下方向右上方的转向。快慢线也会发生交叉,这同样也代表了转向信号。如在高位区域快线自上向下突破慢线,这被视作 KD 指标死叉,代表看空信号。反之,低位区域快线自下而上突破慢线,发生金叉,这常被视作典型的看多信号(图 11-26)。

此外,KD 指标也常与汇价结合,被分析人员用作顶底背离分析:当汇价创新高或接近前高点,而 K 值、D 值未创新高,为顶背离,有上涨衰竭可能。反之,底背离常表现为汇价创新低或接近前低点,未伴随 K 值、D 值创新低(图 11-27)。

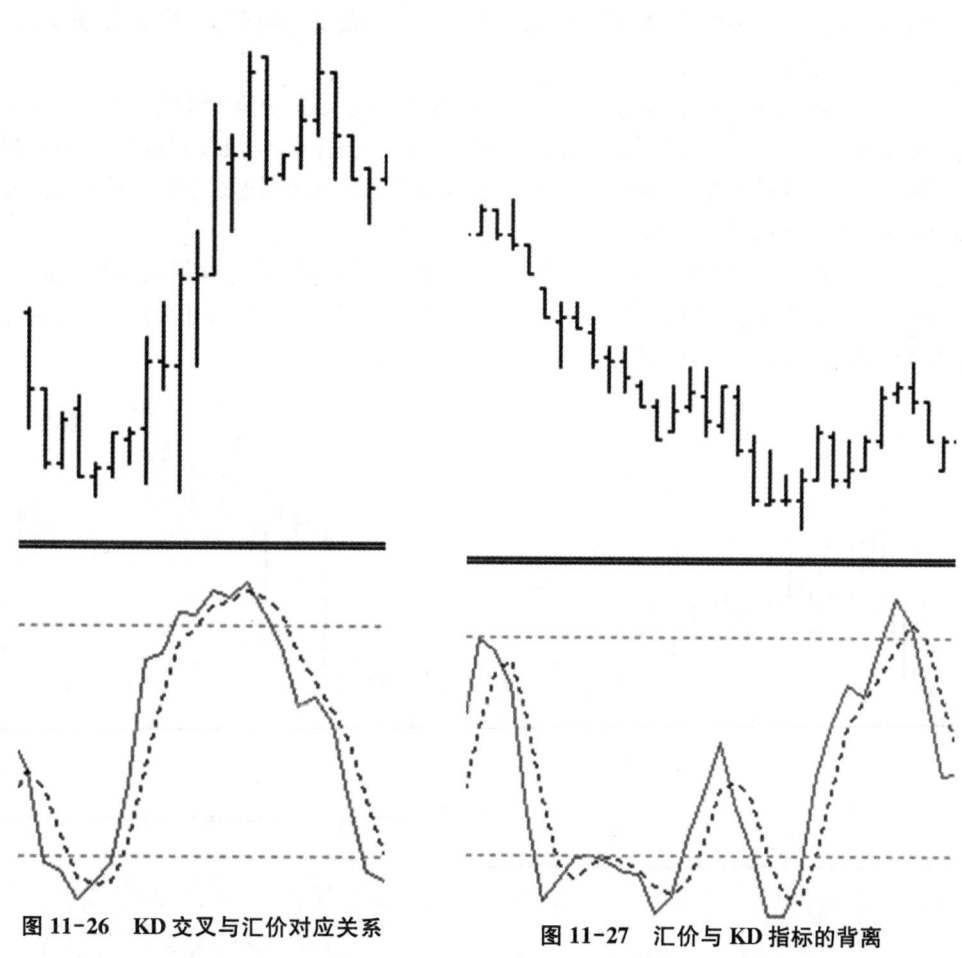

图 11-26　KD 交叉与汇价对应关系　　　　图 11-27　汇价与 KD 指标的背离

2. 相对强弱指标

相对强弱指标(relative strength index,RSI),在分析中,常用其英文简称。该指标是一种通过对比股价向上波动的幅度占总的波动幅度的百分比,指示市场强弱的敏感性指标。其公式如下:

$$RSI = \frac{U_n}{U_n + D_n} \times 100\%$$

式中,U_n 表示 n 天中股价向上波动的幅度,D_n 表示 n 天中股价向下波动幅度,$U_n + D_n$ 表示在此期间总体波动幅度。

当将 RSI 用作技术分析时，可以从以下几个角度研判市场强弱、转向以及汇价与 RSI 的背离程度。

其一，可以利用 RSI 值以及判定法则进行强弱分析。一般而言，汇价在一段时间内总体上涨幅度超过下跌幅度，计算得到的 RSI 值处于 50～80 的范围，代表多头力量较强，该指标值区域也被称为强势区域；如果汇价在一段时间内总体下跌幅度较大，计算得到的 RSI 值在 20～50 的范围，该指标区域被称为弱势区域，代表空头占优；RSI 值大于 80，是由于多头力量极为强大，涨幅巨大，此时市场供求出现超买（也就是买单远超过卖单）的状况，但以后有可能出现多头衰竭的情况；RSI 值小于 20，做空力量强大，代表市场超卖，但空头力量以后可能衰竭（图 11-28）。

其二，可以利用不同周期的 RSI 值绘制出多条 RSI 曲线，观察快速 RSI 线与慢速 RSI 线的交叉。快线由下方向右上方穿过慢线，视作短期多头力量较强；反之，快线向右下方穿过慢线，视作短期空头力量导致短期向下波动增强，代表空头信号。此外，快线与慢线的垂直距离过大，汇价往往会出现单边波动的休整。

其三，可以观察汇价的极限价格与 RSI 的极限值的背离关系。如果汇价创新高或接近前高点，RSI 值没有出现新高，往往代表有多头转向的可能；反之，汇价与 RSI 的底背离常被视作空头衰竭的信号（图 11-29）。

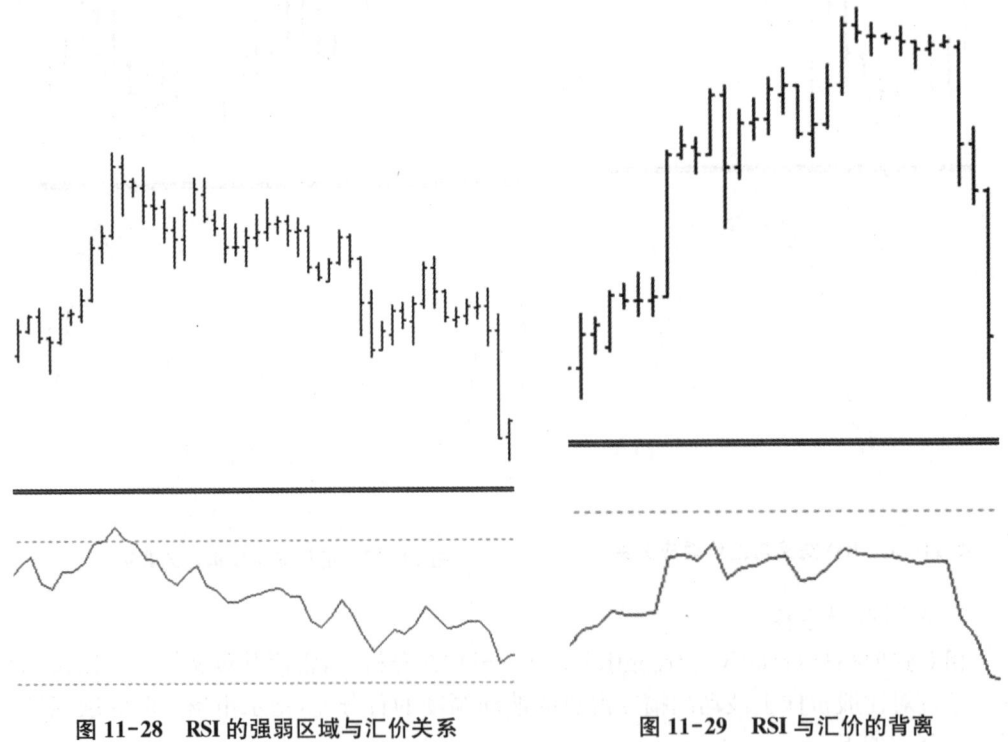

图 11-28　RSI 的强弱区域与汇价关系　　　　图 11-29　RSI 与汇价的背离

3. 顺势指标

顺势指标（commodity channel index，CCI）也属于利用超买超卖程度来分析汇价震荡力度的中短线指标。外汇分析中，为提高效率，常用简称 CCI，将其用于分析异常的汇价运行状况，尤其是在短期内出现大幅度单向波动的状况。

在运用顺势指标时,可以利用其指标值进行市场强弱分析、判断是否出现异常波动以及判断汇价与 CCI 的顶底背离。

首先,运用顺势指标进行市场强弱判断时,需要将指标区间分为三类:＋100 以上为超买,意味着短期内出现了非常强势的汇价上涨;－100 以下为超卖,意味着空头在短期内造成了汇价大幅度下跌;介于＋100 到－100 时则为震荡,此区间也称震荡区。一般而言,动量指标介于震荡区参考意义并不大。因此计算出的顺势指标,主要用于观察是否出现超买、超卖指示。

其次,当连接不同时点的顺势指标值绘制出 CCI 曲线时,该曲线也可以用于判断异常市场状态的出现和结束。若 CCI 曲线自右下方向右上方突破＋100 的水平分割线,说明汇价脱离正常波动,进入异常波动,此时往往代表多头力量异常强大,适合做多。反之,若顺势指标从右上方向右下方突破－100 的水平线,往往代表汇价运行进入空头为主的状态。此外,当 CCI 曲线从非常态区间回到常态区间时,这意味着此前的超常运行状态将告一段落,汇价将进入震荡阶段(图 11-30)。

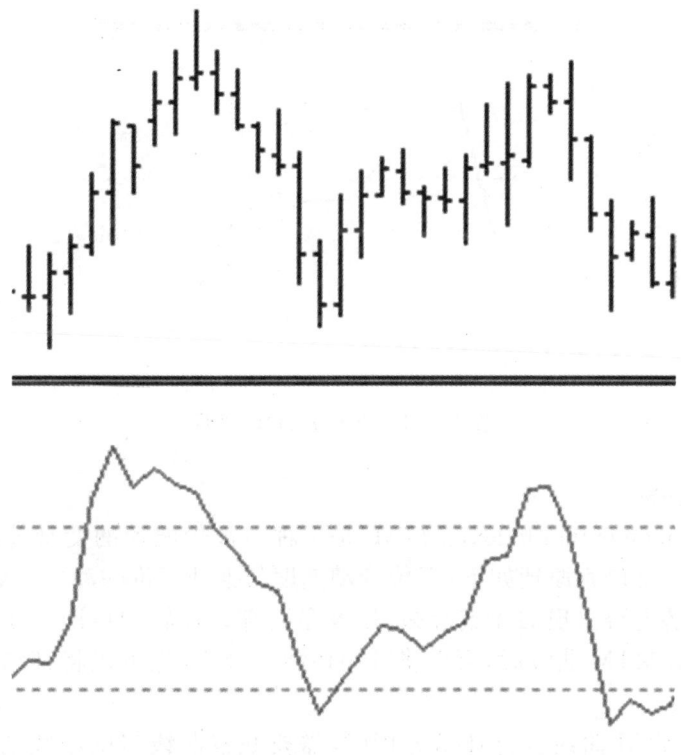

图 11-30　CCI 超买超卖信号与汇价、市场强弱的对应关系

最后,结合汇价运行高低点和 CCI 曲线运行的高低点进行分析,同样也可以判断顶底背离。例如,当汇价上涨,导致 CCI 曲线向指标区域右上方变动,处于高于＋100 区间的相对高位时,汇价往往继续上涨并创新高,但 CCI 曲线随着汇价创出新高反而回落,出现 CCI 高点逐次降低的顶背离现象,这往往代表汇价可能在高位发生反转。底背离则是以汇价再创新低或接近前低点,CCI 曲线后续未创新低作为标志(图 11-31)。

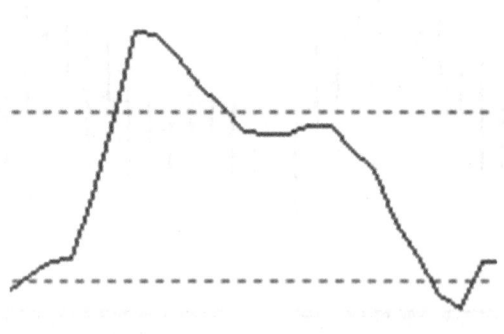

图 11-31　CCI 与汇价的背离

(三) 动量指标

动量指标（momentum index，MTM）是一种对汇价波动的变动速度快慢进行分析的动量指标。其研判原理如下：汇价变动速度与推动汇价的动力强弱正相关，由此可以推断原趋势是否出现加速或衰减，以及是否存在反转的可能。通过不同时间的 MTM 值绘制出 MTM 曲线后，可以将其用作独立分析，也可以将其结合汇价进行组合分析。

单独使用 MTM 曲线进行技术分析时，需要观察曲线与中心线的位置关系。当 MTM 曲线长期位于中心线下方时，一旦 MTM 曲线开始向右上方移动，说明做空汇价的动力有一定衰减，出现了做多信号。而当 MTM 曲线继续向右上方突破中心线后，如果其方向基本保持向右上方不变，表明做多动力稳定。若处于中心线上方的 MTM 曲线由上升方向转为下降方向时，则代表看空信号。

其次，MTM 曲线常常与汇价相结合，被分析人员用作综合判断。当汇价向右上移动时，MTM 曲线保持类似的移动方向和速度，代表做多动力持续稳定。如果汇价与 MTM 曲线在同步上升过程中，市场进入休整期，在休整期结束后汇价与 MTM 曲线继续同步上行,代表做多动力仍然较强,为持续看多信号。但汇价持续上涨过程中,动量指标未能随之创新高,出现汇价与 MTM 曲线的顶背离现象,需要注意汇价可能出现转向。如果汇价与 MTM 曲线的运行与上述情况相反,则可以得出相反结论(图 11-32)。

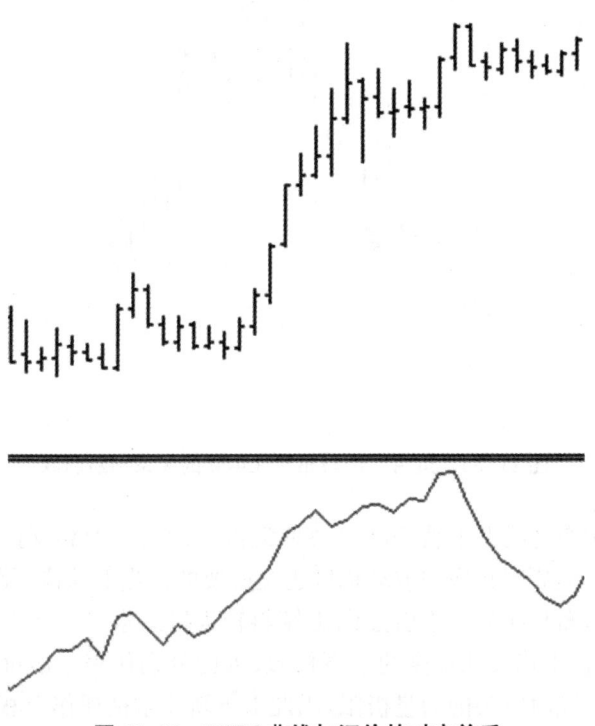

图 11-32　MTM 曲线与汇价的对应关系

(四) 通道指标

通道指标又称布林线(Bollinger Bands)、BOLL 指标。布林线是基于一段时间内汇价的标准差及其可信区间,以及汇价波动幅度的变动值绘制的上中下轨的带状价格通道。其图形构成包括布林线的上下轨,用于表明波动的上下极限,代表汇价波动可能面临的压力和支撑;图形还以中期移动平均线(常设为 20 日)为布林线中轨,代表中期平均成本以及趋势。

利用布林线进行技术分析,可以判断市场强弱、趋势的开始与结束、盘整时遇到的压力与支撑,以及发生大幅波动的时间。

首先,可以利用汇价与布林线中轨的关系判断当前市场的强弱以及趋势的开始与结束。由于中轨实质上是移动平均线,汇价收盘于布林线中轨上方,意味着多头愿意以高于中期平均成本的汇价做多,市场处于强势,对多头有利;反之则为空头市场状态。同时,当汇价自左下方向右上方突破中轨时,可以认为多头占优,反之则代表空头信号。此外,中轨作为趋势线,具有助涨助跌的作用;若中轨出现了明显的向右上方或右下方移动的轨迹,一般视为中期上涨或下跌趋势形成,而汇价会顺应中轨运行方向,持续停留在中轨上方或下方;若上涨或下跌趋势运行了一段时间后,某日汇价反向突破中轨,不再返回中轨的上方或下方,并带动中轨转向,则代表原上涨或下跌趋势结束(图 11-33)。

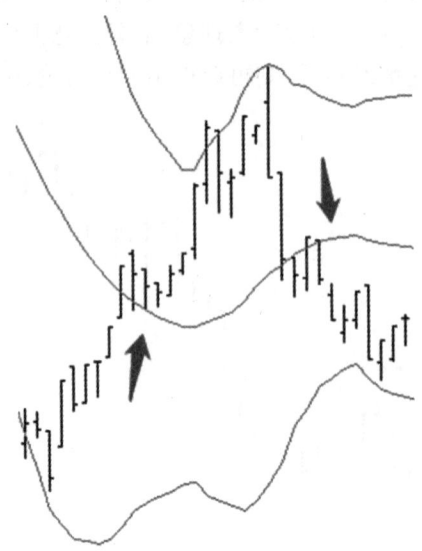

图 11-33　运用汇价与布林线中轨的关系判断涨跌

其次,可以利用布林线上下轨判断盘整期汇价波动的压力和支撑位。虽然盘整不具备趋势性交易机会,但研判其横向波动幅度也是必要的。当上涨或下跌趋势告一段落,汇价进入盘整阶段时,布林线的上下轨逐渐由倾斜转为接近水平。上下轨的计算值实际体现了一段时间内汇价平均波动幅度的上下极限,因此分别代表了汇价上涨到多头力量能达到的极限,以及下跌时空头的力量极限,因此上下轨线常被视作上涨阻力位和下跌支撑位。若汇价在盘整时出现小幅度的上涨或下跌,多空双方会在汇价接近上下轨或者汇价不能有效突破上下轨时,采取上轨做空、下轨做多的策略(图 11-34)。

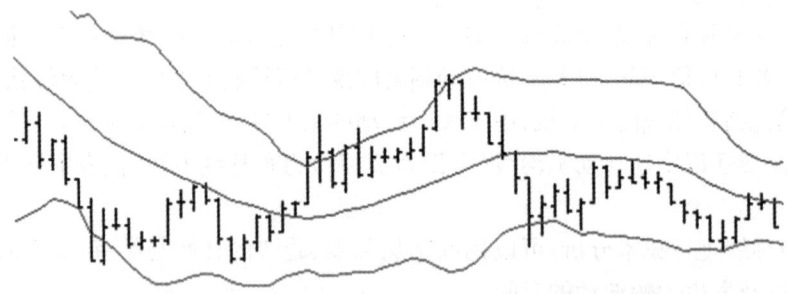

图 11-34　利用布林线上下轨判断汇价盘整期波动幅度

最后,还可以利用布林线上下轨距离的收敛和放大的时机,研判汇价发生大幅波动的时间。当汇价进入盘整时,波动幅度和频率都维持在较低水平,布林线的上、中、下轨也常处于接近水平的角度,尤其是上下轨距离也逐渐缩小,表现为长期收敛状态,这往往代表多空力量相对均衡,双方都在积蓄力量,等待市场选择突破方向。当某日汇价突然突破上轨或下轨,并随后带动布林线上下轨的距离突然变大时,这意味着盘整结束,单向的强烈上涨或者下跌趋势开始形成,后续常伴有汇价紧贴着上轨或下轨运行的图形特征。值得一提的是,当这种上涨或下跌趋势进入衰竭阶段时,汇价会反向脱离原来紧随的上轨或下轨,而此后的布林线会表现出上下轨距离由放大转为收缩的图形特征,这往往代表多头或空头力量有所衰减。如果此后汇价未能恢复伴随上下轨运行,其后常出现汇价的大幅度转向,原趋势将告一段落(图11-35)。

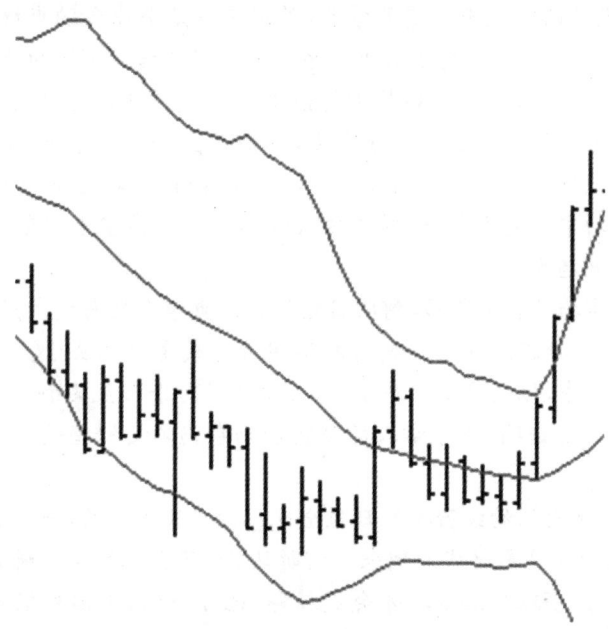

图11-35 利用布林线收敛和放大时机判断汇价大幅波动的时间

课程思政案例

汇市幕后——专访法兴银行外汇利率交易员何昕

"如果你把交易当成和其他工作一样,只是为了让你的生活过得好一点,我觉得是做不好交易的。"

一个交易员的职业生命正常不超过20年,将近30岁才从天文台转行到交易台的何昕已经和全球外汇市场打了22年的交道。

何昕曾在多家投行任职,现在是某银行中国区金融市场交易总监,领导着这家全球外汇利率交易综合排名第一的投行在日新月异的人民币市场的业务。身为元老级交易员,他的另一个身份是银行间外汇市场职业操守和市场惯例专业委员会顾问,为维护银行间外汇市场公平、诚信有序的市场环境提供咨询建议。

何昕1989年从法国国家科学院博士毕业后,本立志成为一名理论物理学家,并顺利进入了法国国家科研中心(CNRS)。1993年,一次回国经历让何昕看到了中国经济发展的活力,沪深交易所成立两年后,中国金融市场也在步入正轨。

"那个时候还是有个想法,如果以后回国,金融市场建设还在初期,除了个人发展,也能给国家多少做点贡献。"何昕对记者说。这在如今年轻银行家看来是"讲情怀",但实际上,在那个年代留学归国的中国证券市场创建者们当中,这是很普遍的观念。

于是,何昕再度回到法国修读了金融工程硕士学位,并在毕业之前被法国最古老的投行巴黎银行(Paribas)录用,这家机构就是经过金融混业合并的如今法国巴黎银行(BNP Paribas)投行部门的前身。

"当时的offer还有摩根大通、摩根士丹利等,但是Paribas给我的offer是做外汇期权交易。"何昕说,决定性的建议来自前辈学长:外汇市场是全球金融市场当中流动性最好、新产品最多的市场,一个物理学博士去外汇市场会更容易培养市场的感觉。

在20世纪90年代初,金融产品趋于复杂化,交易室的地位扶摇直上,国际投行对数理背景的人才求贤若渴引发了智力军备竞赛,他们甚至会聘请像Fisher Black(凭借B-S期权定价模型获得诺贝尔经济学奖)、Bruno Dupire(提出了描述期权隐含波动率与行权价格之间关系的波动率微笑曲线)这样的顶级数学家在交易室专门进行学术研究。何昕的新工作就是从这里起步的。

在外汇与利率市场的台前幕后,何昕目睹了代际更替令交易方式产生的变化,聆听他所言"市场的共鸣",并抢在流动性消失前的瞬间清掉或是建立头寸。在数次历史性的区域和全球金融危机当中,他也身处风暴中心,并见证了对手乃至某个市场的生死存亡。

何昕的职业经历还证明,胜于常人的聪明和勤奋仍不足以塑造一个能超龄服役的交易员。

如今,何昕希望把自己的经验投入日益全球化的人民币交易,迎接北美洲、欧洲、亚洲24小时轮转的人民币交易新时代的到来。何昕认为,有了具备全天候交易和账簿管理能力的中资机构的参与,全球外汇市场才会更精彩;他亦坚信,中国外汇市场会历练出令全球市场尊敬的杰出交易员。

……

记者问:在做市交易时,你是否可以忽视宏观基本面的变化而只专注于市场的量价变化?

何昕:市场上大体有三种交易员。一种是完全依据技术指标和图形进行交易,包括现在的程序交易和人工智能交易程序,也是依据技术面的理念。另一种则是依据宏观和微观的经济理论进行交易,他们是偏向于长期投资的。第三种,技术面和宏观经济都会关注,但是其中起到决定性作用的是对市场的感觉。数理科班出身的人对模型虽然很熟,但是要认识到,模型背后市场本身的一些内在因素才是最重要的。

这里特别要谈一点,你要知道现在市场上有什么样的产品,这些产品又会如何对市场产生影响。比如1995年到1997年,当时日本已经进入低利率时代,日本的保险公司开始追求高收益,于是全世界的投行纷纷为其设计出了各种各样的产品。其中之一就是一种30年期的产品,在前几年,银行作为交易对手提供给保险公司5%到8%的固定回报,后面20年左右的回报率则是跟利率和汇率挂钩,比如需要美元/日元波动率、汇率与利率相关性等参数。

这时候我因为个人原因,在伦敦工作两年后回到了巴黎,在法国国家储蓄银行(CDC)负责外汇期权和与外汇相关的结构性产品交易台。这是一家管理着法国国库的国有银行,上述产品就是投行的研究部门开发出来的新产品。但问题是银行只有模型,这些关键参数市场上是没有的,为了卖产品赚钱,于是银行就拍脑袋来定参数。我当时强烈反对行里做这种对银行和客户都不负责任的产品,但是全世界的大银行都在卖,为此我和上司闹翻了,于是离开了CDC。但后来事实证明,很多银行因为这个产品亏了很多钱,这个市场也死掉了。

记者问:你在招聘交易员时会看重什么样的素质?在交易员成长中天生素质和后天培养哪一个更重要?

何昕:我比较喜欢招刚毕业的年轻人。扎实的金融与数理教育背景当然是很重要的,但从个人性格来看,反应灵敏、沉着冷静的人比较适合。之前说到一年左右能拿头寸是能留在交易台的前提,而如果再看一两年,一个人能不能成为优秀的交易员也基本上能看出来。

对于一些复杂的结构性产品,要一个交易员能管理好即期、现券风险,会更注重数理能力,对市场敏感度的要求会稍微低一些。但是对更大量的汇率与利率以及掉期等基础产品而言,市场敏感度是很重要的,而这方面我认为会比较靠天赋,有些也可以学到,但更多是要靠自己在市场上去感觉。

记者问:这些天赋和勤奋足以塑造一个优秀的交易员吗?

何昕:如果说还有一些其他的因素,我认为就是对这份工作和这个市场的热爱。如果你把交易当成和其他工作一样,只是为了让你的生活过得好一点,我觉得是做不好交易的。如果你不热爱这个市场,肯定也找不到市场感觉。有很多交易员一天到晚脑袋里想的都是市场的波动,还有很重的好奇心,关注世界上任何一个角落发生的可能对市场产生影响的事情。

……

资料来源:汇商琅琊榜.汇市幕后——专访法兴银行外汇利率交易员何昕[EB/OL].(2019-08-29)[2022-09-03]. https://www.sohu.com/a/332709536_393904.

本章小结

(1) 外汇交易技术分析是指利用图形和技术指标,解读市场走势,预判汇率趋势的分析方法,其在基本面分析的基础上,针对是否应该交易,何时建立头寸以及平仓(或者说何时进入和退出市场),也就是交易择时问题提供决策依据。具体而言,其主要包括走势图、价格形态以及技术指标分析等方法。外汇交易技术分析具有便捷直观、实事求是的优点,但不能准确分析长期汇率的变动,也不能准确分析汇率的变化路径、变动方向和幅度。为了高效率地进行技术分析,需要熟悉并掌握趋势、通道、上下轨、盘整、反转、支撑位、阻力位、回撤位以及心理点位等常用术语,并理解技术分析的主要假设和要领。

(2) 对于走势图分析,本章介绍了较为常用的折线图、美国线以及K线图,并重点分析单、多根K线的构成和多根K线形成的K线组合代表的市场主体博弈行为,其可为预判汇率变动提供重要依据。

(3) 对于价格形态分析,本章介绍了较长时间段内的走势图的主要图形特征,重点分析市场趋势反转、中继形态代表的市场主体博弈行为,其可为提高技术分析成功率提供重要手段。

(4) 对于技术指标分析,本章介绍了常见的趋势指标、震荡指标、动量指标、通道指标,其可用于解读市场汇率变动的强弱和动能等,进一步辅助分析人员判断市场趋势的出现和转折。

关键概念

趋势　盘整　反转　支撑线　阻力位　阳线　阴线　头肩顶　头肩底　震荡　超买　超卖　背离

本章习题

一、简述题
1. 外汇交易技术分析的优缺点有哪些?
2. 开盘价、收盘价、最高价、最低价在K线图中的具体意义是什么?
3. 形态分析主要涉及哪些类型?
4. 常用技术指标可以分为哪几个大类?

二、操作题
1. 请结合近期主要货币对的K线图和美国线,切换到不同周期下,进行市场强弱和走势的分析。
2. 请结合某一组货币对的历史行情,寻找头部、底部经典形态,并进行分析。
3. 请利用主要货币对的近期表现,分别在主要技术指标中进行切换,并进行分析。

三、案例题
1. 根据近一个月内大幅波动的某一组货币对,假设准备持有其中某一种货币的多头仓位或空头仓位,请根据你对市场走势的预判,设计交易计划。

参考文献

[1] 艾略特. 波浪原理[M]. 王建军,译. 北京:中华工商联合出版社,1999.
[2] 陈雨露. 国际金融[M]. 5版. 北京:中国人民大学出版社,2015.
[3] 官佳莹,黄冰洁,张杰. 加强套期保值、防范汇率风险正当其时[J]. 中国货币市场,2020(03):43-48.
[4] 姜哲. 外汇保证金交易的国际经验、制度设计和风险防范研究[J]. 西南金融,2020(06):35-45.
[5] 刘金波. 外汇交易原理与实务[M]. 2版. 北京:人民邮电出版社,2015.
[6] 刘园. 国际金融实务[M]. 2版. 北京:高等教育出版社,2011.
[7] 潘功胜. 开启"十四五"时期外汇管理新征程[J]. 中国外汇,2021(01):1.
[8] 潘功胜. 新发展格局下外汇领域的改革开放[J]. 中国外汇,2021(13):1-4.
[9] 王春英. 适应汇率双向波动 树立风险中性理念[J]. 中国外汇,2020(23):12.
[10] 亚历克斯·道格拉斯,拉里·洛夫伦契奇,彼得·庞蒂克斯. 外汇交易:从入门到精通(原书第2版)[M]. 北京:机械工业出版社,2013.
[11] 杨柳. 外汇交易理论、案例与实务[M]. 重庆:重庆大学出版社,2018.
[12] 易纲,范敏. 人民币汇率的决定因素及走势分析[J]. 经济研究,1997(10):26-35.
[13] 易纲. 外汇管理改革开放的方向[J]. 中国金融,2015(19):18-20.
[14] 张冲,胡昊,丁剑平. 从人民币汇率形成机制看中国事实汇率制度[J]. 国际金融研究,2021(05):3-12.
[15] 张慧毅. 外汇交易进阶[M]. 北京:机械工业出版社,2018
[16] 中国人民银行货币政策司青年课题组. 走向更加市场化的人民币汇率形成机制[J]. 中国金融,2020(17):39-40.
[17] 周艳科,陆佳. 从零开始学外汇交易[M]. 北京:清华大学出版社,2014.
[18] 周宇. 中国金融开放的三个阶段:从局部开放走向全面开放[J]. 世界经济研究,2021(02):90-101+136.